孙英刚——著

隋唐

盛衰的痕迹

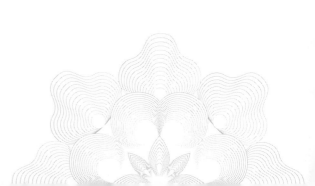

图书在版编目（CIP）数据

隋唐.盛衰的痕迹/孙英刚著.—上海：上海古
籍出版社,2023.10
ISBN 978 - 7 - 5732 - 0767 - 8

Ⅰ.①隋…　Ⅱ.①孙…　Ⅲ.①中国历史—隋唐时代—
通俗读物　Ⅳ.①K240.9

中国国家版本馆CIP数据核字（2023）第129701号

隋唐：盛衰的痕迹

孙英刚　著

上海古籍出版社出版发行

（上海市闵行区号景路 159 弄 1-5 号 A 座 5F　邮政编码 201101）
（1）网址：www.guji.com.cn
（2）E-mail: guji1 @ guji.com.cn
（3）易文网网址：www.ewen.co
上海中华印刷有限公司印刷

开本 787×1092　1/16　印张 24.75　插页 2　字数 321,000
2023 年 10 月第 1 版　2023 年 10 月第 1 次印刷
ISBN 978-7-5732-0767-8

K·3408　定价：128.00 元
如有质量问题，请与承印公司联系

目 录

导　言

如果我们穿越回唐朝，站在长安的天街上，会如何看待这个时代和这个文明呢？直观的感受恐怕会与我们作为后人用倒放电影式的概括不同。在中国数千年文明史中，唐朝占有不可忽视的地位，甚至被描述为中国的黄金时代。桥水基金的创始人达里奥（Ray Dalio）精于用历史周期做投资决策，在他看来，唐朝是中国文明的一个高峰，而之后的宋文明，虽然精致，却是一个长长的 B 浪反弹，酝酿着更大规模的下跌。

那么我们如何来概括唐朝呢？我想用下面五个词来描述：

第一个词是"世界主义"。"世界主义"（Cosmopolitanism）是半个世纪以来中外学者最常用来描述唐朝的概念。比如《剑桥中国史》的主编杜希德（Denis Twitchett）早在 1973 年出版的《唐代概观》（*Perspectives on the T'ang*）中就用"世界主义"来概括唐代的中国文明，而日本著名的唐代史学者气贺泽保规教授也以"绚烂的世界帝国"来描述唐朝。这种世界主义的特质是浑厚、包容，其以海纳百川的气度再造了中国文明，进而带来了宗教、文化、制度、知识的璀璨和辉煌。唐代尤其是盛唐之前，华夷之辨并不占据主流。唐太宗认为四海之内不论华夷，都是自己的子民。彼时盛行的佛教强调众生平等，部分化解了传统"士农工商"的四民结构以及华夷之间的壁垒。更为典型的例子就是粟特人（Sogdian）。这些被称为昭武九姓（康、安、曹、石、米、何、火寻、戊地、史）的族群，"利所在无不至"，是丝绸之路上的贸易担当。他们不但连通了中国和域外的商业网络，还充当了大唐的使节、将士、音乐人、画家等，给大唐文化注入了新鲜血液。比如随着龟兹等地的中亚音乐的传入，宫、商、角、徵、羽中土五音音律的固有缺陷被不断挑战，"琵琶及当路，琴瑟殆绝音"——以琴瑟、钟磬为乐器的时代过去了，音乐进入了新的时期。又如武则天时期，一个叫安金藏的粟特人，本是太常乐人，为了保护当时的皇储李旦，剖腹以证皇储不曾谋反，被称为"烈士"。安史之乱后中国文明逐渐走向民族主义，而粟特人却逐渐融入汉人之中，这或许是中国人善于做生意的部分基因来源。

第二个词是"佛教帝国"。如果我们把隋唐和其他朝代相比较，就会发现那是一个佛教繁荣的时代，唐朝可谓是一个"佛教帝国"。上至政治宣传、意识形态，下到日常生活、节日习俗，都能看到佛教的影响。大唐的长安和洛阳的天际线被佛塔所装点，人们的心灵被笼罩在佛光下。佛教在亚洲的兴起与传播，是人类历史上的一件大事。它不但带来了宗教信仰的传入与传出、政治意识形态的冲突与融合，也带来了几乎全面的知识和观念的革新：地理知识、宇宙观、生命轮回、语言系统、新的艺术形式、风俗习惯、城市景观等。这种文化融合和再造，不只是"取塞外野蛮精悍之血，注入中原文化颓废之躯"，更是高度发达的知识和信仰体系之间的磨合。仅仅从政治史的层面讲，佛教对未来美好世界的描述，以及对理想的世俗君主的界定，在数百年中，对当时中土政治的理论和实践都产生了重要的影响，包括政治术语、帝国仪式、君主头衔、礼仪革新、建筑空间等方面。武则天正是在佛教繁荣的背景下，才能以佛教转轮王的身份登上皇位。又比如从城市空间的角度看，佛教兴起之前的中国城市，基本上分为"官""民"两种空间，像用于国家祭祀的礼仪空间老百姓是进不去的。佛教的出现，在官—民的结构之外，提供了双方都可以去的近乎公共空间的场域；城市空间在世俗空间之外，也出现了宗教（神圣）空间。从《两京新记》中，我们可以生动地读出这种变化带来的城市活力。如果我们对比汉朝的长安和唐朝的长安，就会发现，这是两个完全不同的城市——唐朝的长安是一座佛教都市。

唐代的中国，在宗教信仰上处于文化优势地位，佛教已经成为中国文明的一部分，而且是中国思想世界最为复杂繁密的一部分，唐朝也已经成为当时整个佛教世界的中心。正如近代以来欧洲传教士到东方传教，唐代时中国佛教强势对外传教，比如日本把佛教引入本国，各大宗派都视长安的某个寺院为自己的祖庭。佛教对日本文明的再造起到非常大的作用，直到现在仍然是日本人重要的心灵家园。佛教的传入也为中国带来了新的艺术形式和艺术主题，敦煌莫高窟、龙门石窟等，都是人类文明的瑰宝。除了佛教，还有三夷教（景教也就是基督教的聂斯托利派、摩尼教、袄教或者琐罗亚斯德教）也传入中国，让大唐文明呈现出浑厚璀璨的景象。

第三个词是"贵族政治"。你如果穿越回唐朝，可能会发现出身很重要。所以我们在隋朝和唐代前期，看到了大量权势熏天的皇子政治集团：隋朝的晋王杨广夺取了太子杨勇的储位；唐朝的秦王李世民发动玄武门政变，杀死了自己的兄长和弟弟，夺取了皇位；唐太宗的几个儿子也跃跃欲试，觊觎着最高权力。各大家族各自下注，甚至两边下注，希望能延续自己的政治地位。甚至外姓的武则天夺取了李唐皇权，成为中国历史上唯一的女皇帝。唐前期，几乎没有一个太子能够顺利继承皇位，最终真正继承大统的往往是残酷宫廷斗争的胜利者。初唐波谲云诡的政治斗争，催生了一大批个性鲜明的政治人物，中晚唐的政治史同样很精彩。马克斯·韦伯（Max Weber）在《政治作为一种志业》中认为，皇权与贵族权的斗争使得皇权要引进新的政治力量。比如，中晚唐时宦官的崛起，他们的权力来自皇帝，是皇权的延伸；又如僧侣，中世纪欧洲的教士识文断字，具有行政处理能力，同时恪守独身的原则，切断了跟大家族的联系，而在中国，佛教僧侣在特定情况下也成为皇权的重要支持者。

第四个词是"律令制社会"。唐朝是一个律令社会，非常讲究律法和制度。从制度创新上说，它进一步发展的三省六部制、科举制度等，对周边文明都有影响。我们以前对科举制度有非常多的批评，甚至认为它影响了中国的现代化，实际上这种批评是很不公平的。如果放在整个人类文明史上看，科举制度可以说是非常重要的发明，也是中国对人类历史非常大的贡献。说到底，科举制度是一种文官考试制度，近代英国开始进行文官考试制度的时候，考试的内容还不如我们的科举制度——英国考《圣经》。所以问题不在于制度本身，而在于其具体的社会功用以及政治功用。考试的内容是大家诟病的地方，但制度本身是非常重要的发明。唐代的科举制度在最初并没有改变贵族社会的本质，相比寒门子弟，士族子弟拥有更多的资源和优势准备考试，让科举变成有利于自己的新的游戏。但是随着时间的推移，科举在唐朝之后培养了一大批具有人文主义精神的士大夫阶层，他们的崛起，取代了以前依靠家族出身决定政治前途的贵族阶层。

自汉魏之际到盛唐的四百余年中，法制领域出现了一个连绵不绝且逐浪高涨地强调法典作用和地位的历史运动。法典作用和地位的持续上升，至唐永徽二年（651）及开元二十五年（737）臻于顶点。安史之乱以后制定法运动迅速跌落：法典修订长期停滞，《律》《令》成为具文，形形色色的敕例反而成为司法过程中最为重要的依据。历晚唐五代及于宋初而再度向近乎秦汉旧式《律》《令》体制发展的轨道复归。简单地说，初唐的律法具有一定权威，甚至能平衡皇权，唐太宗非常强调法律的严肃性，抑制"朕即法律"的冲动，这是大唐盛世法律基础；但是之后皇帝的"王言"又压倒了律法，成为最权威的法律来源。

第五个词是"神文时代"。从汉代到隋唐，虽然学术与思想几经变革，但是就政治论述而言，总归不脱神文主义的总体架构。纬学为经学的重要组成部分，当时许多其他知识体系，比如天文、气象、音律、历法、祥瑞灾异、阴阳五行，乃至许多信仰体系如佛教、道教，无不与其紧密相关。这些知识和信仰系统共同构成了中古时代的知识世界和信仰世界。在中古时代弥漫的天人感应、阴阳五行的知识体系中，人类世界是天命秩序的反映，晚至唐代，这种宇宙观依然在学术和思想上占据显著的位置。我们会看到唐代政治操作中频繁出现天象、祥瑞、灾异等讨论，一点都没有自欺欺人的意思。包装皇权、打击政敌，往往会引入天文星占和祥瑞灾异。唐代的这些知识传入日本，结合日本本土信仰，发展成平安时代的阴阳道传统。

唐代禁谶不禁纬，纬书仍被视为六经的重要补充，而且谶纬之书并非神文思想唯一的载体，中古时代大多数的知识体系都带有神学的色彩。例如《五经正义》中就屡引纬书，因而遭到清儒皮锡瑞等激烈批评。更不要说庾季才、吕才、李淳风等掌握"术数"知识的群体在政治和日常生活中扮演着重要的角色。从政治意识形态来说，真正对天人感应、五德终始的天命说提出挑战的，主要发生在中唐以后。宋代新的儒学潮流兴起，将佛、道、谶纬等带有神秘色彩的怪力乱神都排挤出正统学术体系。欧阳修作《论删去九经正义中谶纬札子》、南宋魏了翁作《九经要义》删去谶纬之说，谶纬才最终衰绝。反映到其他知识领域，欧阳修作《新五代史》，取消自汉朝以来诸史相沿的《五行志》，代之以《司天考》，专记天象而不载事应；《新唐书》虽有《五行志》也仅仅著其灾异而削其事应。从政治思想方面说，经历了儒学复兴运动以后，在北宋中期以后士大夫的论说中，五德终始说、谶纬、封禅、传国玺等传统政治文化、政治符号都走向了末路，神秘论在儒学当中逐渐被摈弃。从神文到人文，从天命说到王者仁政说，这是唐宋之际思想变革的一大面相。

以上是我总结的大唐的五大特点。不过，大家最津津乐道的可能还是大唐的国力强盛。唐高宗时期，经过八十多年的战争，唐朝破灭了地区强国高句丽，奠定了东亚长期的政治格局。在这场战争当中，朝鲜半岛在新罗的旗帜下统一，日本干预大陆事务的企图遭到了挫败，之后的将近一千年，日本都没有入侵大陆的计划。唐朝在对内亚的游牧民族战争中也取得了突破性进展，先后攻灭东、西突厥，把中国的影响力拓展到中亚腹地，这是前所未有的重要成就。

中国历史的重要转折点也发生在唐朝。755年发生的安史之乱使得唐朝从中亚退出。从思想上说，安史之乱引起了唐朝思想界的转向。唐中期以后，要求回到中国古典文明的呼声日高，佛教也被视为外来文明因素，韩愈、柳宗元等倡导的带有文艺复兴性质的文学、思想运动，以及唐武宗以行政暴力迫害佛教，将佛教从主流的意识形态和学术体系中清除出去。唐朝在走向民族主义的同时，自动放弃成为佛教世界领导者的角色。思想世界的变迁，改变了唐朝士人的价值观，连带文学格调、社会观念也发生重要变化。

总体而言，隋唐时代可以说是中国历史上的第二个帝国时期。第一个长期统一的帝国是秦汉，经过三百年的分裂、战乱以及种族和信仰的冲击融合，引塞外野蛮精悍之血注入中原文明，中华文明又实现了第二次政治上的统一。中国文明之所以能够经久不衰，生生不息，最重要的原因在于中国文明的开放性和创造性。就开放性而言，中国文明展开双臂拥抱外来文化元素，将其变成自身传统的一部分，比如佛教；就创造性而言，隋唐时代呈现得非常明显，三省六部权力制衡的政治体制、文官考试制度等，均为周边民族和国家效仿；中国博大开放的文明更吸引了日本、朝鲜等周边国家的高僧、士人、贵族子弟。

本书共分三册，上册讨论到武则天统治时期，这段时期的典型特征是贵族政治的繁荣、唐朝对外开拓的辉煌胜利、典章制度的逐渐完备；中册从后武则天时期跨越开元盛世到安史之乱，这段时期唐朝盛极而衰，隐藏其中的盛衰痕迹值得探索；下册从安史之乱到唐朝灭亡，这一时期的主要特征是唐朝试图中兴和藩镇割据、党派之争、宦官专权交织在一起。

本书的内容，笔者在多个场合讲过，听取了很多朋友的建议。要特别感谢我的博士生朱小巧，她完整看完了书稿，不但做了一些校改工作，还提出了很多很好的意见，并增补了大量注释。也感谢喜马拉雅音频平台的各位朋友，你们的支持是本书成型的关键。

司马迁说："究天人之际，通古今之变，成一家之言。"更好地理解现在和未来的演进脉络，也对个人在历史中的命运起伏有更深刻的理解，达到知古鉴今、增广智慧的目的。大家读了我的书，如果有所感悟，那是你自己的思想升华，我会非常高兴你能分享我的想法。

第一章　武则天统治下的政治秩序

武则天统治时期，酷吏政治横行，但是也出现了一批个性鲜明的良臣。同时伴随着官员队伍的迅速膨胀，财政面临着巨大的压力。在权力继承方面，忠于李唐和拥护武周的势力互相倾轧，此起彼伏，紧张的时候甚至威胁到皇储李旦的性命。武则天希望能够弥合李、武两家的仇恨，构造一个血脉相连的政治联盟，尽管这种做法最后证明是徒劳的。武周时期的对外战争出现多次挫折，契丹、突厥和吐蕃都曾多次给武周军队造成巨大伤亡。在意识形态上，武则天在运用佛教和依靠传统儒家学说之间摇摆，晚年的时候她又寻求道教的帮助。武周时期集合了众多色彩斑斓的政治文化元素，成为后世大家津津乐道的时代。

一、酷吏政治的逻辑

用恐怖手段维护统治，不仅仅中国历史上有，在世界历史上也普遍存在。酷吏政治是对人性的操弄，上疑而下惧，以达到维护统治的目的。大多数时候，酷吏的权力来源是君主。他们只不过是君主的白手套，通过合理伤害权打击政敌。所谓合理伤害权，就是表面上看来酷吏所为都有法、有规则可依，但是大众都清楚他们是在刻意打击政敌。仔细分析武则天时代的酷吏，我们可以发现，他们中有相当比例的人精于律法，善用条文整人。

告密是对人伦最大的破坏。虽然中国古代一直有"首告"和"连坐"制度，但是也提倡"亲亲相隐"，目的就是维护最基本的社会秩序。但是在武则天统治时期，告密成为一条隐形的国家制度，成为部分人向上爬的手段。这是对道德和社会秩序的极大破坏，酷吏也就招致了广泛的反感甚至仇恨——这也就注定了他们最终悲惨的结局——当其使用价值耗尽，副作用凸显时，很可能会被君主抛出来作为安抚人心的替罪羊。

垂拱二年（686）三月，徐敬业的叛乱刚刚被镇压。武则天心不自安，时刻感到危机。就下令：

> 铸铜为匦，置之朝堂，以受天下表疏铭。其东曰"延恩"，献赋颂、求仕进者投之；南曰"招谏"，言朝政得失者

投之；西曰"伸冤"，有冤抑者投之；北曰"通玄"，言天象灾变及军机秘计者投之。命正谏、补阙、拾遗一人掌之，先责识官，乃听投表疏。[1]

武则天在朝堂上设置铜匦（guī）（一种铜铸的大匣子），分别接收歌颂君主、进谏、申冤、报告天象等各方面的奏疏，并且由专门的官员负责管理，形成制度。这可能是人类历史上最早的"意见箱"。

设计铜匦的是一个叫鱼保家的人——姓鱼，且善于制造各种器械，可能是个粟特人。他是武则天信任的酷吏、侍御史鱼承晔之子。徐敬业造反的时候，鱼保家曾经帮他制作刀车和弩，不过事情没有暴露。当武则天希望收集天下人的意见时，鱼保家上书提出，"请铸铜为匦以受天下密奏。其器共为一室，中有四隔，上各有窍，以受表疏，可入不可出"[2]，武则天很高兴。但讽刺的是，很快有人向铜匦投书，举报鱼保家为叛军制作兵器，给朝廷军队造成了很大的伤亡，武则天就把他给杀了。鱼保家成了铜匦的第一批牺牲者，制作断头台的人最终死于断头台。

司马光认为，告密之风兴起，最早可追溯到光宅元年（684）。那一年，中宗被废之后不久，有飞骑十余人在酒馆喝酒，一人言："向知别无勋赏，不若奉庐陵。"[3]——我们参加了这次政变，也没得到额外的赏赐，当初还不如支持中宗。他们中的一人起身去北门（即玄武门，羽林军驻兵于此）告发，酒还没喝完，剩下的人就被捕入狱。扬言造反的人被斩首，知反不告的人被处以绞刑，告发者被授予了五品官。告密之风自此兴起。此后，告密逐渐成为政治斗争的常规动作。史载：

---

① 《资治通鉴》卷 203《唐纪十九》，第 6837—6838 页。

② 《资治通鉴》卷 203《唐纪十九》，第 6838 页。

③ 《资治通鉴》卷 203《唐纪十九》，第 6818 页。

太后自徐敬业之反，疑天下人多图己，又自以久专国事，且内行不正，知宗室大臣怨望，心不服，欲大诛杀以威之。乃盛开告密之门，有告密者，臣下不得问，皆给驿马，供五品食（每日细米两升、面两升三合、酒一升半、羊肉三分、瓜两颗），使诣行在。虽农夫樵人，皆得召见，廪于客馆，所言或称旨，则不次除官，无实者不问。于是四方告密者蜂起，人皆重足屏息。[1]

告密者有真凭实据，会被授予官职，如果不属实也不追究。这样造成的结果是告密成风，人人自危。

武则天要的不是真相，而是恐惧。受到武则天鼓励，酷吏纷纷出头，蔚为风潮，从垂拱二年（686）到天授二年（691）大约五年中，告密、冤狱、迫害成为一道残酷的风景。御史中丞知大夫事李嗣真提意见："况以九品之官专命推覆，操杀生之柄，窃人主之威，按覆既不在秋官，省审复不由门下，国之利器，轻以假人，恐为社稷之祸。"[2]李嗣真说武则天任用一帮小人来操弄刑罚，他们审案不走正规途径，是对制度的破坏，是对权威的破坏，是对政局的破坏。但武则天不听——她正是要破坏现行政治秩序，"打鬼借钟馗"，依靠酷吏消灭反对势力，如此才能维护自己定于一尊的权威。这一时期有名的酷吏包括来俊臣、索元礼，合称"来索"（"来索命了"）。其他有名的还有周兴、侯思止、王弘义等。

索元礼可能是粟特人，或者来自中亚伊朗。他为人十分机灵，懂得武则天的心思。武则天把他擢升为游击将军，让他主管专门成立的专案组，来迫害李唐的大臣。索元礼是武则天信任的第一批酷吏，为

---

① 《资治通鉴》卷 203《唐纪十九》，第 6438—6439 页。

② 《资治通鉴》卷 204《唐纪二十》，第 6471 页。

人残忍，审讯一人动辄牵连成百上千人。武则天对他特别赏识，经常召见、赏赐他，以伸张他的权势。周兴、来俊臣这些人纷纷效仿，后来周兴做到秋官（刑部）侍郎，来俊臣升迁至御史中丞。武则天基本上把政治性的案件都交给这帮人来处理。他们养了很多眼线，专门以告密为事；想要诬陷一个人，便安排数名眼线同时告发，所告内容全都一致。为了指导办案，来俊臣跟万国俊甚至一起编了一本叫《罗织经》的书。这是本数千字的小册子，专门教大家怎么罗织罪名。他们还发明了各种酷刑，比如"死猪愁""求破家"等，抓到犯人，先给他们展示各种刑具，犯人吓得自己诬陷自己。武则天认为他们很忠诚，愈发宠信。天下人则以虎狼视之。

来俊臣是长安万年县人，人很聪明，从小不事生产，是武则天的重要爪牙。每次审讯的时候他根本不关心发生了什么事，逮着人，或往犯人鼻子里灌醋，或不给人饭吃，有的人饿得受不了，把自己衣服里的棉絮扯出来吃。每次大赦，他先把那些重犯全部杀光，之后才拿出大赦救书。

长安醴泉人侯思止，原来是个卖饼的，后来给游击将军高元礼当仆人。恒州刺史裴贞杖责了一个判司，判司指使侯思止诬告裴贞与舒王李元名谋反，最后李元名被流放，裴贞被灭族，侯思止被拔擢为游击将军。当时告密者授五品官，侯思止不满意，想当御史，武则天就说："卿不识字，岂堪御史！"侯思止脑袋挺灵光，反驳说："獬豸何尝识字？但能触邪耳。"（獬豸头上长有一角，能分辨善恶，会用角撞奸邪之人）武则天就让他当朝散大夫、侍御史。有一天，武则天要把罚没别人家的房子赏给侯思止，侯思止为了表示自己很忠心，说："臣恶反逆之人，不愿居其宅。"[1] 又获得了武则天的欣赏。

另外还有衡水人王弘义，外号"白兔御史"。他有一次到地方上

---

[1]《资治通鉴》卷 204《唐纪二十》，第 6464 页。

去，看到老百姓种的瓜，非要问人家要，瓜农不愿意给。他怀恨在心，跟当地的县令说，我在瓜田里看见了白兔。白兔在唐朝的时候是祥瑞，按照制度要上报，这是地方官的职责。县令就派了一帮人去抓白兔，一顿乱踩，瓜田里的苗全都被踩坏了。内史李昭德说："昔闻苍鹰狱吏，今见白兔御史。"①（"苍鹰狱吏"指汉朝酷吏郅都）王弘义利用制度来害人，瓜农有苦说不出，这就是合理伤害权。有乡间父老做宗教仪式，王弘义诬告他们聚众谋反，杀了两百多人。后来王弘义被授予游击将军，又升任殿中侍御史。有人告发胜州都督王安仁谋反，武则天让王弘义去逮捕他。王安仁不服，王弘义直接砍了王安仁的脑袋，又把王安仁的儿子斩首。他路过汾州，汾州司马毛公正跟他一起吃着饭，他突然就砍了毛公的脑袋，用长枪顶着人头，浩浩荡荡回到洛阳，见到的人无不惊恐。在这种情况下，朝臣都有种朝不保夕的感觉。每次上朝之前都要跟家人诀别，不知道还能不能再相见。

告密这些事，武则天也知道很多都是捕风捉影。就像陈子昂说的那样："伏见诸方告密，囚累百千辈，及其穷竟，百无一实。"②武则天只是用这个手段铲除政敌。高宗后期的宰相郝处俊曾反对武则天监国，等到武则天大权在握时，郝处俊已死，他的孙子郝象贤被仆人告发谋反，武则天就让酷吏周兴审问，定罪灭族。他的家人到朝堂讼冤，监察御史任玄殖一看卷宗，认为并没有证据能证明郝象贤谋反。结果任玄殖直接被武则天免官。郝象贤临刑前大骂武则天，揭发了很多宫中隐秘的丑事，还夺走市井百姓的木柴击打行刑者，最后被金吾卫打死。武则天非常生气，下令将郝象贤的尸体肢解，把他的父亲、祖父的棺材全都刨出来，毁棺焚尸；而且定了个制度，以后再处决犯人，都要先用圆木塞子塞住嘴，以防他们说话。

---

① 《旧唐书》卷186《王弘义传》，第4847页。

② 《资治通鉴》卷203《唐纪十九》，第6440页。

在这种氛围里，很多人会因为一些非常细枝末节的过错被牵连，甚至丢掉性命。宰相范履冰因为推荐过谋逆的人，下狱死。酷吏诛杀唐宗室贵戚数百人，大臣数百家，刺史、郎将以下不可胜数。正常的政治秩序已经被破坏，趁机报复、浑水摸鱼的人也不少。比如左肃政大夫、同平章事骞味道一向与殿中侍御史周矩关系不好，认为周矩办事能力不行。这时正好有人罗织罪名告发骞味道，周矩负责审查。周矩对骞味道说："公常责矩不了事，今日为公了之。"① 骞味道和他儿子都被杀了。

徐敬业弟弟徐敬真被流放到绣州，又逃了回来，准备逃去突厥。徐敬真路过洛阳时，洛州司马弓嗣业、洛阳令张嗣明给了他一些盘缠，结果三人在定州被官吏捕获，弓嗣业上吊身亡。张嗣明、徐敬真被抓后供出很多认识的人，说他们图谋不轨，以求免死，朝野上下受到牵连被处死的人非常多。张嗣明诬陷内史张光辅，说他"征豫州日，私论图谶、天文，阴怀两端"②，即指控张光辅在征讨越王李贞时，私下讨论帝王受命的预言和天象，对朝廷和叛乱者两头下注。张光辅与徐敬真、张嗣明等都被抄家斩首。秋官尚书张楚金、陕州刺史郭正一、凤阁侍郎元万顷、洛阳令魏元忠也被牵连进去，被徐敬真诬告曾参与徐敬业谋反。临刑前，武则天还是决定网开一面，让凤阁舍人王隐客骑马赶去宣读赦令。郭正一、元万顷等最后被流放岭南。

酷吏政治造成的危害是多方面的，就军队来说，由于王方翼、程务挺这些有传承的将领都被铲除，唐朝军队的指挥系统遭到了很大的破坏，军队的战斗力下降得很厉害。右武卫大将军、燕国公黑齿常之是百济人，南征北战立下了汗马功劳，却因被周兴等诬告而自缢身

---

① 《资治通鉴》卷 204《唐纪二十》，第 6454 页。

② 《资治通鉴》卷 204《唐纪二十》，第 6459 页。

亡。因此在武则天统治时期，将领出现断层，有时候率军出征的只不过是中郎将这样的卑官。689 年到 694 年甚至是由和尚薛怀义带领唐朝军队，主持对突厥的战争。高宗对军队的指挥权是垄断性的，武则天跟军队没有渊源，她出于培养人才的考虑提拔了薛仁贵的儿子薛讷。

武则天并非昏庸，其实她对人性的洞察强于常人。武则天信佛，一度禁止天下屠杀牲畜以及捕鱼虾。右拾遗张德因家中生了儿子，偷偷杀羊宴请同僚。其中一个同僚补阙杜肃偷偷藏了一块，宴会结束后竟上表告发。第二天，武则天把张德找来，对他说："闻卿生男，甚喜。"张德拜谢。武则天说："何从得肉？"张德叩头服罪。武则天又说："朕禁屠宰，吉凶不预。然卿自今召客，亦须择人。"然后拿出杜肃的奏章给张德看。杜肃非常惭愧，满朝官员都看不起他。

天授二年（691），武周政权已经建立两年，逐渐稳固，而酷吏的边际效用递减，成为统治秩序的包袱，武则天需要恢复正常的秩序。这一年，丘神勣与周兴被告通谋，被杀。同年，索元礼被处死。长寿元年（692），整个舆论氛围开始发生变化，万年主簿徐坚直接上书说应该把酷吏赶出司法队伍："法官之任，宜加简择，有用法宽平，为百姓所称者，愿亲而任之；有处事深酷，不允人望者，愿疏而退之。"[1] 当时告密者不可胜数，武则天感到很厌烦，让监察御史严善思去办理，一次性惩办了虚假告密者八百五十多人。自此之后，"罗织之党为之不振"[2]，酷吏政治走到了尽头。长寿二年（693），侯思止被李昭德在朝堂上杖杀。王弘义被流放琼州又逃了回来，也被杖杀。来俊臣则因试图网罗武氏子弟和太平公主的罪名而被反告，在 697 年被处死，因为作恶太多，死后在街头被众人割肉分尸。酷吏的横行让大

---

① 《资治通鉴》卷 205《唐纪二十一》，第 6483 页。

② 《资治通鉴》卷 205《唐纪二十一》，第 6485 页。

图1 龙门石窟的卢舍那大佛。有学者认为这尊佛像的面容是四十四岁的武则天。

臣们寝食难安，也跟不少家族和派系结下血海深仇。武则天将所有的罪过都推到几个酷吏身上，把他们作为替罪羊，安抚人心，可以说榨干了他们最后一点剩余价值。

没有人是完美的，哪怕是圣人也难免会有缺点甚至秘密。告密破坏了人类之间最基本的信任，是对道德伦理、社会秩序的破坏。在政治领域，鼓动告密是破坏现有政治秩序和权力结构的有效手段。告密者得到短期的丰厚回报，但是很可能给自己带来反噬。《旧唐书》曰：

> 逮则天以女主临朝，大臣未附；委政狱吏，剪除宗枝。于是来俊臣、索元礼、万国俊、周兴、丘神勣、侯思止、郭霸、王弘义之属，纷纷而出。然后起告密之刑，制罗织之狱，生人屏息，莫能自固。至于怀忠蹈义，连颈就戮者，不

可胜言。武后因之坐移唐鼎，天网一举，而卒笼八荒；酷之为用，斯害也已。①

开元十三年（725），御史大夫程行谌上奏：

> 周朝酷吏来子珣、万国俊、王弘义、侯思止、郭霸、焦仁亶、张知默、李敬仁、唐奉一、来俊臣、周兴、丘神勣、索元礼、曹仁哲、王景昭、裴籍、李秦授、刘光业、王德寿、屈贞筠、鲍思恭、刘景阳、王处贞二十三人，残害宗枝，毒陷良善，情状尤重，子孙不许与官。陈嘉言、鱼承晔、皇甫文备、傅游艺四人，情状稍轻，子孙不许近任。②

这些酷吏遭到了进一步追杀——他们的子孙后代，世代不得为官。

---

① 《旧唐书》卷 186《传》，第 4836 页。

② 《旧唐书》卷 8《玄宗本纪》，第 187—188 页。

二、武则天统治下的李氏家族

武则天的上台伴随着大量屠杀，是对一切潜在对手的肉体消灭。本来，唐朝皇室为了巩固统治而进行了精心安排——宗室子弟们被安插到地方上做刺史、都督，掌握战略要地，可是这些人在政治大势面前毫无力量。作为皇室屏藩的李唐诸王，被纷纷铲除。

"封建"与"郡县"之争，自秦统一天下以来贯穿着中国历史。秦实行彻底的郡县制，灭亡之后汉朝将其速亡的原因归结为子弟无尺土之封，于是实行郡国并行、互相制约的制度，后经七国之乱，至汉武帝时期，集中削减诸侯王国的势力。晋朝又进行分封，导致八王之乱，王朝覆灭。隋文帝诸子各自经营一方，总管扬、并、益、荆等战略地区，势力极大。唐朝建立过程中皇室子弟也统兵作战，立下汗马功劳。唐初的皇室子弟在政治生活中扮演重要的角色，太宗在做秦王时自己就长期把持洛阳军政。

太宗登基之后，高祖之子们全部被授予地方职务，比如高祖第七子元昌，贞观五年授华州刺史；第十子元礼，贞观六年授郑州刺史；十一子元嘉，贞观六年授潞州刺史。在贞观初，太宗诸子中也有很多人已在地方任职，比如蒋王恽，贞观八年任洺州刺史。

从思想源头上讲，汉代的政治经验对唐朝的政治决策产生了深刻的影响。当太宗询问"封建"与"郡县"之优劣时，萧瑀提出："秦置守令，二世而绝，汉分王子弟，享国四百年。"①这正是太宗自己的想法，所以贞观十一年（637），太宗"规模周、汉，斟酌曹、马"，连发两道诏书，任命皇室子弟和功臣勋戚充任世袭刺史，期望达到"维城作固，同符前烈"的目的②。这两道诏书分别任命二十一位李唐亲王和十四位功臣出任世袭刺史。

太宗心中有一幅帝国的规划图，将皇室子弟恰当地安排在各处战略要地，作为皇室的屏藩。贞观十一年李唐亲王所典各州及都督府，基本上将唐帝国的战略要地囊括一空。比如巴蜀为关中后院，所以梁州和益州两处重镇为亲王临统；河北重要的战略要地幽州、齐州、相州、潞州等也有亲王掌控；新征服的南方分为两块，以徐州、寿州、扬州、苏州控制长江下游，以荆州、安州、襄州控置长江中游，亦俱由亲王担任都督、刺史。

但是贵戚大臣并不愿离开京师。皇子如李佑等，尽管"前后所授，竟不之藩"③，逗留在京师不走。贞观十七年（642）齐王李佑在齐州造反，动摇了太宗和当时才成为太子的高宗对亲王之藩作为中央屏障的信心。到了高宗永徽四年（653），亲王统辖下的地方都督府、诸州不但数量下降，而且战略地位也不如以前，重要的区域比如荆州、并州、扬州、齐州等，都被唐中央政府收回，改由非皇族成员担任都督、刺史。

从武则天上台到玄宗统治期间，皇室子弟在中央和地方政治中的影响力被进一步削弱。武则天屠杀李唐宗室是其中非常重要的一环。开元九年（721）以后，诸王全部被征还京师，自此，亲王在地方政

---

① 《新唐书》卷 101《萧瑀传》，第 3951 页。

② 《旧唐书》卷 64《荆王元景传》，第 2424 页。

③ 郑炳林、张全民：《〈大唐国公礼葬故祐墓志铭〉考释和太宗令诸王之藩问题研究》，《敦煌学辑刊》2007 年第 2 期，第 2 页。

治体制中的影响被彻底遏绝。

大规模地消灭李唐宗室，开始于垂拱四年（688）。越王李贞的儿子博州刺史、琅邪王李冲等开始串联其他李唐子弟，准备一起举兵讨伐武则天。八月，李冲率先起事，在博州起兵，号召诸王一起进攻洛阳。然而只有他的父亲越王李贞举兵于豫州响应他，其他诸王都不敢有所动作。虽然李贞所领军队攻陷了上蔡，但发兵仅七天他便兵败自杀了。以此为借口，武则天开始对李唐诸王进行清洗。绛州刺史、韩王李元嘉被认为是皇室子弟里面的佼佼者，被诬陷参与越王李贞谋反，被逼自杀，诛灭全家。青州刺史、霍王李元轨被废掉爵位，流放到黔州，行至陈仓而死。舒王李元名和其子江州刺史、豫章王李亶都被酷吏丘神勣陷害而死。邢州刺史、鲁王李灵夔被流放到振州，自缢而死，其长子清河王李铣、次子范阳王李蔼也被酷吏所害。滕王李元婴及其六子子都入狱被害。

武则天最初安排监察御史苏珦审查韩、鲁等王，但苏珦审来审去，都说没有证据。武则天很生气，把苏珦赶到河西去监军，换上周兴等酷吏来审讯。此后无限牵连，杀了很多李唐宗室、贵族。济州刺史薛顗、二弟薛绪、三弟驸马都尉薛绍三兄弟曾与李冲通谋。薛顗听说李冲起兵，便制作兵器，招募人马；李冲失败后，被告发。薛顗、薛绪被杀，薛绍因为是太平公主的丈夫，被罚杖一百，最后饿死于狱中。

太宗诸子中，纪王李慎年少好学，长于文史，在皇族中与越王李贞齐名，时人号为"纪越"。李贞叛乱的时候，他不肯同谋，但是李贞失败后，他还是被下狱，"临刑放免，改姓虺氏，仍载以槛车，配流岭表，道至蒲州而卒"[1]。纪王李慎的女儿东光县主李楚媛，幼时以孝谨著称，嫁给司议郎裴仲将后，夫妻俩相敬如宾。父亲死后，李楚

---

[1] 《旧唐书》卷76《纪王慎传》，第2665页。

媛放声痛哭，呕血数升，服丧结束后，将近二十年都不事修饰；蜀王李愔全家被赶尽杀绝；蒋王李恽和曹王李明都在垂拱年间为武则天所害。

唯一幸免于难的是太宗第三子吴王李恪的家族。

高宗上台后不久，李恪就被牵连进房遗爱的谋反案，四个儿子全被流放到了岭南。武则天上台之后，李恪的儿子们不但没受到迫害，还受到了武则天的拔擢。李恪的长子李仁改名李千里，永昌元年被授襄州刺史。天授年后，历任唐、庐、许、卫、蒲五州刺史。《旧唐书》载："时皇室诸王有德望者，必见诛戮，惟千里褊躁无才，复数进献符瑞事，故则天朝竟免祸。"[1] 李千里之后一直得到重用，拥戴中宗复辟后，做到了左金吾大将军，后又领广州大都督、五府经略安抚大使。不管李千里品德如何，每次他的政治立场都很坚定。

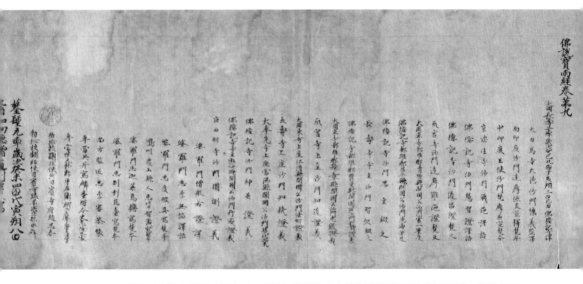

图 2　敦煌 S.2278 长寿二年（693）菩提流支在洛阳佛授记寺译《宝雨经》。译场人员名单中包括"大白马寺大德沙门怀义"。

---

① 《旧唐书》卷 76《成王千里传》，第 2650 页。

节愍太子诛武三思，千里与其子天水王禧率左右数十人斫右延明门，将杀三思党与宗楚客、纪处讷等。及太子兵败，千里与禧等坐诛。仍籍没其家，改姓蝮氏。睿宗即位，诏曰："故左金吾卫大将军成王千里，保国安人，克成忠义，愿除凶丑，翻陷诛夷。永言沦没，良深痛悼。宜复旧班，用加新宠，可还旧官。"①

唐隆政变中，李千里率军追杀武三思等人，虽然他本人兵败被杀，此项功绩却成了彻底改变他家族的护身符。后来睿宗上台，对李千里的行为极为赞扬，专门下诏进行褒奖。《旧唐书》最后的总结很有意思：

永徽中，无忌、遂良忠而获罪，人皆哀之。殊不知诬陷刘洎、吴王恪于前，枉害道宗于后，天网不漏，不得其死也宜哉！②

李恪是被长孙无忌害死的，而长孙无忌曾是武则天的敌人——敌人的敌人就是朋友。人的命运在政治里很难预料，高祖和太宗的儿子不论是聪明还是愚笨，高尚还是卑劣，大多数都没幸存下来。李千里先是很倒霉，但在李唐复辟最关键的时候，他站在所谓的正义一方成了忠臣，他的家族后人都受到了李唐皇室的格外优待，繁荣到了安史之乱之后。

高宗诸子中，只有孝敬皇帝李弘和原王李孝的死亡似乎没有政治因素。燕王李忠被诬谋逆而赐死，章怀太子李贤则被酷吏丘神勣逼迫

---

① 《旧唐书》卷 76《成王千里传》，第 2650—2651 页。

② 《旧唐书》卷 60《宗室传》"史臣曰"，第 2357 页。

自杀。泽王李上金、许王李素节均被酷吏周兴诬告，一个自杀，一个在传召的路上被勒死。李上金的儿子七人，李素节的儿子九人，全被杀害，只有李素节的四个幼子幸免于难，被流放到雷州，永久囚禁。唯一幸存的是中宗李显和睿宗李旦——都是武则天的亲儿子。中宗被赶去房陵后，睿宗虽然是名义上的天子，但"绝人朝谒"。章怀太子幸存的儿子李守礼"与睿宗诸子同处于宫中，凡十余年不出庭院。至圣历元年，睿宗自皇嗣封为相王，许出外邸。睿宗诸子五人皆封郡王，与守礼始居于外"①。

① 《旧唐书》卷86《邠王守礼传》，第2833页。

三、历史大势下的个体生命

政治起伏就像波涛汹涌的河流，湮灭在水面之下的是无数普通人的一生。上层的人翻手为云、覆手为雨，一个任性的想法或随意的举动所引发的蝴蝶效应，都可能会让下层的百姓倾家荡产、妻离子散。弱者是没有声音的，只有极少数幸运的人才能在史料中留下痕迹，让我们看到他们曾经的悲欢离合。裴伷先，就在这政治波涛中跌宕起伏，留下了自己的故事。

裴伷先（656 或 663—743）是宰相裴炎的侄子。高宗皇帝驾崩之后，顾命大臣裴炎被清洗。《新唐书》在写到裴炎时，提到了裴伷先传奇的一生。《太平广记》引牛肃的《纪闻》也描述了他的经历。此外，还有《裴伷先别传》传世；而且很幸运的是，裴伷先的墓志也出土了①，给我们提供了宝贵的历史记忆。

裴伷先是绛州闻喜人，自幼受伯父裴炎赏识，为后补昭文生，授协律郎、通事舍人；十七岁就因为门荫担任太仆寺丞，可以说是少年得志。裴炎被武则天处死后，他的亲戚被流放岭南。裴伷先性格刚直，给武则天写了封秘奏，要求当面跟武则天辩论。武则天召见，质问他，裴炎谋反，还有什么好说的？裴伷先道：

---

① 葛承雍、李颖科：《西安新发现唐裴伷先墓志考述》，《唐研究》第 5 卷，第 453—462 页。

陛下唐家妇，身荷先帝顾命，今虽临朝，当责任大臣，
须东宫年就德成，复子明辟，奈何遽王诸武、斥宗室？炎为
唐忠臣，而戮逮子孙，海内愤怨。臣愚谓陛下宜还太子东
宫，罢诸武权。不然，豪桀乘时而动，不可不惧！①

裴伷先的话很直接——武则天应当还政于太子，不然等到天下豪
杰反对时就晚了。武则天大怒，说："何物小子，敢发此言！"②叫人
把他拖出去杖刑一百。一般人打一百棍就被打死了，裴伷先命硬，即
使受伤很重，又一路躺在驴车上颠沛到瀼州（在今广西），居然没死。

裴伷先在广西生活了几年，还在当地娶了媳妇。他的妻子姓卢，
生了个儿子叫裴愿。但是很快，他媳妇也死了。当时广西属于蛮荒之
地，生活艰难，裴伷先就带着儿子，偷偷跑回了家乡。裴伷先藏匿
了一年多，一直被官吏追踪，被逮捕后又被杖刑一百，流放到更远的
北庭（今新疆吉木萨尔县附近）。裴伷先很有经商才能，在西域做起
了生意，五年就从一穷二白变成了大富翁，资财数千万。他往来河
西，结交当地的权贵豪杰。北庭都护府城下有胡人部落，有个酋长很
喜欢他，就把自己的女儿嫁给了他，还赠送黄金、骏马、牛羊无数。
裴伷先这时因财力而自满，招致门客数千人。《新唐书》记载，"自
北庭属京师，多其客，诇候朝廷事，闻知十常七八"③。从洛阳到新疆，
沿途都有他的人，情报网非常绵密。朝廷发生的事情，他很早就能
知道。

但是命运再次打击了他——武则天开始诛杀流放的人。一个叫李
秦授的官员在中书省值班，想要拍武则天的马屁，就秘奏说："陛下

---

① 《新唐书》卷 117《裴炎传》，第 4249 页。

② （唐）牛肃撰，李剑国辑校：《纪闻辑校》，北京：中华书局，2018 年，第 73 页。

③ 《新唐书》卷 117《裴炎传》，第 4249 页。

图 3　粟特人安思泰石塔。洛阳龙门西山北原出土，龙门石窟研究院藏。龛下题记"清信佛弟子安思泰一心供养十方诸佛一切贤圣"。（本图源自王军花：《梦回布哈拉：唐定远将军安菩夫妇墓出土文物特展》，郑州：中州古籍出版社，2021年7月，第95页）

自登极，诛斥李氏及诸大臣，其家人亲族，流放在外者，以臣所料，且数万人。如一旦同心招集为逆，出陛下不意，臣恐社稷必危。谶曰：'代武者刘。'大刘者流也。陛下不杀此辈，臣恐为祸深焉。"[①]李秦授说的两点都触动了武则天的神经：一是忠于李唐的人大量流放在外，是个潜在的威胁；二是"代武者刘"的谶言，不可不防——"刘"可能就是"流"的意思。

武则天授予李秦考功员外郎的职位，遣使安抚那些被流放到各地的人——表面上是去安抚，实际上是准备杀掉他们。裴伷先消息灵通，听从门客建议，用骆驼载着金帛逃往突厥。没走多远，他就被追

① （唐）牛肃撰，李剑国辑校：《纪闻辑校》，第73页。

兵赶上，一番战斗后，再次被捕入狱。裴伷先本来已经等着被处决，但北庭路远，裴伷先的案情报告还没来得及递上去，中央的政策又变了。武则天估计流人杀得差不多了，便为自己开脱，说派去慰安的使者们会错了意，擅自诛杀流人，又下令杀掉了使者，释放还活着的流人。裴伷先再次死里逃生。

之后裴伷先又过了一段安稳日子。705年武则天下台，中宗复辟，裴伷先期待着获得平反，但是又失望了——当年中宗就是被裴炎赶下台的，所以不可能给他平反。又熬了五年，睿宗上台，才给裴炎平反。因裴炎直系子女均被杀，作为裴炎的侄子，裴伷先被授予太子詹事丞。裴炎跟唐睿宗是有亲戚关系的，从某种意义上讲，裴伷先跟睿宗、玄宗都有拐弯抹角的亲戚关系。

710年，金城公主入藏，吐蕃与唐朝结盟，但时有反复，裴伷先因为熟悉西域，被赋予跟吐蕃谈判的大任，以一人之力就说服了吐蕃，因为这个功劳升任桂州都督。《裴伷先墓志》记载：

> 时西戎为大，疑我与匈奴连和，诏择信臣武士可使绝国者，于是公为举首，召见前殿。公须髯数尺，腰带十围，进止端详，敷奏闲雅。主上叹息，即拜司农丞。无何，除赞善大夫，迁主客郎中。有顷，加朝散大夫兼鸿胪少卿。将命西聘，公单车深入，结二国之信，一言慷慨，罢十万之兵，青海无川后之波，玉门见将军之入。朝嘉其勋，检校桂州都督……①

裴伷先过山车般的命运并没有停止于此。玄宗上台后，他因平

---

① 吴钢主编：《全唐文补遗》（第八辑），《裴伷先墓志》，西安：三秦出版社，2005年，第44页。

乱有功，被拔擢为广州都督、五府节使，并本道按察等使；开元二年（714），加授御史中丞，赐紫金鱼袋，迁幽州都督、河北道节度使。正如日中天的时候，裴仙先受流言诽谤，又被赶回广州当都督。但玄宗突然后悔了，又把他召回长安，拜左金吾卫将军。这时安南叛乱，玄宗又让他担任云麾将军兼广州都督，进封翼城县男，前去平叛。裴仙先不负所望，平叛非常成功，还没回到长安，玄宗就任命他担任左卫将军。但命运总是跟他开玩笑，因为受亲戚连累，他很快又被贬为秦州都督，再贬为雅州名山县丞。后来玄宗恢复了他的官爵，让他担任京兆尹这一重要职务。皇太子李亨遥领河东朔方节度使，并不亲自去任上，于是让裴仙先担任副使。因为管理得不错，他很快转任太仆卿、右金吾大将军、太府卿。接着他又倒霉了，因为替别的官员说话，跟玄宗吵了一架，被赶出了中央，然而没几年他又升任工部尚书、东京留守兼判省事。根据裴仙先的墓志，他是天宝二载（743）去世的，时年八十。在唐代活到这个年龄已经非常不容易了，人生七十古来稀。

有个成语叫"士可杀不可辱"也跟裴仙先有关。裴仙先因亲戚过失受到牵连被抓，玄宗跟宰相们讨论怎么惩处他。宰相张嘉贞建议在朝堂上杖责，张说反对："臣闻刑不上大夫，为其近于君，且所以养廉耻也。故士可杀不可辱。臣向巡北边，闻杖姜皎于朝堂。皎官登三品，亦有微功，有罪应死则死，应流则流，奈何轻加笞辱，以皂隶待之！姜皎事往，不可复追，仙先据状当流，岂可复蹈前失！"[①]玄宗听从了张说的建议。

裴仙先长寿，官运亨通又跌宕起伏，吃了很多苦，受了很多罪，但他还是能够把自己的一生以波澜壮阔的形式过完，可以说拥有一个成功的人生。

---

① 《资治通鉴》卷212《唐纪二十八》，第6754页。

四、变身侦探的狄仁杰

在西方探案小说里，狄仁杰（Judge Dee）是跟福尔摩斯一样高明的神探。西方拍摄过多部以狄仁杰为主角的电影，比如 1974 年美国拍摄的《狄仁杰之朝云观》（*Judge Dee and the Monastery Murders*）。很多明星比如 Michael Goodliffe、Khigh Dhiegh 都扮演过狄仁杰。有成千上万的西方青少年阅读过关于狄仁杰探案的故事。

狄仁杰，字怀英，并州太原人，一般认为他出生于贞观四年（630）。狄仁杰出身官僚家庭，他的祖父狄孝绪当过唐太宗的尚书左丞，父亲狄知逊做过夔州长史。狄仁杰幼年好学，"以明经举，授汴州判佐"[1]。在汴州为官时，狄仁杰被同僚诬告。当时阎立本担任工部尚书、河南道黜陟使，不但替他摆平了麻烦，还推荐他担任并州都督府法曹。后来狄仁杰到中央担任大理寺丞，从事的工作仍然跟司法有关，虽然职务不高，但属于很关键的位置。他特别称职，一年就处理了一万七千个裁判久拖不决的犯人，无人诉冤。有一次武卫大将军权善才误砍了昭陵（唐太宗陵墓）的柏树，狄仁杰上奏权善才罪当免职，而高宗认为应该立刻诛杀。狄仁杰坚持认为罪不当死，高宗不高兴地说："善才斫陵上树，是使我不孝，必须杀之。"[2]

---

[1] 《旧唐书》卷 89《狄仁杰传》，第 2885 页。

[2] 《旧唐书》卷 89《狄仁杰传》，第 2886 页。

旁边的大臣一直跟狄仁杰使眼色让他退出去，但狄仁杰坚持自己的看法，又用前人张释之、辛毗谏诤的例子加以劝说，高宗怒意稍解，最后听从了他的建议。过了几天，高宗就提拔狄仁杰担任侍御史。

后来狄仁杰转任宁州（今甘肃庆阳宁县）刺史，治理得不错，老百姓立碑颂德。御史郭翰巡察陇右，在所到之处考查、弹劾了很多地方官。进入宁州境内，一路上都有当地年长的士绅歌颂刺史的美德。郭翰将狄仁杰举荐到朝廷，狄仁杰被征为冬官侍郎（即工部侍郎，正四品下，主要负责国家农田、工程事项），充江南巡抚使——代皇帝巡视江南，稍后又转任文昌右丞（即尚书右丞，从二品），出为豫州刺史（接替越王李贞）。这时候赶上越王李贞反叛，牵连六七百人，籍没者五千口，司刑使逼促行刑。狄仁杰可怜他们被连累，为了宽缓刑罚，密奏朝廷，请求饶恕这些人的性命。武则天便特别宽大处理，改为配流丰州。这些流放的人途经宁州，当地百姓告诉他们："我狄使君活汝辈耶！"相携哭于碑下，宁州百姓又为他们提供了三日斋饭。这些流放的人到达丰州，也在当地立碑歌颂狄仁杰的美德。

狄仁杰在越王叛乱的善后问题上跟当时的军事主官宰相张光辅发生了冲突。当时将士自恃有功，希望能多抢掠一些东西，狄仁杰不答应。张光辅怒曰："州将轻元帅耶？"狄仁杰很强硬，认为不能纵邀功之人，杀归降之众，甚至说了狠话，"如得尚方斩马剑加于君颈，虽死如归"[1]。张光辅回去奏狄仁杰不逊，狄仁杰被贬为复州刺史（辖今湖北仙桃、天门一带），后又被召入洛阳为洛州司马。

武则天当皇帝之后，狄仁杰的升迁进入快车道。天授二年（691）九月，转地官（户部）侍郎、判尚书事、同凤阁鸾台平章事，六十二岁做到宰相。与此同时，狄仁杰一生当中最大的凶险来临。那就是酷

---

[1] 《旧唐书》卷89《狄仁杰传》，第2888页。

吏政治。

　　狄仁杰被来俊臣诬陷造反。当时有制度"一问即承者例得减死"，所以来俊臣一审问，狄仁杰就承认造反："大周革命，万物唯新，唐朝旧臣，甘从诛戮。反是实！"[①]狄仁杰既然已承认谋反，相关官员等着行刑，对他也不再严加防范，狄仁杰便趁机要来笔墨，拆了被头的帛布写了一份陈冤状塞在棉衣里，借口天气炎热送回家中。狄仁杰的儿子狄光远得到书信，就上呈武则天。武则天看了狄仁杰的信，就询问来俊臣。来俊臣伪造了狄仁杰的谢死表，也就是承认自己谋反的上表，结果武则天召见狄仁杰，一对质就全露馅了。武则天根本就不相信狄仁杰这些人会造反，她只是用来俊臣这些酷吏清除政治对手——虽然狄仁杰是冤枉的，还是被贬为彭泽县令。

　　万岁通天年间（696—697），契丹攻陷冀州，河北震动，武则天想起来狄仁杰，任命他为魏州刺史，不久转任幽州都督，抵御契丹。神功元年（697），被任命为鸾台侍郎、同凤阁鸾台平章事，加银青光禄大夫，兼纳言，又当了宰相。圣历初年，突厥侵掠赵、定等州，狄仁杰担任河北道元帅。突厥尽杀所掠男女万余人后撤兵，狄仁杰追赶不及，便转任河北道安抚大使。圣历三年（700），左玉钤卫大将军李楷固、右武威卫将军骆务整讨伐契丹残余势力，取得胜利，献俘于含枢殿。武则天特赐李楷固姓武氏。李楷固与骆务整之前都是契丹首领李尽忠的手下，多次与唐军作战，后兵败投降，本来要受到严惩，狄仁杰认为他们都是骁将，奏请授其官爵，加以任用。武则天听从了他的建议，等到李楷固他们凯旋，武则天还召狄仁杰参加宴会，亲自给狄仁杰敬酒[②]。

　　从史料中看，武则天跟狄仁杰始终保持良好的关系。圣历三年

---

① 《旧唐书》卷89《狄仁杰传》，第2888页。

② 《旧唐书》卷89《狄仁杰传》，第2893页。

（700），武则天巡幸三阳宫，王公百僚之中，只有狄仁杰特赐住宅一区，恩宠无比。武则天一直非常信任狄仁杰，群臣莫及。武则天虽然年纪比狄仁杰大，但是总称他为"国老"而不直接叫名字。有一次狄仁杰跟随武则天游幸，一阵风把狄仁杰的头巾吹落，狄仁杰所骑的马因此受到惊吓失控，武则天赶紧让太子李显追上去，抓住马笼头，把马拴好。狄仁杰多次以年老为由请求退休，都被武则天拒绝。武则天不让他下拜，说看到狄仁杰下拜"朕亦身痛"；也不让他值班，告诉狄仁杰的同僚："自非军国大事，勿以烦公。"久视元年（700）秋，狄仁杰去世，举国哀悼，武则天废朝三日，追赠其为文昌右相，赐谥号文惠。

> 太后泣曰："朝堂空矣。"自是朝廷有大事，众或不能决，太后辄叹曰："天夺吾国老何太早邪！"[1]

狄仁杰是山西太原人，武则天是山西文水人，文水是太原的属县，两人是老乡。私人关系有时候在建立政治信任时会发挥重要作用，据史料记载，武则天和狄仁杰谈论过双陆游戏，两人可能有一些共同的家乡记忆。

狄仁杰能长期获得武则天的信任，并非易事。从史料看，狄仁杰谋国先谋身，从不触动武则天的核心利益，不反对武则天的大政方针。他善于把握大局，抓大放小。比如太学生王循之上表，乞假还乡，武则天批准了。狄仁杰却说：

> 臣闻君人者，唯杀生之柄不假人，自余皆归之有司。……彼学生求假，丞、簿事耳，若天子为之发敕，则天

---

[1] 《资治通鉴》卷 207《唐纪二十三》，第 6551 页。

下之事几救可尽乎？[1]

　　狄仁杰认为，君王只有生杀大权不能交给别人，其余的事务都应放归相关部门，学生请假的事则应交由国子监丞和主簿负责。如果天子为这点小事都要发布敕令，那天下之事要多少敕令才能处理完？这是让武则天放权，事必躬亲并不是君主所为。

　　狄仁杰为人厚道、孝友绝人。在并州当官时，同府法曹郑崇质被派到边远的地方去当使节，而他的母亲年纪大了且体弱多病。狄仁杰就去找长史蔺仁基，请求代替郑崇质去。当时蔺仁基与司马李孝廉关系不好，看到狄仁杰如此对待同僚，就对李孝廉说，我们难道不该惭愧吗？于是两人相待如初。狄仁杰在汝南当官时多有善政，但也有进谗言告发他的人。武则天问他，你想知道是谁说你的坏话吗？狄仁杰回答道："陛下以臣为过，臣当改之；陛下明臣无过，臣之幸也。臣不知谮者，并为善友，臣请不知。"[2]可见狄仁杰宽厚的一面。

　　狄仁杰被诬陷时，判官王德寿诱供说，如果你把尚书杨执柔咬出来，就可以免掉死罪，我也可能获得升迁，如何？狄仁杰问，如何牵连杨执柔。王德寿说，当年您任职礼部的时候，杨执柔担任礼部员外郎，如此牵连就可以了。狄仁杰说："皇天后土，遣仁杰行此事！"然后以头触柱，流血满面，王德寿害怕了，赶紧道歉[3]。不过话说回来，杨执柔是武则天母亲杨氏家族的子弟，牵连到武则天母家也不是理智的行为。

　　狄仁杰的大度在对待霍献可的态度上更加清晰。他曾被贬官，路

---

① 《资治通鉴》卷 204《唐纪二十》，第 6476 页。

② 《旧唐书》卷 89《狄仁杰传》，第 2888 页。

③ 参看《旧唐书》卷 89《狄仁杰传》，第 2888 页。

过开封，想停留半天治病。当时的开封县令霍献可坚决拒绝，逼狄仁杰当天就离开开封。后来狄仁杰恢复了宰相职务，此时霍献可在中央担任郎中（六部的中层）。武则天让大臣们推荐御史中丞（职权比郎中大很多）的人选，狄仁杰推荐霍献可担任。所谓宰相肚里能撑船，狄仁杰担得起这样的描述。有意思的是，《太平广记》对此事的描述完全不同。《太平广记》卷146记载，狄仁杰对霍献可怀恨于心，但武则天让他推荐人选时，仓惶间他的脑海中想不出其他人的名字，只好提名霍献可。

狄仁杰政治能力很强，更能洞悉人性，比如劝谏武则天还政李唐时，其他人都从政治大局、大义谈，他却从母子关系谈。当时像吉顼、李昭德都直言进谏还政中宗，均无法说服武则天，"则天无复辟意"。只有狄仁杰每次都从容奏对，"无不以子母恩情"劝说，武则天渐渐想明白了，最后把中宗从房陵召回，树为储君① 。狄仁杰没有拿大义去劝说武则天立自己的儿子，都是以母子间的亲情去说动她。他对武则天说："姑侄之与母子孰亲？陛下立子，则千秋万岁后，配食太庙，承继无穷。立侄，则未闻侄为天子而祔姑于庙者也。"② 这就抓住了要害：母子比姑侄感情深，立儿子为太子，武则天死后还能配食太庙，可从没有配食太庙的姑姑。

毁誉相连，当时也有人对狄仁杰服务武则天有抱怨。比如唐人李濬在《松窗杂录》中把狄仁杰描述成一个甘愿侍奉女主的小人。当狄仁杰想提拔堂姨卢氏的儿子时，遭到了堂姨的严词拒绝："相自贵尔，姨止有一子，不欲令其事女主。"③

武则天下台后，狄仁杰的政治定位是匡复唐室的功臣，因为很多

① 参见《旧唐书》卷89《狄仁杰传》，第2895页。
② 《资治通鉴》卷206《唐纪二十二》，第6526页。
③ （唐）李濬撰，罗宁点校：《松窗杂录》，北京：中华书局，1991年，第97页。

参与推翻武则天政变的大臣和将领都由他推荐。狄仁杰一生注意提拔人才，常以举贤为意，他拔擢的桓彦范、敬晖、窦怀贞、姚崇等人中，做到公卿的就有数十人。尤其是张柬之，不过是区区荆州长史，被狄仁杰提拔为洛州司马，进拜宰相，后来领头兴复中宗。唐朝诗人高适作《三君咏·狄梁公》称赞狄仁杰："梁公乃贞固，勋烈垂竹帛。昌言太后朝，潜运储君策。"褚人获的《隋唐演义》把狄仁杰塑造成受命于唐太宗，维护李唐江山的形象——这就是文学性的想象了。狄仁杰死在武则天去世前五年，他大概不能预见五年后的神龙政变。

狄仁杰更预见不到的是，他在后世变成了一个带有传奇色彩的侦探，名字传遍西方世界。这跟一个叫高罗佩（1910—1967）的荷兰人有关。

高罗佩从小便对中国文化感兴趣，少年时代就聘请了一位在鹿特丹留学的中国学生教他中文。后来他在莱顿大学系统学习了中国历史

图 4　高罗佩在书房弹古琴。

和文化，又进入乌特勒支大学学习东方语言。高罗佩很有语言天赋，精通汉语、日语、梵文、藏文等。二战中，作为荷兰流亡政府驻华使馆的一等秘书，他来到重庆，并且娶了张之洞的外孙女为妻。他深入研究中国古代文学、艺术、司法等，近乎痴迷。他写过不少学术著作，比如《琴道》《明末义僧东皋禅师集刊》《秘戏图考》《中国古代房内考》，甚至还写了一部《长臂猿考》，但是所有这些著作都比不上他创作的侦探小说《大唐狄公案》系列有名。

1940 年代，欧美兴起侦探小说热潮。以福尔摩斯为代表的神探形象在西方世界风靡一时。在这样的背景下，高罗佩也以狄仁杰的断案故事为线索，创作了轰动世界的《大唐狄公案》系列。他先把清末公案小说《武则天四大奇案》翻译为英文，接着以狄仁杰为原型用英语创作了《铜钟案》(*The Murders of Chinese Bell*，此书本来想使用中文创作，先在中国出版，但是中国的出版社没意识到这部作品的重要性)，一出版就在西方引起轰动。出版商一再催促，高罗佩一鼓作气创作了《迷宫案》《黄金案》《铁钉案》《四漆屏》《断指案》等，最终构成高罗佩的"狄仁杰系列"，一共 16 个中长篇，8 个短篇，多达 130 万字，各篇独立成章，又相互呼应。这部巨著在西方不但屡屡再版，翻译为各种文字，还被搬上荧幕，使狄仁杰（Judge Dee）成为西方家喻户晓的传奇人物。在高罗佩笔下，狄仁杰是一个儒、侠互融的人，这可能也是高罗佩的理想人格。

五、性格决定命运

武则天在很长一段时间内最信任的大臣，不是狄仁杰，而是李昭德，但李昭德的结局不太好。政治史研究中很多重要的因素没法度量，比如关系、心态、性格等。李昭德之死就跟他的性格有很大关系。人并非完全理性，在政治起伏中，一个人的性格，影响着他的命运。

李昭德是长安县人，与狄仁杰一样是官宦子弟，以明经入仕。李昭德的父亲李乾祐在贞观年间一直做到御史大夫，因与褚遂良不和而被贬为刺史。李乾祐虽然身在外地，仍然伺探朝廷动向，"既典外郡，与令史结友，书疏往返，令伺朝廷之事"[1]，不久被友人告发，流放爱州（辖境约今越南清化）；之后又获得机会，担任桂州都督、司刑太常伯，但后来再次不慎丢官。当时李乾祐想举荐京兆府功曹参军崔擢担任尚书郎，事情没有成，他却把相关情况告诉了崔擢。后来崔擢犯了罪，为了赎罪就举发李乾祐"泄禁中语"[2]。在唐朝，大臣把跟皇帝讨论事情的情形泄漏出去属于严重违规，"君不密则失臣，臣不密则失身"[3]，于是李乾祐再次被免官，很快就死了。

---

[1] 《旧唐书》卷 87《李昭德传》，第 2854 页。

[2] 参看《旧唐书》卷 87《李昭德传》，第 2854 页。

[3] 《周易正义》卷 7《系辞上》，《十三经注疏》，北京：中华书局，第 165 页。

李昭德是李乾祐的庶子，跟他父亲一样，李昭德非常能干，但性格刚直，盛气凌人。他少时考中了明经科，不断升迁至凤阁侍郎，长寿二年（693），又担任凤阁鸾台平章事，不久又加检校内史，成为宰相。长寿年间，洛阳改建文昌台、定鼎、上东诸城门以及外郭城，这些都由李昭德主持设计，获得当时人的赞誉。在洛阳天津桥以东，立德坊西南隅，本来有中桥及利涉桥供行人车马通行。高宗上元年间，当时的司农卿韦机为了便民把中桥挪去了安众坊左街，对着长夏门，利涉桥被废弃，因此节省了很多钱。但是新的中桥每年都被洛水冲刷，需要不断修葺。李昭德发明了在水中堆积尖形石桥墩分流水势的方法，从此以后新的中桥再没有损坏。

李昭德是坚定的拥李派，始终站在阻挡武承嗣当皇太子的第一线，多次挫败武承嗣争储的计划。延载初年，凤阁舍人张嘉福撺掇洛阳人王庆之，带着轻薄恶少数百人进宫请愿，要求立武承嗣为皇太子。武则天不答应，王庆之一伙人固请不已。武则天让李昭德处理，李昭德居然杖杀王庆之，驱散了请愿者。

当时吏治混乱，甚至进献祥瑞就能获得官职。有人在洛水中找到带有红色斑点的白石头，就当祥瑞进献朝廷。宰相们诘问他，他回答说："这块石头是一片赤心，所以来献。"李昭德呵斥他："这块石头一片赤心，洛水中其他的石头难道都是反贼吗？"左右皆笑。

在当时的恐怖政治中，有好几个酷吏被李昭德打倒。来俊臣、侯思止等滥用刑法，诬陷忠良，李昭德毫不留情，经常向武则天上奏他们的恶行，来俊臣及其党羽稍有收敛。来俊臣曾抛弃故妻，转娶太原王庆诜的女儿，侯思止也奏请娶世家大族赵郡李自挹的女儿。武则天让政事堂商量。李昭德拍着手对诸位宰相说："大可笑！往年俊臣贼劫王庆诜女，已大辱国。今日此奴又请索李自挹女，无乃复辱国耶！"随后李昭德扣下了侯思止的奏章，坚决拒绝了他的请求。侯思止后来被李昭德找借口抓捕处决。

但李昭德也因为专权用事，被朝臣所憎恶。有个做过鲁王府功曹参军的丘愔上书告发他：

> 自长寿已来，厌怠细政，委任昭德，使掌机权。然其虽干济小才，不堪军国大用。直以性好凌轹，气负刚强，盲聋下人，刍狗同列，刻薄庆赏，矫枉宪章，国家所赖者微，所妨者大。①

丘愔攻击李昭德专权且飞扬跋扈。长上果毅邓注作有《硕论》数千字，专门详述李昭德专权之状，凤阁舍人逢弘敏把这篇文字上奏给武则天。三人成虎，武则天开始对李昭德感到厌恶，对纳言姚璹说："昭德身为内史，备荷殊荣，诚如所言，实负于国。"②延载初年，李昭德被贬为钦州南宾县尉，数日后，又命免死配流。过了不久，武则天又把他召了回来，拜监察御史。

李昭德得罪了很多人，更跟来俊臣势同水火。来俊臣诬陷李昭德逆谋，李昭德因此下狱，不久来俊臣也被捕入狱，来、李二人同日被杀。行刑当日洛阳下起了大雨，"士庶莫不痛昭德而庆俊臣也"，并且说："今日天雨，可谓一悲一喜矣。"③《旧唐书》给予李昭德这样的评价：

> 若使昭德用谦御下，以柔守刚，不恃专权，常能寡过，则复皇嗣而非晚，保臣节而必终。盖由道乏弘持，器难苞贮，纯刚是失，卷智不全。所以丘愔抗陈，邓注深论，瓦解

---

① 《旧唐书》卷87《李昭德传》，第2856页。
② 《旧唐书》卷87《李昭德传》，第2857页。
③ 《旧唐书》卷87《李昭德传》，第2857页。

而固难收拾，风摧而岂易扶持。自取诛夷，人谁怨怼？ [①]

如果李昭德能够身段柔软一点，不那么盛气凌人，能够经常反思自己的作为，那么他可能会有好一点的结局。但是他的性格太过于刚愎，最后自取灭亡，又怪得了谁呢？

武则天时期的重要宰相还有娄师德。娄师德字宗仁，郑州原武人。他进士及第，担任江都县尉，后来主要在军队系统工作。高宗上元初年，吐蕃盗扰边境，唐军战败，娄师德临危受命出使吐蕃，跟吐蕃达成协议，后来朝廷招募猛士讨伐吐蕃，娄师德自告奋勇前去应诏，后随军出征立下战功，升任殿中侍御史，兼河源军司马，并知营田事。他曾与吐蕃战于白水涧（今新疆达坂城附近），八遇八克，取得战功。

武则天上台后拔擢了娄师德，授左金吾将军，检校丰州都督。他率军屯田，积谷数百万，武则天专门降书来褒奖。长寿元年（692），武则天把娄师德召入洛阳，任命他担任夏官侍郎，判尚书事（即兵部侍郎，主持兵部全面工作），后来晋升同凤阁鸾台平章事，跟李昭德同一年升任宰相。他主要负责军事，有一次打了败仗被贬（证圣年间被贬为原州员外司马），后来还是被武则天召回当宰相。圣历三年（700），突厥入寇，他担任检校并州长史、天兵军大总管。当年九月，娄师德死在军中，时年七十岁。

狄仁杰、李昭德、娄师德的仕途轨迹是不一样的，但是三人都有一技之长：狄仁杰善断案，李昭德善于工程建设，娄师德善于打仗、屯田和外交。三人性格也迥异：狄仁杰刚柔相济，李昭德盛气凌人，娄师德温和谦逊。

史料记载娄师德身长八尺，方口厚唇，深沉有度量，别人跟他吵

---

① 《旧唐书》卷87《李昭德传》，第2858—2859页。

架，他也不生气。娄师德曾与李昭德同行，因为长得比较胖，走不快。李昭德嫌弃地说："真是被你这乡巴佬拖累了。"娄师德笑着回答："我不是乡巴佬，谁是乡巴佬呢？"他的弟弟要去代州上任，临走之前向他请教为官之道，他教弟弟忍让处事。弟曰："人有唾面，洁之乃已。"师德曰："未也。洁之，是违其怒，正使自干耳。"[1]这就是成语"唾面自干"的由来。

最初是娄师德举荐狄仁杰。等到狄仁杰当了宰相之后，处处排挤娄师德。连武

图5 舒相坐菩萨像。洛阳龙门石窟奉先寺遗址考古发掘出土。龙门石窟研究院藏。（动脉影 摄）

则天也看不下去，就问狄仁杰："娄师德贤明吗？"狄仁杰回答："带兵打仗谨慎保守，是不是贤就不知道了。"武则天又问："娄师德知人善任吗？"狄仁杰回答："我跟他同事，从来没听说他知人善任。"武则天表示你就是他举荐的啊，又拿出娄师德当时举荐的奏疏给狄仁杰看。狄仁杰很惭愧，感叹道："娄公盛德，我为所容乃不知，吾不逮远矣！"[2]史书这样评价娄师德：

---

[1] 《新唐书》卷108《娄师德传》，第4093页。

[2] 《新唐书》卷108《娄师德传》，第4093页。

总边要、为将相者三十年，恭勤朴忠，心无适莫，方酷吏残鸷，人多不免，独能以功名始终，与郝处俊相亚，世之言长者，称娄、郝。……师德宽厚，其能以功名始终者，盖近乎勇于敢则杀，勇于不敢则活者邪！①

当时政治环境那么恶劣，酷吏横行，很多官员都不能幸免，娄师德却始终没有遭到迫害，是因为他宽厚。"勇于不敢则活者"——勇往直前总有精疲力竭的一天，进退有度，才是生存之道。甚至有的时候，要"勇于不敢"，才能够生存下来。

---

① 《新唐书》卷108《娄师德传》，第4093—4094页。

多说一点

文艺作品中的历史人物

不可否认，文艺作品，不论是小说、电影，都对历史人物形象有巨大的影响。通俗文化对历史记忆的塑造，甚至超过正史的描述。比如历史上的狄仁杰并不以破案著称，但是在高罗佩创作《狄公案》之后，狄仁杰在西方大众文化中成为和福尔摩斯一样的侦探，又倒流回中国，重塑了狄仁杰在大众文化中的形象。再如，论架空历史的能力，元明清的小说家可谓无人能出其右：唐前期的一代战神苏定方被丑化为奸臣；历史上人情练达的玄奘，被描述为《西游记》里不辨是否的唐僧。

从 20 世纪开始，后现代主义者企图将史学化解为文学，正如章学诚在两百年前将经学化解为史学一样，所谓"廿五史皆文也"。他们从根本上否认客观历史的存在，认定所有的文本都是"再现"——讲述者因为知识背景和社会角色的不同而给读者重现不同的画面。所有的史学作品，最后都得利用文学写作的技巧和手法来表现，特别是当特定的外在力量（比如意识形态和民族主义）加入进去的时候，历史学的客观性就会受到更严重的质疑，人们怀疑自己看到的可能只是作者想给自己看的东西。这都对历史研究提出了更高的要求。所以，有时候研究文本的作者和成书背景，比研究文本本身更具有历史学意义。

第二章　走向政变：武则天晚年的政局

随着武则天步入老迈，她要把权力延伸出去，就要依靠一些特定的人，比如张易之、张昌宗兄弟。武则天晚年的政局见证了张氏兄弟在政坛的崛起，但他们只不过是武则天的影子，是武则天继续操纵政局的抓手。同时，在中央长年经营的李旦集团和从外地召回的中宗势力暂时保持着平衡；在李唐势力外部，是武三思等武家势力。武则天在晚年做了最后的努力——希望能通过联姻把李家和武家融为一体，以免她死后武家受到清算。李旦和李显对此态度明显不同：李显家族积极和武家以及韦家联姻，但是李旦家族没有一个儿子或者女儿跟武家联姻。这都隐含着政治态度的不同，为后来政局的发展埋下了伏笔。

一、李旦：隐蔽的强者

李旦是一个经常被我们忽略的人物，总给人平庸无奇的感觉。但一个不容忽视的事实是，玄宗及其之后所有的唐朝皇帝都是李旦的子孙。他才是后武则天时代政治斗争最大的获利者。两座著名的寺院都跟他有关，开封的相国寺是用他的爵号命名的——他是安国相王；长安的大安国寺是用他的住宅改建的，是唐朝的国家大寺。能在武则天、中宗两朝几十年波谲云诡的政局中化险为夷，悄无声息地收割各大政治集团的胜利果实，要么这个人并不平庸，要么这个人非常幸运。

隋代及唐前期，亲王府在政治中的地位十分重要，如隋代的晋王府（杨广）、秦王府（杨俊）、蜀王府（杨秀）、汉王府（杨谅）；唐高祖时的秦王府（李世民）、齐王府（李元吉）；太宗时的魏王府（李泰）、晋王府（李治）；高宗时的英王府（李显）、相王府（李旦）。在唐代，王府经常省略"王"字加以简称，比如秦王府简称"秦府"，相王府简称"相府"，所以我们在史籍中会读到"秦府骁将"这样的表达，其指的就是秦王李世民府上的将领。

唐前期的亲王有一套自己的僚佐班子，包括王府的长史、司马等一大堆官员。这些官员有双重属性：一方面，他们是朝廷的官员；另一方面，他们又跟自己的府主存在一定组织和道义上的家臣关系。李旦因为地位崇高，所以待遇也很高。高宗、中宗时，相王府长史、司马大多同时兼任宰相。

据《旧唐书》卷四四《职官三》所记，王府僚佐由四部分组成：

第一，王官

为咨询班子。有亲王傅一人、咨议参军一人、友一人、文学二人、东西阁祭酒各一人。

第二，府官

是日常行政班子。包括长史、司马、掾、属、主簿、史、记室参军事、录事参军事、录士、功仓户兵骑法士等七曹参军事、参军事、行参军、典签。

第三，亲王亲事府和亲王亲事帐内府

即警卫机关，由数百人的卫士组成。

第四，亲王国

负责亲王的日常生活及财政等杂事。有国令一人，大农二人，尉二人，丞一人，录事一人，典卫八人，舍人四人，学官长一，食官长一，丞一人，厩牧长二人，丞二人，典府长二人，丞二人。[①]

这里面最重要的是长史、司马，这是王府一正一副两个僚佐长。

王府僚佐在唐前期是一个很好的晋身之阶。很多大臣都有过担任王府僚佐的经历，其中出将入相者也不在少数。比如秦王李世民玄武门之变上台后，几乎是用秦王府僚佐另组了一个政府班子。王府僚佐的政治命运也经常与府主的前途连在一起。府主龙飞九五，僚佐也攀龙附凤；若府主倒台，僚佐的政治前途也将蒙上阴影。主败臣辱的例子也很多，比如齐王李元吉的记室参军李护。他的墓志记载："暨齐王弃世，门馆寂寥。君乃杖策东游，卜居伊洛。"[②]雍王李贤的王府

---

① 参看《旧唐书》卷44《职官志三》，第 1914—1915 页。

② 吴钢主编：《全唐文补遗》（第四辑），《李护墓志》，西安：三秦出版社，1997 年，第 309 页。

兵曹参军韦愔也有相似的遭遇，他的墓志记载：雍王立为皇太子后，"爰以藩邸旧僚，入为储宫官属，授太子通事舍人"；而李贤政治上倒台后，"出为光州乐安县令。纡骥足而临下邑，曲牛刀而割小鲜"[1]。李护本来是李元吉的重要幕僚，玄武门之变后，"齐王弃世"，他离开了长安去隐居。韦愔则在自己府主倒台后，被贬为乐安县令（今江西抚州）。在墓志中，他的贬官被称为"曲牛刀而割小鲜"，不平之气跃然纸上。

王府僚佐对府主称臣，难免有一些家臣色彩。有时候一家父子都在一个王府任职，比如韦凑、韦见素父子都是相王府僚佐。崔知温是英王李显府上的司马，他儿子崔泰之则是李显之子卫王李重俊王府的长史。同时府主对僚佐的选择具有一定自主权，比如魏知古本是小吏，姚崇担任相王府长史，觉得他是个人才，就引荐他担任本府司马，作为自己的助手，后来两人都升任宰相。

僚佐作为可靠的政治力量，也会被给予更多关照。神龙元年（705）中宗即位，即下诏：

> 自弘道已前经任相三年已上及秦府、晋府僚佐四品以上
> 并食实封功臣，虽经罪责，不至破家，子孙无任京官者特宜
> 优与一官，英府、周府旧僚五品已上子孙，亦宜准此。[2]

按照这个政策，秦王府（李世民）、晋王府（李治）的四品以上僚佐，只要家族中没有人担任京官，就有一位子孙可以被授予官职；英王府、周王府的旧僚也照此办理。英王府、周王府都是中宗没当皇帝时的王府。神龙三年（707）四月，中宗巡幸荐福寺——也就是之

---

[1] 吴钢主编：《全唐文补遗》（第三辑），《韦愔墓志》，第 29 页。

[2]（宋）王钦若等编，周勋初等校订：《册府元龟》卷 80《帝王部·庆赐》，第 872 页。

前他的旧宅——故地重游之际，中宗下令，"其故吏周府官从至寺者各赐勋一转"[1]。等到景龙四年（710），相王李旦登基，下诏："内外官四品已上加一阶，相王府官吏加两阶。"[2] 这种做法一直延续到玄宗时期。玄宗因为姜皎是其藩邸旧臣，下诏褒奖："殿中监楚国公皎，往事朕于藩国。"[3] 他以前的一个藩邸故吏王仁琛，很多年了还在担任岐山县令，开元七年底，玄宗"墨敕令与五品官"[4]。

李旦在史书中的形象比较平庸，但不可否认的是，他身边聚集了一大批人才，其中不乏文学名士如刘祎之、刘之宏、丘悦、韦利器、高仲舒、徐彦伯、薛稷等；也不乏能臣干吏，如姚元崇、魏知古、苏瑰、裴耀卿等；也不乏术士异人，如明崇俨、孟诜、殷仲容、阎玄静等；还有像王温（宰相王及善之子）这样的高官子弟。这些人中，最后做到宰相的就有李义府、王德真、刘祎之、姚元崇、魏知古、袁恕己、韦安石、豆卢钦望、苏瑰、韦见素、裴耀卿、薛稷等，达十二人之多。可见能跻身相王府僚佐，是一条仕途的光明大道。

玄宗即位后依靠的治国力量，很多就是他父亲李旦留下的资源。"元宗（玄宗）初即位，礼貌大臣，宾礼故老，注意于姚崇、宋璟，引见于便殿，皆为之兴起，去辄临轩以送。"[5] 姚崇等人都是睿宗留下来的政治遗产。而李隆基上台依靠的一帮"从龙功臣"，不仅不具备治国才能，反而还成为了政治不稳定力量，被姚崇逐步拔除。

从高宗时代到玄宗时代，唐朝中央一直存在着一个盘根错节的相

---

① （宋）王钦若等编，周勋初等校订：《册府元龟》卷84《帝王部·赦宥》，第931页。

② 《旧唐书》卷7《睿宗本纪》，第154页。

③ 《新唐书》卷91《姜皎传》，第3793页。

④ 《资治通鉴》卷212《唐纪二十八》，第6737页。

⑤ 《旧唐书》卷124《姚崇传》，第4387页。

王集团。尤其是武则天时期，李旦是对抗武氏集团的旗帜。因为大臣和将领私下串联拜见李旦，武则天曾大动干戈。

> 帝（李旦）之为皇嗣，公卿往往见之，会尚方监裴匪躬、左卫大将军阿史那元庆、白涧府果毅薛大信、监门卫大将军范云仙潜谒帝，皆腰斩都市。[①]

李旦的哥哥中宗李显，680年被立为太子，683年登基，684年被废黜流放房州，直到698年才得以返回京师，中间被流放了十五年。而李旦684年登基，690年降为皇嗣，698年降为王，前后作为皇帝和储君十五年，一直留在中央长期经营。等到中宗回来的时候，他面对的不仅仅是武则天、武三思、张昌宗兄弟等，还有一个庞大的相王集团。

很多政治大事，背后都能看到李旦的影子，他在朝堂一直有坚定且掌权的支持者。684年，武则天发动政变废黜中宗李显。李旦的王府长史王德真、司马刘祎之直接参与并主导了政变。时任宰相裴炎是王德真的外甥，又跟

图6 安国寺降三世明王造像。安国寺是睿宗在藩旧宅，他即位之后将安国相王宅改为安国寺。这座寺院在睿宗及玄宗时期成为重要的国家寺院。（动脉影 摄）

---

① 《新唐书》卷76《则天武皇后传》，第3482页。

李旦有姻亲关系。这些人支持废黜李显，也反对武则天专权——他们属意的是李旦——所以在废黜李显后，裴炎等人很快就跟武则天发生激烈冲突，被武则天铲除。《旧唐书·朱敬则传》记载，长安中（此时中宗为储君），朱敬则曾与刘幽求密谈："相王必膺期受命，当须尽节事之"[1]。这时候的皇太子是李显，宰相朱敬则却拥护李旦。相王李旦直接参与了推翻武则天的神龙政变，他在司刑少卿兼相王府司马袁恕己协助下，统率南衙诸卫的卫兵，控制了皇城内外[2]。

李旦的王府僚佐中最引人注目的是姚崇。他曾因自己担任相王僚佐又兼兵部尚书，比较敏感，所以请求改任礼部尚书。

> 圣历三年，进同凤阁鸾台平章事。迁凤阁侍郎，俄兼相王府长史，以母老纳政归侍，乃诏以相王府长史侍疾，月余，复兼夏官尚书、同凤阁鸾台三品。崇建言："臣事相王，而夏官本兵，臣非惜死，恐不益王。"乃诏改春官。[3]

李旦有所谓"三让天下"的事迹——先让给母亲武则天，又让给兄长中宗李显，最后让给儿子李隆基。在官方史书里，他似乎是一个对政治没有野心的人。但唐朝人张鹭在《朝野佥载》中记载：景龙末（中宗统治晚期），相王府的旧僚佐、时任济源县尉的杜鹏举找其他借口偷偷来跟相王报祥瑞，说自己梦见相王要当皇帝。李旦很兴奋，对杜鹏举说："岂敢忘德。"[4] 即便中宗地位已定，还是有很多大臣拥护相

---

① 《旧唐书》卷 90《朱敬则传》，第 2918 页。

② 参看《旧唐书》卷 91《袁恕己传》，第 2942 页。

③ 《新唐书》卷 124《姚崇传》，第 4382 页。

④ （唐）张鹭撰，赵守俨点校：《朝野佥载》卷 6，第 136—137 页。

王。大臣严善思善术数，他偷偷跟相王的心腹姚崇说："韦氏祸且涂地，相王所居有华盖紫气，必位九五，公善护之。"[1]上官婉儿、崔日用等权势人物也在相王这里下注。如果不是上官婉儿墓被发现，我们永远都想不到，在官方史书的描述中拥护李显、韦皇后、武三思的上官婉儿，其实暗地里投靠了相王和太平公主。

---

① 《新唐书》卷 204 《方伎传》，第 5808 页。

二、安金藏剖腹救李旦

李旦一生中最危险的时刻，一个粟特人用剖腹的方式挽救了他。这个粟特人叫安金藏。玄宗感念这个粟特人的忠诚，称其为"烈士"。安金藏在都城的故居也被称为"烈士台"，以彪炳其功勋。

安金藏的名字"金藏"明显带有佛教色彩，实际上他也确实是一个信仰佛教的粟特人。在武则天改唐为周之后，只是一介乐工的安金藏与皇子李旦的命运出现了交集。李旦从皇位退下来，在胆战心惊中度过了一段漫长的岁月。693 年，一个武则天宠信的户婢韦团儿跟李旦结怨，遂诬告李旦的两位妃子刘氏、窦氏行厌咒之术。两位妃子被武则天杀死后埋在宫中，没人知道掩埋之所在哪里。李旦畏惧忤逆太后的旨意，隐忍不发，在武则天面前"容止自如"。后来团儿又想害李旦，有知情人向武则天告发此事，武则天便杀了团儿。

随着武周政权逐渐稳固，李旦门前冷落车马稀，只有安金藏等乐工陪在身边。有人诬告李旦谋反，武则天让来俊臣审问。来俊臣动用酷刑，李旦身边的人不胜楚毒，都想认罪。这时候只有安金藏坚决不屈服，并对来俊臣大声说："公不信金藏之言，请剖心以明皇嗣不反。"随即他抽出佩刀自剖其胸，五脏并出，流血满地，气绝倒地。局面闹大，武则天听闻，赶紧命人把他抬入宫中让御医治疗。医生把五脏放回他的腹中，又以桑皮线缝合并给伤口上药。过了一晚上，安金藏又活过来了。安金藏的壮烈举动激活了武则天的亲情人性，她对安金藏说："吾子不能自明，不如尔之忠也！"[1]下令停止审问，李旦躲过一劫。

根据文献记载，安金藏是个非常孝顺的人。神龙初年（705年左右），安金藏的母亲去世，他先将母亲葬于洛阳城南阙口之北，并在墓葬旁边盖了小房子住下来，亲自造石坟、石塔，昼夜不停。本来那片地附近没有水源，忽然就有泉水涌出。后来又出现李树盛冬开花、犬鹿相狎的现象。按照唐朝的逻辑，这些祥瑞都是安金藏孝顺引致的，负责的大臣卢怀慎便上奏朝廷，其后皇帝下敕，赐立牌坊以表彰其孝。睿宗景云年间，安金藏多次升官，最后升至右武卫中郎将。玄宗即位后，追思安金藏忠节，下制褒美，擢升右骁卫将军，并且让史官把他剖腹的事迹整理记录下来。到了开元二十年（732），玄宗破例封其为代国公，在东岳庙等处的石碑上均镌勒安金藏的名字。安金藏最后寿终正寝，死后还被追赠兵部尚书。

正史中关于安金藏的记载差不多就到此为止，比较简单，幸而安金藏父母的墓被发现了。1981年4月河南洛阳龙门洛阳啤酒厂工地施工，发现了安菩夫妇墓。安菩就是安金藏的父亲，他的墓志盖上写着"大唐定远将军安君志"，志文说：

> 君讳菩，字萨，其先安国大首领。破匈奴衔帐，百姓归中国。首领同京官五品，封定远将军，首领如故。……粤以麟德元年（664）十一月七日，卒于长安金城坊之私第，春秋六十有四。……夫人何氏，其先何大将军之长女，封金山郡太夫人。以长安四年（704）正月廿日，寝疾卒于惠和坊之私第，春秋八十有三。以其年二月一日，殡于洛城南敬善

----

[1]《旧唐书》卷187上《安金藏传》，第4885页。

寺东，去伊水二里山麓，礼也。孤子金藏，痛贯深慈，膝下难舍。毁不自灭，独守母坟。爱尽生前，敬移殁后。天玄地厚，感动明祇。敕赐孝门，以标今古。嘉祥福甸，瑞草灵原。乡曲荫其风，川涂茂其景。……嗣子游骑将军胡子、金刚等……①

安金藏的父亲叫安菩，字萨，从名字看明显也是个佛教徒。他原来是昭武九姓之一安国的首领，到唐朝后被封定远将军，仍然管理自己的粟特人聚落。安金藏是安菩最小的儿子，其长兄叫胡子，意思是胡人之子——可能生于安菩内附之前或内附后不久，所以没有正式的汉名。内附后安菩逐渐汉化，为两幼子取名金刚、金藏，带有浓烈的佛教色彩。安金藏母亲何氏葬于"洛城南敬善寺东"，可能是孀居之后，虔心向佛。

清初画家金古良所绘古代人物画传《无双谱》中，有"代国公乐工安金藏"画像。安金藏除了精通音乐，担任太常乐工，也以医术著称。唐代元稹《论教本书》中记载："而令医匠胡安金藏剖腹以明之，岂不大哀哉！"②开元初年，苏颋撰《授安金藏右骁卫将军制》的官方文书中记载："游骑将军、行右武卫翊府中郎将员外置同正员、直太常寺安金藏……可骁卫将军员外置同正员，余如故。主者施行。"③这里的"直太常寺"即太常寺的医直。安金藏以医学走入仕途，凭医学大难不死，以医学才能获得晋升。终其一生，安金藏一直受惠于医学。

---

① 吴钢主编：《全唐文补遗》（第四辑），《唐故陆胡州大首领安君（菩）墓志》，第402—403页。

② 此文收于《元稹集》卷29、《旧唐书》卷116《元稹传》等，各本文字不一。

③ 《全唐文》卷252《授安金藏右骁卫将军制》，第2545页。

图7 唐三彩载丝骆驼。(本图源自王军花：《梦回布哈拉：唐定远将军安菩夫妇墓出土文物特展》，郑州：中州古籍出版社，2021年，第78页)

有些学者认为安金藏剖腹与祆教徒幻术性质相同。关于祆教幻术，敦煌文书 S.367 号唐光启元年（885）书《沙州伊州地志》残卷有生动记载：

> 火祆庙，中有素书（画）形像无数。有祆主翟槃陀者，高昌未破以前，槃陀因朝至京，即下祆神，因以利刀刺腹，左右通过，出腹外，截弃其余，以发系其本，手执刀两头，高下绞转，说国家所举百事，皆顺天心，神灵助，无不征验。神没之后，僵仆而倒，气息奄〔奄〕，七日即平复如旧。有司奏闻，制授游击将军。

这样的表演，《朝野佥载》卷三亦记载：

河南府立德坊及南市西坊皆有胡祆神庙。每岁商胡祈福，烹猪羊，琵琶鼓笛，酹歌醉舞。酹神之后，募一胡为祆主，看者施钱并与之。其祆主取一横刀，利同霜雪，吹毛不过，以刀刺腹，刃出于背，仍乱扰肠肚流血。食顷，喷水呪之，平复如故。此盖西域之幻法也。[1]

"出腹决肠"是祆祠幻术表演的主要内容。安金藏居住的长安醴泉坊，是长安有祆祠的五坊之一（此五坊为布政、醴泉、普宁、崇化、靖恭）。既然安金藏生活在长安祆教文化的核心区，对于祆祠的幻术应当不会陌生。但安金藏的剖腹显然不是幻术表演，很可能是他懂得医术，躲过一死。古代波斯医学中，有服用含有印度大麻（bhanga）成分的四种草药进行患部手术的例子，这表明麻醉手术在当时已经存在，而这种医法可能是以幻人（Magi）幻术为基础的。人体解剖学和麻醉学一样，共同构成外科手术的基础。安金藏作为名医，应该了解祆教丰富的解剖学和手术医学知识。

安金藏剖腹救李旦，这或许是大唐历史的重要事件——如果李旦被陷害，后面的玄宗也将不复存在，整个历史都要改写——同时，其背后也闪动着中外文化交流的光芒。

---

[1] （唐）张鷟撰，赵守俨点校：《朝野佥载》，第64—65页。

三、狸猫和鹦鹉

唐朝人就已经开始讨论武则天和猫的关系了，甚至将武则天迁都洛阳和猫联系了起来。相关记载广泛见诸两《唐书》、《资治通鉴》《太平御览》《大唐新语》等文献，比如《旧唐书》记载：

> 永徽六年十月，废后及萧良娣皆为庶人，囚之别院。武昭仪令人皆缢杀之。……庶人良娣初囚，大骂曰："愿阿武为老鼠，吾作猫儿，生生扼其喉！"武后怒，自是宫中不畜猫。……后则天频见王、萧二庶人披发沥血，如死时状。武后恶之，祷以巫祝，又移居蓬莱宫，复见，故多在东都。[①]

在这则记载中，武则天被诅咒转世为老鼠，而她的政敌萧良娣自比猫儿，要生生扼其喉，故而武则天畏猫。有学者指出，此或与武则天属鼠有关[②]——其实武则天并非戊子年（628）出生，并不属鼠。也有学者从隋朝和唐朝前期流行的猫鬼巫术入手，讨论武则天忌猫的原因[③]。

---

① 《旧唐书》卷51《后妃传上》，第2170页。

② 韩昇：《武则天的家世与生年新探》，《厦门大学学报》2002年第2期，第69页。

③ 卢向前：《武则天"畏猫说"与隋室"猫鬼之狱"》，《中国史研究》2006年第1期，第81—94页。

武则天忌猫的证据除了上述《旧唐书》的记载之外，还有一个重要面相：在政治光谱上，猫和李唐（狸猫的"狸"音近"李"）连在一起，而武则天的武家和鹦鹉连在一起，成为重要的政治标识和意识形态符号。

关于狸猫（李唐）和鹦鹉（武周）的政治譬喻，影响较大的是张鷟（约660—740）的记载，其《朝野佥载》记有武则天调养猫儿与鹦鹉同食的故事云：

> 则天时，调猫儿与鹦鹉同器食，命御史彭先觉监，遍示百官及天下考使。传看未遍，猫儿饥，遂咬杀鹦鹉以餐之，则天甚愧。武者国姓，殆不祥之征也。[1]

司马光等在编撰《资治通鉴》时，将这一故事收入，置于武则天长寿元年（692）五月条：

> 太后习猫，使与鹦鹉共处。出示百官，传观未遍，猫饥，搏鹦鹉食之，太后甚惭。[2]

除此之外，《资治通鉴》还引用《朝野佥载》中一则跟鹦鹉有关的故事：

> 他日，（武则天）又谓仁杰曰："朕梦大鹦鹉两翼皆折，何也？"对曰："武者，陛下之姓，两翼，二子也。陛下起

---

[1] 张鷟撰，赵守俨点校：《朝野佥载》卷5，第117页。

[2] 《资治通鉴》卷205，第6484页。

二子，则两翼振矣。"太后由是无立承嗣、三思之意。①

在武则天和狄仁杰的对话中，武周被比喻为一只鹦鹉，而武则天的两个儿子（中宗李显和睿宗李旦）是鹦鹉的两只翅膀②。

狸猫博杀鹦鹉，象征着李唐战胜武周，看似顺理成章，实则存在问题。文人对当时政治的记载往往会添入一些想象和夸大。张鷟对武则天操弄祥瑞的书写就充满着离奇的想象，相关的研究对此已有揭示。比如《朝野佥载》记载武则天大足元年（701）改元一事云：

> 则天好祯祥，拾遗朱前疑说梦云，则天发白更黑，齿落更生，即授都官郎中。司刑寺囚三百余人，秋分后无计可作，乃于圜狱外罗墙角边作圣人迹，长五尺。至夜半，三百人一时大叫。内使推问，云："昨夜有圣人见，身长三丈，面作金色，云'汝等并冤枉，不须怕惧。天子万年，即有恩赦放汝'。"把火照之，见有巨迹，即大赦天下，改为大足元年。③

对于这条明显"伪造"的记载，司马光拒绝收入《资治通鉴》。《通鉴考异》指出，"改元在春不在秋，又无赦。今不取"④。从这一点也可以看出，外部世界对宫廷政治的想象性描写有可能扭曲了真实的历史画面。

---

① 《资治通鉴》卷 206，第 6526 页。

② 有关鹦鹉折翼的政治譬喻，参看杜朝晖：《"双陆不胜""鹦鹉折翼"来源考》，《湖北大学学报（哲学社会科学版）》2006 年第 4 期，第 475—478 页。

③ 《朝野佥载》卷 3，第 72—73 页。

④ 《资治通鉴》卷 207，第 6554 页。

张鹭讲述的故事涉及武则天政权合法性的问题，且都创作于武则天倒台之后，那时政治环境已经变化，出现大量贬损武周政权的故事也是顺理成章。武则天登基的舆论工具之一《大云经疏》曾颁行全国，具有广泛的影响力，张鹭最终写下来的故事或许参考了一些里面的内容。

不过早得多的《大云经疏》从未以狸猫象征李唐，更没有强调狸猫和鹦鹉的对立——《大云经疏》的基调不是以武周取代李唐，而是强调武则天才是李唐事业的继承人。武则天以鹦鹉自比，《大云经疏》有非常丰富的阐述[①]。举例如下：

第一，《大云经疏》引《中岳马先生谶》[②]云："东海跃六传书鱼，西山飞一能言鸟，鱼鸟相依同一家，鼓鳞奋翼膺丙[③]（天）号。"这里用鲤鱼（"传书鱼"）暗喻李唐，而用鹦鹉（"能言鸟"）暗喻武家，强调李、武一家（"鱼鸟相依同一家"）。

第二，《大云经疏》引《中岳马先生谶》云："戴冠鹦鹉子，真成不得欺。"然后解释道："鹦鹉者，属神皇之姓也。不得欺者，言丙（天）下之人皆须竭诚，不得欺负之义也。"此处《大云经疏》强调武则天是鹦鹉子，天下之人都要竭诚效忠，不得欺骗、背叛她。

第三，《大云经疏》又引《中岳马先生谶》云："陇头一丛李，枝叶欲雕疏，风吹几欲倒，赖逢鹦鹉扶。"然后解释道："鹦鹉者，应圣氏也，言诸虺作逆，几倾宗社，神皇重安三圣基业，故言赖逢鹦鹉扶也。"这里"诸虺"指的是 688 年起兵反抗武则天的李氏诸王，这些

---

① 我们引用的文本，主要依靠 S. 6502，即 Giles 7339 号，《大云经神皇授记义疏》残卷，参看黄永武主编：《敦煌宝藏》第 47 册，台北：新文丰出版公司，1982年，第 498—506 页。

② 雷闻认为马先生就是著名的中岳道士马元贞，参看雷闻：《道教徒马元贞与武周革命》，《中国史研究》2004 年第 1 期，第 73—80 页。

③ 此处保留武周新字，下同。

亲王起兵失败后被改姓"虺"。李唐自称陇西李氏，所以被称为"陇头一丛李"。这句谶言的字面意思就是：李家的基业快被风吹倒了，幸亏鹦鹉（武则天）来扶持。

细读《大云经疏》，我们看到的并不是"狸猫—鹦鹉"的敌对模式，而是"鲤鱼—鹦鹉"的合作模式，全文根本没出现将李唐比作狸猫的文字，甚至相反的，武则天在《大云经疏》中把自己比作狸猫。这还要从一件武则天称帝的核心谶铭说起。

垂拱四年（688）六月，"得瑞石于氾水"[①]。七月，"改氾水为广武"[②]。氾水在今天洛阳东边的成皋，因为发现了瑞石，被改名为广武。这块瑞石，就是有名的《广武铭》。第二年年初，广武铭碑被安放在天堂脚下。《广武铭》对武则天的意义重大，所以在690年左右薛怀义等人造《大云经神皇授记义疏》时就把《广武铭》的文字引用其中：

> 发我铭者小人，读我铭者圣霄（君）。非豹非狼，王在洛阳。大王三二铭乃见，黄衣君子称万岁，土德之人王最昌，田舍老公莫颠狂。离猫为你守四方，三六秊（年）少唱唐唐，次第还歌武媚娘。莫远走，莫高飞：端坐中心不用移。东南西北垈（地），圣道远光被；化佛从空来，摩顶为受记。光宅四丙（天）下，八表一时至；民庶尽安乐，方知文武炽。千世不移宗，十八成君子。

这些带有明显本土政治语言的谶文，从各种似是而非的角度论证武则天上台的合法性。其中"离猫为你守四方，三六年少唱唐唐，次第还

---

① 《新唐书》卷4《则天顺圣武皇后本纪》，第87页。

② 《资治通鉴》卷204，第6449页；又见于《旧唐书》卷24《礼仪志四》，第295页。

歌武媚娘"一句里所谓的"离猫",指的并不是李唐,而是武则天自己——《唐唐》和《武媚娘》都是当时的流行乐曲——暗指李唐之后就是武则天统治天下,她像狸猫一样为万民守卫四方。对此《大云经疏》进行了详细的解释:

> "离猫为你守四方"者,《易》曰"离者,明也",位在南方,又是中女,属神皇南面而临丙(天)下,又是文明之应也。猫者,武之象,武属圣氏也。

这里的"离",指的是八卦中的"离"卦。这里通过普通民众喜闻乐见的形式进行了多重暗示:

(1)离卦,在六亲里面指中女。另有巽指长女、兑指小女。武则天在自己家排行第二,正是中女。

(2)离卦,在事物中象征火、文明、文化,当时年号有"文明",所以是"文明"之应。

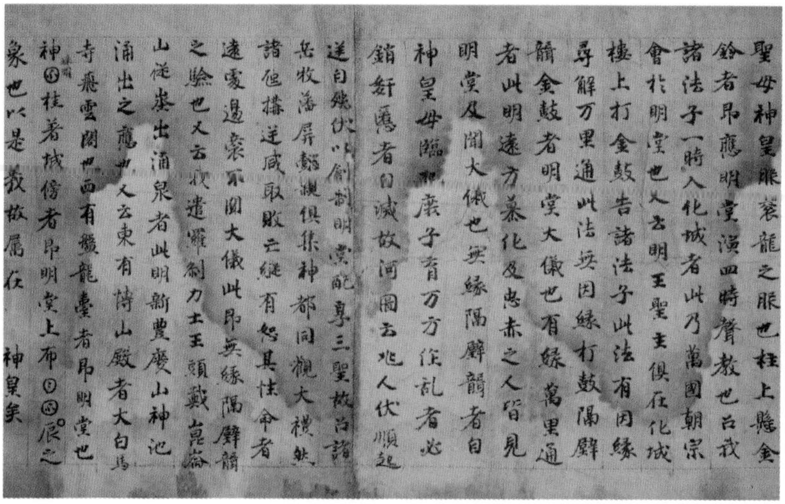

图8 敦煌 S.2658《大云经疏》。这是武则天上台重要的政治宣传文件,是杂糅了佛经与阴阳谶纬的产物。

（3）离，方位为南，武则天面南君临天下。

后来武则天改名"曌"，其实也有离卦的意涵在里面，和《大云经疏》宣传的基调是一致的。不论是六亲关系、年号，还是方位，都指向了武则天，可以说，《广武铭》里的这句谶言被"巧妙"地解释成了武则天上台的预兆。不写"狸猫"而作"离猫"，用意也正在于此。把"狸"附会为李唐皇室的"李"，在《大云经疏》中从未出现，当属后来传播中民间再造的内容。

武则天又为何用猫来形容自己呢？《大云经疏》所谓"猫者，武（虎）之象"就是一句直白的表达：猫长的就是老虎的样子。也是告诉民众：猫，就是虎，虎就是武——唐代以"武"避太祖李虎之讳。同时"虎"也是《广武铭》中的一句字谜"非豹非狼"的谜底。这也是当时民众能够理解的一般常识。如此一来，《广武铭》提到的为大家守卫四方的"离猫"，不论是"离"这个角度，还是"猫"这个角度，都指向了武则天。

李唐则逐渐与"传书鱼"联系在一起。唐景龙年间有民谣曰："可怜圣善寺，身着绿毛衣。牵来河里饮，踏杀鲤鱼儿。"[1]《朝野佥载》于此条谶谣后说明，此应指中宗之子谯王李重福从均州入东都作乱，败走投洛水而死一事。这里仍用"鲤鱼儿"指代李重福。鲤既为李，故需从国家层次上加以神圣化。玄宗曾于开元三年二月和开元十九年正月两次下令"禁断天下采捕鲤鱼"。

698年之前，围绕着到底谁来继承皇位展开了非常激烈的斗争。那些忠于李唐的大臣实际上拥护的是相王李旦，武家子弟则以武承嗣为首，双方斗争激烈。面对这种局面，武则天想搞平衡，把被流放在外地十五年的李显召回京师——这个儿子已经远离中央十几年，势单力薄，易于控制。这是政治妥协的结果。

---

① （唐）张鷟撰，赵守俨点校：《朝野佥载》卷1，第10页。

但李家和武家的裂痕并不容易弥合。圣历元年（698）三月，中宗从房陵回到洛阳。八月，武家的继承人武承嗣因为争夺皇位继承权失败，郁郁而终。九月，皇嗣李旦请逊位于李显，李显被立为皇太子。虽然换了皇太子，但是政治结构还是没有变化，李家和武家还是互相攻击。圣历二年（699）秋七月，武则天以自己年事已高，担心皇太子、相王与梁王武三思、定王武攸宁等不协，令立誓文于明堂。

圣历三年（700）正月，天官侍郎、同平章事吉顼被贬为安固县尉。吉顼有干略，得到武则天赏识，曾是其心腹。后来因为当着武则天的面，与武则天的侄子武懿宗争功，还被诸武指控支持中宗，而被贬官。

> 辞日，得召见，（吉顼）涕泣言曰："臣今远离阙庭，永无再见之期，愿陈一言。"太后命之坐，问之，顼曰："合水土为泥，有争乎？"太后曰："无之。"又曰："分半为佛，半为天尊，有争乎？"曰："有争矣。"顼顿首曰："宗室、外戚各当其分，则天下安。今太子已立而外戚犹为王，此陛下驱之使他日必争，两不得安也。"太后曰："朕亦知之。然业已如是，不可何如。"[①]

可见武则天自己也知道融合李、武为一家只是一厢情愿，但是也别无他法了。

20 世纪 50 年代，陈寅恪在《记唐代之李武韦杨婚姻集团》中首先提出，武则天已将李武两家组织"成为一牢固集团"，而"武后政治势力所以久而不衰之故，盖混合李武两家为一体，已令忠于李者亦

---

① 《资治通鉴》卷 206《唐纪二十二》，第 6544—6545 页。

甚难不忠于武矣"[1]。20 世纪 80 年代，黄永年先生又提出一个"李武政权"的概念，认为武则天已把"武、李两家融为一体，形成一个以李氏居虚名，武氏掌实权的李武政权"[2]。从政治现实来推断，李家和武家从来就没有能够真正地融合在一起，在权力面前，他们的矛盾是不可化解的。

武则天对中宗女儿们的婚姻做了精心的安排，希望通过联姻的方式达到融合一体的目的——同时中宗也有拉拢武、韦势力的需要。中宗共八女，其中有六人嫁给了武、韦子弟：新都公主嫁武延晖、定安公主嫁韦濯、永泰公主嫁武延基、安乐公主嫁武崇训（武崇训死后嫁武延秀）、成安公主嫁韦捷、永寿公主嫁韦鐬。中宗完全贯彻了武则天的旨意，对他这种没有政治根基的皇帝来说，武家是可以扶持、巩固自己皇权的助力。与李显不同，相王李旦的十一个女儿没有一个嫁给武、韦子弟。李旦对武家可以说有深仇大恨，一即位，便"追削武三思、武崇训爵谥，斫棺暴尸，平其坟墓"[3]。融合李、武，终归是昙花一现。

---

[1] 陈寅恪：《记唐代之李武韦杨婚姻集团》，《历史研究》1954 年第 1 期，第 33—51 页。

[2] 黄永年：《说李武政权》，《唐代史事考释》，台北：联经出版事业公司，1998 年，第 93—117 页。

[3] 《资治通鉴》卷 209《唐纪二十五》，第 6650 页。

四、武则天权力的延伸

武则天统治后期，从流放地召回李显，历法恢复以寅月为正月[①]，诸多举措大体上已经明确了将政权交给儿子而不是武家子弟的方针。中央权力格局基本分为李、武两派势力——当然李家还有李显和李旦两派。武则天希望能够融合李武两家，同时也希望能够在有生之年一直掌握权力。在这种背景下，张易之兄弟登场了。

武则天任用张易之兄弟当然并不只是因为他们长得好看。年事已高的武则天精力大不如前，掌控全局的能力下降，通过张易之兄弟，她能够把权力之手延伸出去，继续操控全盘。

张易之出身士族，是贞观时期大臣张行成的族孙。贞观十七年（643），唐太宗立晋王李治为皇太子，并挑选朝中重臣到东宫任职。张行成时任刑部侍郎，以本职兼任太子少詹事，成为李治的东宫属官。贞观二十三年（649），太子李治在张行成与高季辅的拥戴下，即位于太极殿。张行成担任侍中兼刑部尚书，并封北平县公，监修国史。张行成是高宗前期非常重要的宰相，但去世较早。

张易之幼以门荫入仕，逐步升迁到尚乘奉御。据史料说他成年以后是个美男子，个子高，皮肤白，擅长音乐。太平公主举荐他的弟弟

---

① 唐朝用夏历，以寅月为正月。武则天登基前，改用周历，以子月为正月。圣历三年（700），复行夏历，以寅月为正月，恢复了李唐正朔。

张昌宗，张昌宗又向武则天推荐张易之。张易之"善治炼药石"[1]。武则天当时已经快八十岁了，希望长寿，需要张易之这样的人才，便拔擢张昌宗为云麾将军、行左千牛中郎将，张易之为司卫少卿，并且赐给他们宅第、财物、奴婢、牲畜；没过几天又授张昌宗银青光禄大夫（从三品文散官），赐防閤（唐代给五品以上文武职事官配备的服役人员），以及朔望日朝见的特权。在武则天的刻意提拔之下，张昌宗和张易之很快进入了权力中心。

武则天对张易之兄弟的父母也很好。追赠张易之的父亲张希臧为襄州刺史，母亲韦阿臧并封太夫人，派尚宫（宫中的女官）探问她们的起居。张易之的父亲过世后，母亲守寡，武则天还特地下敕让凤阁侍郎李迥秀为臧氏私夫。李迥秀是开国功臣李大亮的族孙，做过宰相，是当时的重要官员。张鹜在《朝野佥载》中记载，"张易之为母阿臧造七宝帐，金银、珠玉、宝贝之类罔不毕萃，旷古以来，未曾闻见。"阿臧与李迥秀私通，其实是阿臧逼迫李迥秀的。李迥秀畏惧张氏兄弟的权势，又嫌弃阿臧年纪大，经常饮酒无度，酒醉不醒。后来到外地担任衡州刺史。张易之倒台后，阿臧没入官，李迥秀连坐，被降职为卫州长史。不过后来他又升官，做到兵部尚书。

按照《旧唐书》的总结，张易之与张昌宗兄弟在当时"兴不旬日，贵震天下"，崛起非常迅速，不难想象此时的武则天有多相信身边这些服务人员。八十岁的老太太跟二十岁的年轻人，可能谈谈养生或是说说自己过去的辉煌岁月，床笫之事恐怕只是外界的捕风捉影。武则天任用他们更多的还是政治上的考虑，这是一个年老君主的无奈之举。大家纷纷巴结新贵张氏兄弟，"诸武兄弟及宗楚客等争造门，

_____

[1] 《新唐书》卷104《张行成传附二张传》，第4014页。

伺望颜色，亲执辔箠，号易之为'五郎'，昌宗'六郎'"[1]。著名诗人宋之问亲自替张易之捧尿壶，被传为笑柄。

圣历二年（699）正月，武则天为了让二张兄弟有自己的工作平台，设立控鹤监，由张易之担任控鹤监，张昌宗及吉顼、田归道、李迥秀、薛稷、员半千等诗人、文学之士充任控鹤监内供奉。第二年，控鹤监改名为奉宸府，张易之担任奉宸令。

有谄媚者上奏，说张昌宗是周朝王子晋（周灵王之子，据《列仙传》，其喜爱吹笙，后乘白鹤升天登仙）转世。武则天让张昌宗披上羽衣，乘着木鹤，一起吹笙，文士皆赋诗以美之。武则天还下令挑选美少年担任左右奉宸供奉，大臣朱敬则进谏道：

> 陛下内宠有易之、昌宗，足矣。近闻右监门卫长史侯祥等，明自媒衒，丑慢不耻，求为奉宸内供奉，无礼无仪，溢于朝听。臣职在谏诤，不敢不奏。[2]

看到张氏兄弟飞黄腾达，很多人想模仿，希望得到武则天的垂青。朱敬则认为，放任这种情况，无礼无仪，有碍观瞻。武则天接受了他的建议。因张氏兄弟的恶名传到宫外，武则天想制造一些美谈为他们遮丑，便命张易之、张昌宗于内殿引李峤、张说、宋之问、富嘉谟、徐彦伯等二十六人编撰《三教珠英》。

张易之、张昌宗突然掌握权势，行事遂肆无忌惮。他们的弟弟张昌仪担任洛阳令，有一次早朝，有一个姓薛的选人拦住他的马，给他黄金五十两，希望能在选官时得到照顾，还把自己的简历给了他。张昌仪到了朝堂，把简历给了负责选官的吏部侍郎张锡。过了几天，张

---

① 《新唐书》卷 104《张行成传》，第 4014 页。

② 《资治通鉴》卷 206《唐纪二十二》，第 6546—6547 页。

锡把简历弄丢了，又去问张昌仪，张昌仪骂道："不了事人！我亦不记，但姓薛者即与之。"张锡畏惧张家的权势，不敢不从，索性把这次所有姓薛的候选官员都授予官职。

701年，李显的儿子邵王李重润、女儿永泰郡主、女婿魏王武延基私下议论二张专权。张易之知道后去找武则天告状，武则天把事情推给李显。李显为自保，把这几个人缢杀。李重润[①]（682—701）是李显和韦皇后的嫡长子，武延基是武承嗣之子，继承的是武士彟的魏王爵位。张易之一举害死了中宗和武家的两位继承人。长安二年（702）八月，张氏兄弟的权势到达极点。太子、相王、太平公主先是上表请封张昌宗为王，未获允准。他们再次上表，张昌宗获封邺国公。

图9　懿德太子墓壁画《阙楼仪仗图》1

图10　懿德太子墓壁画《阙楼仪仗图》2

[①] 李重润墓位于陕西乾县乾陵东南隅。1971年发掘时该墓已遭盗掘，仍出土文物一千余件。该墓壁画中的仪仗队有48载，196人，由步队、骑队和车队3个部分组成，阵容庞大，气势不凡。永泰公主之墓是中国历史上仅有的被冠称为"陵"的公主墓，规格与帝王相等。

张氏兄弟几乎得罪了当时所有势力。宰相魏元忠与张氏兄弟不睦，双方关系紧张。长安三年（703），武则天一度病重，张昌宗怕武则天哪一日晏驾，他们会被魏元忠所杀，就诋毁魏元忠与司礼丞高戬计划扶持太子上位。武则天大怒，将魏元忠、高戬下狱。张昌宗私底下找凤阁舍人张说，希望他做伪证。但临头上张说在宋璟的劝说下反水了，使得张易之在朝堂上的论辩全无实据。但武则天最后还是贬魏元忠为高要尉，高戬、张说流放岭南。司礼丞高戬是太平公主的心腹，这下张氏兄弟又得罪了太平公主。张氏兄弟随着权势增长不断膨胀，最后得罪李、武两家，把自己置于死地。他们的权力来自武则天，孤悬一线，一旦武则天不在，他们势必成为李、武两家屠戮的羔羊。705年那场静默的政变中，干掉二张已经是大家的共识。

张易之不是没有才华，传世文献中留有他的诗，有《横吹曲辞·出塞》一首：

> 侠客重恩光，骢马饰金装。
> 瞥闻传羽檄，驰突救边荒。
> 转战磨笄地，横行戴斗乡。
> 将军占太白，小妇怨流黄。
> 骎骎青丝骑，婷婷红粉妆。
> 一春莺度曲，八月雁成行。
> 谁堪坐秋思，罗袖拂空床。

这首诗写的是将军在外追求自己的理想，到远方去征战，最后建功立业，而他的爱人在等待着他。整体感情很细腻，征战的场景气势雄浑。

神龙元年（705），张易之兄弟的政治生命走到了尽头。张柬之、崔玄暐等率羽林兵迎皇太子进皇宫，诛杀张易之、张昌宗于迎仙院，又杀了其兄弟张昌期、张同休、张景雄等，他们的脑袋挂在洛阳皇城前的天津桥上示众。党羽数十人被流放贬官。

张鷟《朝野佥载》记载：

> 周张易之为控鹤监，弟昌宗为秘书监，昌仪为洛阳令，竞为豪侈。易之为大铁笼，置鹅鸭于其内，当中取起炭火，铜盆贮五味汁，鹅鸭绕火走，渴即饮汁，火炙痛即回，表里皆熟，毛落尽，肉赤烘烘乃死。昌宗活拦驴于小室内，起炭火，置五味汁如前法。昌仪取铁橛钉入地，缚狗四足于橛上，放鹰鹘活按其肉食，肉尽而狗未死，号叫酸楚，不复可听。易之曾过昌仪，忆马肠，取从骑破胁取肠，良久乃死。后诛易之、昌宗等，百姓脔割其肉，肥白如猪肪，煎炙而食。昌仪打双脚折，抉取心肝而后死，斩其首送都。谚云"走马报"。[①]

可见当时就流传着张氏兄弟虐待动物遭到报应的故事。唐代佛教非常昌盛，这种因果报应的说法很流行，这也是张氏兄弟事迹在民间盛传的一个侧面。

---

① （唐）张鷟撰，赵守俨点校：《朝野佥载》，第31—32页。

五、升仙太子碑：流动的政治风景 *

从武则天的神都洛阳往东南方行约 35 公里，就到达缑山（又名缑氏山）。此山海拔 308 米，景色清秀。其地东邻中岳嵩山，西傍龙门伊阙，在武则天和中宗统治时期，成为都城洛阳政治、礼仪和宗教空间的重要组成部分。武则天在缑山山顶建立的升仙太子碑，是当时跌宕起伏的政治局势的见证者。

升仙太子碑高 6.7 米，宽 1.55 米，厚 0.55 米，盘龙首龟座高 1.3 米。正面碑文 33 行，每行 66 字，主要描述了武周政权取得的各种功业和成就，并攀附升仙太子王子晋，将武则天的周朝和历史上的周朝相连接。《升仙太子碑》碑阴题记非常复杂，包含武周朝诸臣和李旦及相王府诸僚佐两股势力的题名，生动地反映了从武则天到中宗朝政治权力结构和政治情势的变迁。

想要看清石碑背后的政治风景，首先要清除障碍。先把武则天和中宗朝以后因为个人行为而补加的题记择取出来。包括：

（1）"京兆韦庇"题记。位于碑阴下段中侧。

（2）宋代西京留守邓洵武题记，位于碑阴下段左侧。题记云："政和元年（1111）一月廿九日，西京留守邓洵武率僚属恭谒王子乔

---

* 本节改写自作者《流动的政治景观——〈升仙太子碑〉与武周及中宗朝的洛阳政局》一文，原载于《人文杂志》，2019 年第 5 期。

祠，男雍侍行。"

（3）清代钟国士于康熙二十年（1681）冬日题诗两首，位于碑阴下段右侧。其一名《登缑山》，云："地以人称自古然，缑山指大列中天。不因王乔修道后，谁讥孤峰海内传。"其二名《缑山社集》，云："子晋飞升处，古今人尽传。群峰拱四壁，一岭主中天。笙鹤仙踪杳，诗书静习偏。得闻如我辈，日上弄云烟。"

（4）清末民初韩人金秉万题诗，位于碑阴上段左侧，刻于一片凿痕上，诗云："黄河嵩岳抱萦回，中有缑山远客来。王子不还笙鹤断，夕阳呵笔下荒台。"署名"韩人正三品通政大夫内阁前秘书监丞金秉万"。

余下的题记分为三组，分别用 A、B、C 来标识：

A 组——圣历二年（699）题记

A1：

1. 春官尚书检校内史监修国史上柱圐（国）梁□（王）恖（臣）三思

2. 光禄大夫行内史上柱国邢圐（国）公恖（臣）王及善

3. 中大夫守凤阁侍郎同凤阁鸾台平章事上柱圐（国）恖（臣）苏味道

4. 朝散大夫守凤阁侍郎同凤阁鸾台平章事恖（臣）魏元忠

5. 银青光禄大夫守纳言上柱圐（国）汝阳县开圐（国）男恖（臣）狄仁杰

6. 银青光禄大夫守纳言上柱圐（国）谯县开圐（国）子恖（臣）娄师德

7. 银青光禄大夫行鸾台侍郎同凤阁鸾台平章事上柱圐（国）郑县开圐（国）子恖（臣）杨再思

8. 朝请大夫守天官侍郎同凤阁鸾台平章事左控鹤内供奉
愚（臣）吉顼

（以上位于碑阴上段右侧）

A2：

9. □□□□□□□□□□□□□（整一行被凿去）

10. 检校勒碑使守凤阁舍壬（人）右控鹤内供奉骑都尉
愚（臣）□□（名字被凿去，当为"昌宗"）

（以上位于碑阴上部中段偏右）

A3：

11. 题御制及建辰并梁□（王）三思以下名愚（臣）薛
稷书

12. 采石官朝议郎行洛州来庭县尉愚（臣）□（王）晙

13. 题诸□（王）芳名左春坊录事直凤阁愚（臣）钟绍
京书

（以上位于碑阴中段左侧）

A4：

14. 承议郎行左春坊录事直凤阁愚（臣）钟绍京奉敕勒
御书

15. 宣议郎直司礼寺愚（臣）李元□勒御书

16. 愚（臣）卓□□□直营缮监直司韩神威刻御字

17. 洛州永昌县愚（臣）朱罗门刻御字

18. 麟台楷书令史愚（臣）□□□勒字

（以上位于碑阴下段左侧）

B组——碑阴额首部分的题记

碑阴额首为武则天御制杂言诗《游仙篇》，"奉辰大夫忠（臣）薛曜书"。其诗云：

绛宫珠阙敞仙家，霓裳羽旌自凌霞。碧落晨飘紫芝盖，黄庭夕转彩云车。周旋宇宙殊非远，写望蓬壶停翠幰。千龄一囙（日）未言赊，亿岁婴孩谁谓晚。逶迤凤舞时相向，变啭莺歌引清唱。金浆既取玉杯斟，玉酒还用金膏酿。驻回游丙（天）宇，排空聊憩息。宿志慕三元，翘心祈五色。仙储本性谅难求，踵（圣）迹奇术秘玄猷。愿□丹诚赐灵药，方期久视御隆周。

C组——神龙二年（706）安国相王李旦等题记

这组题记出现在碑阴中段，从右往左书写。其题记云：

大唐神龙贰年岁次景午水捌月/壬申金朔贰拾柒日戊戌木开府/仪同三司右千牛卫大将军上柱国安国相□（王）旦奉制刊碑刻石为记

1. 从官特进行尚书左仆射兼检校安国相□（王）府长史平章军国重事上柱国芮国公豆卢钦望

2. 从官大中大夫行安国相□（王）府司马护军皇甫忠

3. 朝散大夫守安国相□（王）府咨议上柱国邢国公□（王）温

4. 朝议大夫行安国相□（王）府记室参军事丘悦

5. 朝议郎行安国相□（王）府文学韦利器

6. 朝议大夫行安国相□（王）府仓曹参军辛道瑜

7. 行安国相□（王）府属韦慎惑

8. 行安国相□府（王）掾丘知几

9. 行安国相□（王）府典军丘琬、行安国相□（王）府

图 11 《升仙太子碑》碑阳拓片。（本图源自洛阳师范学院、偃师市文物旅游局编：
《武则天升仙太子碑》，郑州：中州古籍出版社，2016 年，第 8 页）

图12 《升仙太子碑》碑阴拓片。(本图源自洛阳师范学院、偃师市文物旅游局编:《武则天升仙太子碑》,第138页)

典军卫日新

10. 从安国相□（王）品官行内侍省奚官局令引叁自

11. 安国相□（王）品官行内侍省掖庭局令戴思恭

上述三组题记，从行文逻辑很容易区分。A组及B组跟C组最明显的区别，是前两者都使用了武周新字，比如"圀（国）""忠（臣）""㞷（人）""囩（日）""而（天）""埕（圣）"等；但是C组题记中，"国"就写作"国"，而不作"圀"。考虑到C组题记是中宗神龙二年所刻，武周新字已经停止使用，这一区别也就非常容易理解了。如果说武周新字就代表着武则天时代的政治革新意涵，那么恢复旧的字体或许可以理解为李唐皇室的复辟。

A1组题记中，八位大臣的名字位于碑阴上段右侧，与之相对的左侧已经被凿成一片凿痕，凿痕之上是韩人金秉万20世纪初的题诗，此处本应是"诸王芳名"。A2组题记应是张易之、张昌宗兄弟的题名。张氏兄弟的名字出现在在诸大臣题名和诸王题名之间，正在碑阴上段居中位置，似乎暗示他们是整个立碑活动的主持者，也是武则天权力的延伸，不属于任何政治集团，所以他们的名字超然于诸大臣和诸王名字之外。此外，张氏兄弟的题名本身也很值得玩味。非宗室（包括武氏）诸大臣题名都是写上全名，比如"臣狄仁杰""臣魏元忠"；只有武三思这样的宗室亲王，才作"臣三思"。但是根据残留下来的痕迹推断，张昌宗题名应为"臣昌宗"，而非"臣张昌宗"。这样的表达或许正说明在武则天晚年中央的政治权力结构中，张氏兄弟跟武则天确实关系密切，获得了公认的类似宗室的地位。

将升仙太子碑的建立和武则天的宠臣张昌宗连在一起，可能在当时的社会舆论中就已经非常流行。比如当时人张鷟所撰的《朝野佥载》就记载道：

> 梁王武三思为张易之（按：当为张昌宗）作传，云是王子晋
> 后身，于缑氏山立庙。词人、才子佞者为诗以咏之，舍人崔融
> 为最。[1]

缑氏山是王子晋驭鹤升仙的地方，在这里立庙也是符合逻辑的做法。武三思也曾"赠昌宗诗，盛称昌宗才貌是王子晋后身，仍令朝士递相属和"[2]。不过从时间顺序上来说，《旧唐书》将武三思等附会张昌宗为升仙太子王子晋这一情节，置于久视元年（700）后，而武则天建立升仙太子碑则在圣历二年（699）。与其说是因为张昌宗的关系才在缑山修建王子晋庙，可能更接近真相的是：在武则天君臣热衷于王子晋信仰的氛围里，张昌宗被附会为王子晋的后身。

早在天册万岁元年（696），武则天完成在中岳嵩山的封禅后，即以"王子晋为升仙太子，别为立庙"。武则天在碑文中写道：

> 我国家先天纂业，辟地栽基，正八柱于乾纲，纽四维
> 于坤载。山鸣鸑鷟，爰彰受命之祥；洛出图书，式兆兴王之
> 运。廓提封于百亿，声教洽于无垠；被正朔于三千，文轨同
> 于有截。[3]

"鸑鷟"是象征大周兴起的祥瑞，《国语·周语上》云："周之兴也，鸑鷟鸣于岐山。"[4]武则天修建的明堂顶上也装饰着鸑鷟——"盖

---

[1] （唐）张鷟：《朝野佥载》，第 125 页；刘餗《隋唐嘉话》云："张昌宗之贵也，武三思谓之王子晋后身，为诗以赠。诗至今犹传。"（中华书局，1979 年，第 39 页）

[2] 《旧唐书》卷 138《武三思传》，第 4735 页。

[3] 《全唐文》卷 98，第 1008 页。

[4] 徐元诰撰，王树民、沈长云点校：《国语集解》，中华书局，2002 年，第 29 页。

为鸑鷟，黄金饰之，势若飞翥 。"①武则天在《升仙太子碑》里希望能够把自己建立的周朝和历史上的周朝联系起来，毕竟她自认周文王为始祖，而升仙太子也是姬姓子孙。这种想法也完全符合她的政治理念。比如她早在永昌元年（689）十一月就颁布《改元载初赦文》，舍弃李唐的夏正（以正月寅月为岁首，自汉武帝改用夏正后，历代沿用），改用周正（以十一月子月为岁首），通过改正朔表达了武周革命的基本内涵。

碑阴额首刻有武则天御制杂言诗《游仙篇》，题记为"奉辰大夫忢（臣）薛曜书"，是增刻上去的。薛曜是张易之的党羽。这首游仙诗的主旨就是希望神仙能够"愿□丹诚赐灵药，方期久视御隆周"，让武则天可以长久地统治大周。"久视"出自《老子》第五十九章，意为"长生"。当年五月，武则天吃了进献的长生药，身体有所好转，于是改元"久视"。

图 13　唐王子乔吹笙引凤铜镜，中国国家博物馆藏。（动脉影　摄）

---

① 《旧唐书》卷 22《礼仪二》，第 862 页。

这时已经七十多岁的武则天无可奈何地面临着老去的现实。老年君主在专制体制下，为维护权力的延续而追求延年之法，在中古时期非常普遍。不可否认的是，张氏兄弟在武则天追求长生的过程中扮演了重要角色。不论是为武则天炼制丹药，或者是推崇驭鹤成仙的王子晋信仰，背后都包含着武则天对长生的渴望，也是武则天这段时期追求长生运动中的部分环节。此时武则天在政治意识形态上开始有向道教倾斜的趋势。正是在久视元年，她把自己头衔中的"金轮"去掉了。"金轮"象征着武则天佛教君主的身份，将这一头衔去掉，反映了武则天政治倾向的某些微妙变化。而史料中有关武则天崇道和追求长生的内容多了起来。比如武则天将寝殿改名为"长生院"，或许也是出于这样的一种心理作用。

这一年，武则天也改了正朔，回到了李唐夏正，这其实已经承认将来无论如何都会回到之前的政治传统了，或者说，继承人无论如何都是李唐子弟而不可能是武家子弟了。这样强烈的政治信号肯定会被当时具有政治敏感度的大臣们捕捉到。

武则天倒台后，中宗并未立即回到长安，此时洛阳仍是权力的中心。根据《升仙太子碑》碑阴题记，神龙二年（706），相王李旦率自己的僚属来"刊碑刻石"——也就是来"修正"此碑。

李旦明显凿去了两部分内容：张氏兄弟的名字和"诸王芳名"。可以想见，圣历二年跟随武则天上缑山树立升仙太子碑的，必然不是李唐皇室的诸王——他们很多还在外地流放或者处于蛰伏状态，当时能够跟武则天上缑山的，估计只有李旦自己。那个时候他的名字不是李旦，而是屈辱的"武轮"[1]。因此这里的"诸王"应是武氏诸王，或者说是以武氏诸王为主的贵族们。《旧唐书》卷183《武承嗣传》记

---

[1] 李旦初名旭轮，后改名轮，复改名旦。天授元年（690），武则天登基时，赐姓武氏，命依旧名轮。圣历元年（698），复名旦。

载，中宗即位后，有人建议"武氏诸王宜削其王爵"，获得批准。这可能是李旦将武氏诸王题名凿去的依据。

代替"诸王芳名"和张氏兄弟的题名，在碑阴增刻上去的，是李旦相王集团成员的名字——这些人在后来推翻中宗系的政变中跟相王保持一致。通过对这一"政治景观"的修正，这块"纪念碑"的性质发生了根本性的变化。如果说最初立碑是为了鼓吹武周政权的合法性，那么之后李旦的修正则是李唐复辟后对武周政治遗产的否定。如果考虑到数年后李旦集团政变的史实，这些跟随李旦在升仙太子碑上刻上名字的僚佐们，无疑通过这样一个宣誓性的仪式，向自己的府主呈上了投名状。

多说一点

文献中的叙事手法

读《大云经神皇授记义疏》，可发现它的语言风格和《旧唐书》《唐会要》等传世文献完全不同。《旧唐书》里唐太宗和魏征等人的君臣对话往往会引经据典，遣词造句都非常典雅。但这并不是政治运作的实态，或者说只保留了实态的一部分。如果唐太宗一直用这种说话方式聊天，一天就累倒了。相比之下，《大云经神皇授记义疏》的内容和语言风格更接近大众的日常，所反映的知识层次也贴近一般常识。因为它就是武则天的中央政府颁发到全国供全国民众学习的手册。针对大众的政治宣传，并不是越高深越好，而是必须符合当时的普遍认识，才能植根于民众心中，并发挥作用。

第三章　后武则天时代的到来

705 年，发生在洛阳的政变推翻了武则天的统治，李显登基为帝，恢复了李唐天下。中宗李显作为一个弱势君主，延续了武则天的部分政策，比如联合武家、韦家结成政治联盟，延续崇佛的政策等。此时政治局势并没有因为武则天的下台而稳定，反而因为君主权威性不足，引发了持续的动荡——一直到 710 年中宗去世，皇位转移到李旦手中才逐渐平息。另外在中宗时期，首都迁回了长安，洛阳作为首都的历史至此基本结束。在此后的一千多年中，洛阳都没有再恢复到之前的辉煌地位。

一、一场静默的政变

698 年以后，已经是皇太子的李显似乎只要等待就可以顺利接班了，但张易之、张昌宗兄弟团伙愈发猖狂的行事击碎了这层假象。在很长的一段时间内，所有的政令都是通过二张兄弟传达。然而武则天逐渐年迈昏庸，如果二张假传旨意，后果不堪设想。中宗的嫡长子李重润和武家的嫡长子武延基都已死在张氏兄弟手上，太平公主的亲信高戬也被其流放，李显、李旦、太平公主、武三思等感受到了巨大的危机。从 704 年起就陆续有大臣进谏，希望武则天的身边能有李显、李旦或太平公主而不能只有二张兄弟，但都被拒绝。

张氏兄弟也确实隐隐透露出为自己造势的迹象。当时张昌宗召术士李弘泰占相，李弘泰说张昌宗有天子相，劝其在定州造佛寺，则天下归心。李弘泰还称他为张昌宗占卜，结果显示为纯《乾》，乃天子之卦。神龙政变的核心人物之一王同皎的墓志（《大唐故驸马都尉光禄卿赠左卫大将军王公墓志铭》）也给我们提供了大量信息。王同皎是李显的女婿，娶了李显第三女新宁郡主①。《王同皎墓志》把当时的局势说得更加清楚：

> 时则天皇帝春秋高，加有风疾。张易之及弟昌宗共利颛

---

① 于志刚：《新见〈唐王同皎墓志〉考释》，载杜文玉主编：《唐史论丛》第 28 辑，西安：三秦出版社，2019 年，第 301—302 页。

颐，俱承先比，居中专制，朝右慑伏。奇家者或谓昌宗而有天子相，奸臣贼子潜而附离。[1]

在这种情况下，大家都很紧张。当时不断有人在大街小巷贴大字报，说易之兄弟谋反，武则天都不过问。御史中丞宋璟死咬张氏兄弟谋反，但是武则天和当时的中书令杨再思力保张氏兄弟[2]。武则天让宋璟出京办事，宋璟拒绝前往，奏曰："故事，州县官有罪，品高则侍御史、卑则监察御史按之，中丞非军国大事，不当出使。今陇、蜀无变，不识陛下遣臣出外何也？臣皆不敢奉制。"[3]我们也可以看出，当时君臣关系已经比较古怪。武则天派遣御史中丞宋璟到外地去，宋璟公然拒绝。像御史中丞、南衙宰相基本上都不在武则天能控制的范围内，她的权威只局限于皇宫之内，出不了皇宫了。相王集团、太平公主、武氏诸王都蠢蠢欲动。

政变前，王同皎利用"属火见春季，天下寒食，太原旧俗，人重相延"[4]，邀请御史中丞桓彦范到家里商量大计，谈到张氏兄弟，王同皎忧心地说："其如王室何？"两人相对潸然，遂定下匡复之计，决定用非和平手段解决二张。第一套方案是刺杀：

> 寻以谯王重福娶易之甥为妃，公忖其亲迎之宵，来观宋子，乃阴结刺客，已得要离。会易之不出，其事遂寝。公既

---

① 于志刚：《新见〈唐王同皎墓志〉考释》，第 300 页。

② 史书记载："再思为相，专以谄媚取容。司礼少卿张同休，易之之兄也，尝召公卿宴集，酒酣，戏再思曰：'杨内史面似高丽。'再思欣然，即剪纸帖巾，反披紫袍，为高丽舞，举坐大笑。时人或誉张昌宗之美曰：'六郎面似莲花。'再思独曰：'不然。'昌宗问其故，再思曰：'乃莲花似六郎耳。'"见《资治通鉴》卷 207《唐纪二十三》，第 6572 页。

③ 《资治通鉴》卷 207《唐纪二十三》，第 6576 页。

④ 于志刚：《新见〈唐王同皎墓志〉考释》，第 300 页。

喑鸣而去，客亦趑趄久之。义士闻者，莫不感叹。①

李显跟张易之结亲，让自己的儿子李重福迎娶张易之的外甥女，希望能够弥合双方的裂痕。而王同皎则计划在迎亲时发动刺杀，一举击杀张易之。但张易之凑巧没到场，刺杀方案失败。

第二套方案就是政变了。王同皎又与中书侍郎张柬之、羽林将军桓彦范、敬晖等谋划：

> 凝阴初履，诚慎犹勤，疑阳已嫌，玄黄非远。今岁洎乙巳，月栖丙寅，三门具，五将发，神计利往，吉道清虚，此汉执韩信、隋拘杨谅之算也。应断不举，便有害成。②

权衡天象等因素，他们最终决定在长安五年（705）正月癸卯（二十三日）这一天晚上发动政变。

当晚，宰相张柬之、崔玄暐，与中台右丞敬晖、司刑少卿桓彦范、右羽林卫大将军李多祚、左羽林将军李湛、右羽林将军杨元琰、左威卫将军薛思行等率左右羽林兵五百余人到达玄武门。此时，殿中监田归道正好统帅千骑驻守玄武门，敬晖派人征调他手下的千骑，而田归道因并不知情拒绝交出指挥权。幸好其他北门禁军大多愿意支持政变。张柬之等人派遣李多祚、李湛和王同皎到东宫接出李显。李显有些怀疑，不愿意出来。王同皎劝说道："二十三年前，殿下就应该继承大统，却横遭废黜，还被幽禁多年，真是人神共愤。现在幸得上天指引，北门的羽林军们与南衙的大臣们将同心协力诛灭小人，恢复李氏社稷，希望殿下前往玄武门，不要辜负大家的期望！"李显这才

---

① 于志刚：《新见〈唐王同皎墓志〉考释》，第 300 页。

② 于志刚：《新见〈唐王同皎墓志〉考释》，第 300 页。

愿意出面，王同皎将他抱上马，两人一起来到玄武门。

随后桓彦范等人打着太子的旗号斩断门栓闯入宫中，一时间兵士大噪。此时武则天正在迎仙宫内休憩，张柬之等人直接在迎仙宫的走廊里将张氏兄弟斩首，并命侍卫将武则天居住的长生殿团团围住。武则天惊起，问道："是谁在作乱？"张柬之回答说："张氏兄弟企图造反，臣等已奉太子之命将其铲除，因为担心走漏风声，所以没敢让您知道。在皇宫禁地大兴兵马，臣等罪该万死！"武则天看见李显果然也在人群之中，便对他说："是你吗？既然人已经被杀了，你就回东宫去吧。"桓彦范上前说："太子怎么能回到东宫去呢？高宗把心爱的太子托付给您，现在太子年纪这么大了，还一直在东宫当太子，上天和百姓都很想念李氏。臣等不敢忘太宗、高宗的恩德，所以奉太子之命诛杀贼臣。希望陛下能顺应上天和百姓的愿望传位给太子！"一同参与政变的李湛是李义府的儿子，武则天看到他十分惊讶，说："你也是杀了张易之的人之一吗？我平时对你们父子不薄，没想到会有今天！"李湛十分羞愧，一句话也说不出来。武则天又质问崔玄暐："别人我不管，你是我亲自提拔起来的，你怎么也能参加政变呢？"崔玄暐回答："我这样做正是为了报答陛下对我的大恩大德。"

以上事件均发生在北门。在南衙，相王李旦带着自己的王府司马袁恕己，统率南衙卫兵，把依附张氏兄弟的大臣如韦承庆、房融及司礼卿崔神庆全部抓进了监狱。政变中似乎没看到武氏家族的身影，也没有看到太平公主的表现，但在这场政变之后，不论是武三思，还是太平公主，都受到了褒奖。政变后第三天，武则天传位于太子。第四天，中宗即位，相王加号安国相王，拜太尉、同凤阁鸾台三品，太平公主加号镇国太平公主。

整体上来说，705年的癸卯政变是一场安静的政变。在一个非常安静的夜里，武则天结束了自己的统治，把政权还给了自己的儿子李显，开启了后武则天时代。

二、作为政治家的武则天

武则天的形象经常发生变动，哪怕是近代以来，也是起伏不定。吕思勉骂武则天如狗血淋头，郭沫若笔下的武则天又简直完美；"文化大革命"中武则天成为革命的代表，"文化大革命"结束初期又在一些人眼中变成妖后。爱之欲其生，恶之欲其死。其根本原因在于人们把自己的意念、动机投射到武则天身上，想塑造一个自己需要的武则天。对历史问题的研究，难免跟意识形态有关，很多政治事件都是以历史作品为引子来发动。

如果非要从执政效果看，比如从经济、社会、内政、外交、军事等各个方面衡量，武则天的表现——不考虑她女性的身份——的确不杰出。

从陈寅恪到郭沫若，都给武则天贴上了革命的标签，认为她的上台不仅仅是一场改朝换代，更是一场社会革命。比如陈寅恪就认为，武则天上台打压了士族地主，推动了新兴阶级的兴起。陈寅恪认为武则天上台推动科举制而引发阶级升降和社会革命——或者用现在流行的学术语言来说，"社会流动"（social mobility，这里主要指向上的社会流动），这一观点并非没有遭到过质疑。但是这一理论似乎影响太过深远，以至于质疑的声音被忽略了。至少，杜希德（Denis Twitchett）和砺波护都不认同陈寅恪这样的理论架构。砺波护1962年发表在《東洋史研究》上的《中世貴族制の崩壊と辟召制》，对陈寅恪的观点进行了检讨。而在杜希德看来，中国社会发生变动的分水岭是安史之乱，安史之乱后均田制的崩溃、商业的兴起、地方势力的崛起，带来了社会阶层的升降与统治集团的变迁。1976 年杜希德出版了一本小书 *The Birth of the Chinese Meritocracy: Bureaucrats and Examinations in T'ang China*（中国精英阶层的诞生：唐代的官僚与科举，London: China Society, 1976）。在这本小书中，杜希德较为详细地阐述了他的上述看法，不认为在武则天时代中国社会已经发生了重大的社会革命。

值得注意的是，杜希德引进了一个重要的概念"meritocracy"。这一概念由"merit"（中文语境中可理解为"功德""功业"，但又不能完全对应）和"aristocracy"（贵族）缩合而成，强调其依靠个人努力和出众的才智取得社会地位，用以区别之前依靠财富或血统的中古贵族。作者在书中，将"Chinese meritocracy"作为自己的关键词，用"merit"点出，这些"meritocracy"世世代代在政府服务积累起来的功业（merit），是其能够在政治变动和朝代更迭中生存下去的保障。在作者看来，10 世纪（五代十国时期）社会秩序的再造，才使得绵延千年、历经朝代更迭仍能一直享有社会主导权的中古贵族阶层从历史图景中彻底消失。到了宋代，以事功为中心的文化（culture of merit）塑造了新的社会秩序，旧的社会秩序再也回不去了。

在社会发生变革的时候，往往是那些既得利益者有更多的资源和经验来适应新的变化。即使改朝换代，也并非是一群人起来取代了另外一群人，而是原来那一群人改头换面，以新的形式适应新的游戏规则。再往后比如谭凯（Nicolas Tackett）等学者，认为中古贵族真正的消亡出现在唐朝后期。黄巢起义造成大量贵族死亡，贵族人口的消失才带来了社会的大变革。

武则天时代的对外政策也不算特别成功。由于忙于内政，在她统治期间，帝国在各个方向都出现了退却。尤其是突厥帝国又得以复

图 14　唐武则天除罪金简。金简呈长方形，正面镌刻双钩楷书铭文 3 行 63 字："大周国主武曌好乐真道长生神仙，谨诣中岳嵩高山门，投金简一通，迄三官九府除武曌罪名，太发庚子七月甲申朔七日甲寅小使臣胡超稽首再拜谨奏。"该金简显示了武则天晚年的信仰世界和精神状况。（动脉影　摄）

兴，并成为唐朝的威胁。对东北亚的经略出现严重挫折，对契丹的战争也遭到了惨败。武则天统治时期，武周军队对外作战屡屡失败。与高宗时代名将辈出相比，武则天时代的名将不多。

武则天还造成了官员队伍的极度膨胀。这甚至成为玄宗上台后亟待解决的问题。她不惜爵位，以笼络四方豪杰作为羽翼。试官（试用未经考试者为官）和斜封墨敕（不经外廷而由皇帝直接授官）之风正源于武则天。当时的歌谣就唱道："补阙连车载，拾遗平斗量。把推侍御史，椀脱校书郎。"① 对于武则天滥任官吏，《资治通鉴》记载：

> 先是，有朱前疑者上书云："臣梦陛下寿满八百。"即拜拾遗。又自言"梦陛下发白再玄，齿落更生"。迁驾部郎中。出使还，上书曰："闻嵩山呼万岁。"赐以绯算袋，时未五品，于绿衫上佩之。会发兵讨契丹，敕京官出马一匹供军，酬以五品。前疑买马输之，屡抗表求进阶；太后恶其贪鄙，六月，乙丑，敕还其马，斥归田里。②

武则天对内的恐怖统治在历史上留下了浓重的一笔。武则天还在洛阳修造明堂、天堂，铸造天枢，规模都极宏壮，她还到处大修佛寺、佛像，使百姓疲惫，财政也出现了问题。总体上说，玄宗上台时，武则天留给他的局面并不是很理想。

---

① （宋）王钦若等编，周勋初等校订：《册府元龟》卷 543《谏诤部·直谏》，第6215 页。

② 《资治通鉴》卷 206《唐纪二十二》，第 6517—6518 页。

三、洛阳最后的荣光*

684 年，武则天将东都洛阳改为神都，宫名改为"太初"。此后二十余年中，神都洛阳不但在名义上，也在实际上成为真正的帝国首都，长安则沦为前朝旧都和陪都。690 年，武则天正式改唐为周，改元天授，并极力宣扬自己佛教转轮王的神圣地位，沙门怀义、法明进献《大云经疏》。也就是在这一年，义净请在佛逝结识的大津法师携带他的《南海寄归内法传》和所译经文十卷到洛阳呈给武则天，文中提及"洛州无影，与余不同"，意思是说洛阳是天下的中心，与其他城市不同，立刻获得了武则天的嘉许。天授二年（691），武则天就带领关内数十万居民移居洛阳。

对武则天迁都的原因历来有各种各样的解释。政治上，有的学者认为是为了摆脱关陇贵族的影响，迁都洛阳象征着西北政治势力的全盛期已经过去。经济方面的解释是，长安位于比较贫穷和生产不发达的地区，易遭受长期的严重干旱，从外地供应长安谷物既困难又费时费力；洛阳作为水陆运输的自然中心，明显性价比更高。这种解释有一定道理，但实际上在朝廷迁往洛阳时期，长安地区并非总是荒旱饥馑，而新的东都有时却会发生饥荒。也有的学者把迁都归结于武则天

---

* 本节改写自作者《洛阳测影与"洛州无影"——中古知识世界与政治中心观》一文，原载于《复旦学报（社会科学版）》，2014 年第 1 期。

个人的感情因素——在她迫害死王皇后和萧淑妃以后，常看到她们的鬼魂作祟，所以才长期躲在洛阳。这其实是一些捕风捉影的想象，不足为信。

证圣元年（695），已经六十岁的义净启程北上，于五月抵达洛阳。武则天对义净的到来给予了充分的重视，"亲迎于上东门外，诸寺缁伍具幡盖歌乐前导，敕于佛授记寺安置"①。在这前所未有的礼遇背后，除了君主佞佛之外，武则天的政治意图也清晰可见。就在义净到达洛阳后不久，武则天立刻做出了一项非常重大的政治礼仪举动：

> 秋九月，（武则天）亲祀南郊，加尊号天册金轮圣神皇帝，大赦天下，改元为天册万岁，大辟罪已下及犯十恶常赦所不原者，咸赦除之，大酺 pú 九日。②

然而关于这次南郊祭天、加尊号、改元、大赦天下的原因，多数文献都语焉不详。宋代赵明诚的《金石录》给我们留下了一丝线索。

《大唐龙兴三藏圣教序》是中宗皇帝为褒奖义净译经所撰③。赵明诚在长清县见过这块唐碑，并且记录了这块碑碑侧的内容：

> 右《圣教序》碑侧云·则天尝得玉册，上有鸟卜二字，朝野不能识，义净能读。其文曰"天册神皇万岁忠辅圣母长安"。证圣元年五月上之，诏书褒答。

---

① （宋）赞宁：《宋高僧传》卷一《唐京兆大荐福寺义净传》，《大正藏》第 50 册，第 710 页中。

② 《旧唐书》卷六《则天皇后本纪》，第 124 页。

③ （宋）赞宁：《宋高僧传》卷一《唐京兆大荐福寺义净传》，《大正藏》第 50 册，第 710 页下。

赵明诚感慨道："余尝谓义净方外之人，而区区为武后称述符命，可笑也。"[1]

这段铭文明确无误地记载了义净在武则天政治宣传中的重要角色——正是由于他"释读"出别人无法辨认的铭文，才使得武则天的尊号拥有了理论和舆论基础。这十二个文字绝非梵文等普通字母——当时在唐代的西域及印度高僧极多，绝不会不能辨识。然而具体是何种文字，又如何精确对应"天册神皇万岁忠辅圣母长安"这十二个汉字，已无从得知。依据赵明诚抄录的铭文，义净辨认这段文字是在证圣元年五月——也就是他刚刚抵达洛阳，武则天亲自到城外迎接的那个月。武则天给予义净如此异于常规的礼遇，很难仅仅用宠信来解释。实际上，义净到洛阳后，都没能立刻拥有自己独立的译场。

义净从回国之前到武周政权垮台，都在武则天的政治宣传中扮演重要的角色，或释读铭文充当政治预言家，或翻译理论著作作为武周政权寻找理论依据，或参与修建武周的纪念碑性的建筑[2]，可谓从始至终，一以贯之。

回过头再看，义净于武则天迁都洛阳前提及"洛州无影"未必没有深意。要知道，在当时佛教徒的观念中，天竺才是世界的中心。义净的老师精通天文地理、阴阳历算，义净本人不可能对此一无所知。"洛州无影"说很有可能是义净刻意讨好武则天的操作。

洛阳在传统中国的儒家意识形态中，曾经处于极端重要的位置。王者居"土中"或者天下之中的理念在三代时已经成熟，比如商人以五方观念将疆域划分为五，商王的直接统治区域被称为"中商"，甲

---

① （宋）赵明诚：《宋本金石录》，北京：中华书局影印本，1991 年，第 592 页。

② 日本学者水野清一认为，义净极可能参与了武周晚期政治纪念性建筑长安光宅寺七宝台的修建。参见《唐代の仏像雕刻》，《仏教艺术》第 9 号，1950 年，第 26 页。

骨文云："大邑商居土中。"西周铜器《何尊》铭文记武王告天辞就有"余其宅兹中或（国），自之辥民"的说法，这里的"中国"即洛邑。纬书《孝经援神契》云："八方之广，周洛为中，于是遂筑新邑，营定九鼎，以为王之东都。"[①] 亦是强调洛阳为"中"。

洛阳被确立为中心还要从"测影"说起。在中古时期备受关注的浑天说中，球壳状的天包着地，日月星辰绕地运行，天与地的中心就是"地中"。太阳距离"地中"的长度就是天这个球壳的半径，由此可推演出周天的长度，因此所有的测量必须在地中进行，不然数据就不可靠。地中测影不但测量时间（冬至为阳气初生等）、空间（地面距离、宇宙长度），还事关国家命运，是一个极端神圣而重要的地点。西周初期，周公为了营建东都洛邑，曾亲赴登封嵩山立圭测影，以求地中。《周礼·地官司徒》说："日至之景（影）尺有五寸，谓之地中。天地之所合也，四时之所交也，风雨之所会也，阴阳之所和也。然则百物阜安，乃建王国焉。"[②] 而在洛阳"夏至之日，立八尺之表，其影适与土圭等"[③]。洛阳为天下之中的观念因周公的实践和提倡而具有更高的神圣性。

以现代知识推断，洛阳处于北回归线以北，无论如何都不可能无影。中古知识界不论僧俗，往往并不回避洛阳夏至有影的事实。义净身为佛教徒，又有丰富的知识和阅历，却并没有支持天竺中心说，反而维护起洛阳中心说，有违常理。历史往往不会只有一个面相，除了文化冲突说之外，不依王法则佛法难立的现实困境，知识世界和政治的关联性也迫使佛教徒做出妥协。

---

① ［日］安居香山、中村璋八辑：《纬书集成》，第 961 页。

② 阮元：《十三经注疏·周礼注疏》卷 10《大司徒》，北京：中华书局影印本，2009 年，第 1517 页。

③ 阮元：《十三经注疏·周礼注疏》卷 10《大司徒》，第 1517 页。

武周政权在意识形态上追宗周代，因此在国家礼仪和装饰之具方面，多利用跟周代有关的符号和思想元素。武则天迁都洛阳，也具有同样的思想背景。洛阳与周代的神圣性紧密相连，武则天迁都洛阳本身，就是以洛阳"土中"或者天下之中的地位否定长安政权的合法性。作为武周政权的神都，洛阳不但取代了长安的首都地位，而且在真正意义上成为中国的政治、文化、经济和信仰的中心。这种崇高的地位也在其对日本的影响上得到了侧面印证——京都的设计和命名，更多地受到了洛阳的影响，而不是长安。直到幕府时代，去京都还被称为"上洛"，京都也分为洛东、洛西等区域。

以洛阳否定长安是常用的政治手段。从西汉末期开始，洛阳被明显地赋予了儒家神圣性，定都长安常被描述为出于维护统治安全的权宜之计。比如西汉末年汉元帝改制，博士翼奉建议迁都洛阳以"正本"；王莽夺取汉朝天下后也计划迁都"土中居雒阳之都"[1]。始建国五年（13），长安民闻王莽欲迁都洛阳，不肯缮治室宅。王莽又制造瑞石谶言云："玄龙石文曰'定帝德，国雒阳'。符命著明，敢不钦奉！"[2] 不过王莽的迁都计划，最终因为新朝迅速崩溃而未能实现。刘秀以儒术治国，定都洛阳，带有强烈的拨乱反正、继承"周制"的色彩。围绕着长安与洛阳的优劣争论，辞赋家们创作了不少相关作品。班固《东都赋》、张衡《东京赋》、西晋左思《三都赋》都强调洛阳天下之中的地位及其与儒家礼法的关系，认为洛阳才是理想的首都。

长安与洛阳之争也几乎贯穿了唐代以前所有的时代。在武则天的政治宣传中，突出洛阳、贬抑长安是一个重要的主题。比如她铸造九鼎，就体现了这一精神。九鼎按方位安放，代表豫州（洛阳为中心）

---

[1] 《汉书》卷 99《王莽传中》，第 4133 页。

[2] 《汉书》卷 99《王莽传中》，第 4132 页。

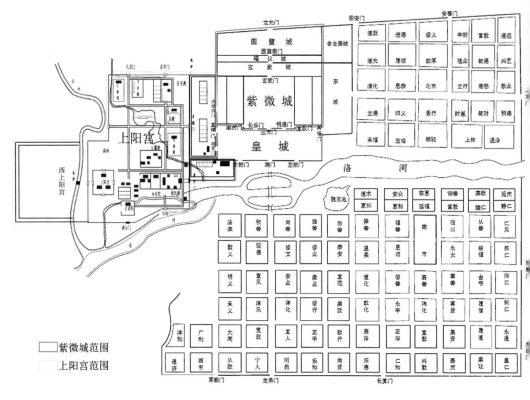

图 15　洛阳城示意图。(本图源自：韩建华《论唐东都洛阳宫城形制布局及相关问题》,《考古与文物》2004 年增刊（汉唐考古），第 161—165 页)

的永昌鼎位于中央，其他八鼎（包括代表雍州的长安鼎）则依照各自的方位，环绕着永昌鼎。这无可置疑地宣示了洛阳的伟大地位——其位于天下之中，就连李唐的旧都长安也只能围绕着洛阳作为陪衬。永昌鼎高一丈八尺，容量一千八百石，视觉上比其他八鼎（一丈四尺、一千两百石）高大得多，彰显着神都的伟大地位。这种形象给帝国的臣民们，尤其是参加礼仪朝会的大臣们带来的视觉冲击，是相当深刻的。

神龙二年（706）十月戊戌，就在中宗回驾长安之前，洛阳的僧俗势力极力挽留，希望中宗能够留在洛阳。宋之问在《为东都僧等请留驾表》中说："臣伏见某月日敕，以今月九日，将幸长安，东都道俗，不胜攀恋。"①中宗还都长安有很多考虑，其中一个重要原因是他的太太韦皇后是京兆韦氏家族的女儿，在长安他能得到京兆韦氏的支持。谁也没有想到的是，洛阳从此以后再也没能回到都城的位置。作为天后的都市，洛阳作为都城的历史永远定格在了 706 年。

武则天下台之后，洛阳依然保持繁荣，却在政治、军事上遭到了忽视。安史之乱时，洛阳这个曾在 7 世纪初以易守难攻著称的军事堡垒，轻易就被叛军攻破。大肆的杀戮和破坏使这座中古时代伟大的都城几乎成为废墟，再也没能恢复昔日的繁华，在帝国权力网络中的地位也一再降低。从某种程度上说，洛阳的衰落就像一面镜子映射出中国黄金时代的结束。

---

① 《全唐文》卷 240 《为东都僧等请留驾表》，第 2431 页。

四、城东和城西的对抗

神龙政变的结果，使南衙宰相（张柬之、崔玄暐、桓彦范、敬晖、袁恕己）和李氏诸王公主的实力大增，相王加封为安国相王，太平公主加封镇国太平公主。这使在外流放多年，而在朝廷并无根基的中宗心怀疑忌。张易之旧党郑愔对武三思说："柬之等五人，为上所忌，日夜为计，非剪除不足以快其意，大王岂不知之？"[①]为了加强自身的权力，中宗依靠武三思等武家和自己太太韦皇后的京兆韦氏势力，促成了韦武合流。这就是为什么中宗复辟，武家并没有遭到清算的原因。不但没有遭到清算，武三思的权势甚至比武则天时期有过之而无不及。

706 年，中宗还都长安。各集团政治人物也回到长安。在某种程度上，他们的住宅分布反映了他们在政治态度上的分野。长安城是一座规划严谨的城市，除了北部的宫城与中央的皇城之外，整个城市就像棋盘一样被划分成 108 坊。一坊长五百步，宽五百步，面积约 0.2 平方公里，非常大。这种棋盘格局为复原当时人的住处提供了便利。通过复原，可以清晰地看到一个政治人物的邻居与其交友圈。也可以看出城市的功能在没有政治力量干预的情况下，最后仍是物以类聚、

---

① （唐）刘肃撰，许德楠、李鼎霞点校：《大唐新语》，北京：中华书局，1984 年，第 144 页。

人以群分。盛唐时长安城的权贵主要分布在城市的东北方。随着玄宗时期将办公地从太极宫移到东北部大明宫，以及东部的兴庆宫的营建，长安城的东北部形成了一个官员聚居区。这里是长安位置最好的区域，应该也是房价最高的地方。

宫城和皇城的东西两边，分布着一些面积较大的坊。隋代这些大坊是空着的，后来成为权贵的住宅。中宗把都城迁回长安后，大家似乎很有默契。亲李家的势力往城东集中，武韦家族往城西集中，形成了东城和西城对峙的情况。

城 西 诸 坊		城 东 诸 坊	
休祥坊	武三思、子武崇训（尚安乐公主）	长乐坊	相王李旦
金城坊	武承嗣子武延秀（后尚安乐公主）	永嘉坊	成王李千里、天水王李禧
醴泉坊	宗楚客、武攸暨（尚太平公主）	兴庆坊	相王五子
群贤坊	上官婉儿	兴宁坊	太平公主、姚崇
延寿坊	武承嗣旧宅	崇义坊	崔玄暐
居德坊	僧人普润（李隆基党羽）	崇仁坊	苏瑰
颁政坊	豆卢钦望	永宁坊	新兴王李晋（太平公主党羽）
		安兴坊	宋璟

整个长安城北部被分成三块，中间是象征皇权的宫城，西边是武韦及其势力，东边是李氏诸王及其势力。太平公主既是武则天的女儿，又在政治上亲近相王，故在东西皆有宅第。豆卢钦望虽亲近相王，但属于武氏外家，故在宫西颁政坊有宅。同为武氏外家的杨氏，也同样在颁政坊有宅。

正因为这样，710 年韦后之乱及 713 年先天政变时，宫城以西诸坊成为屠杀的主要地区。安福门是宫城通向宫西坊区的大门，因此

图 16　唐安国相王孺人唐氏墓壁画（局部）。现存洛阳古墓博物馆。壁画栩栩如生地再现了胡人牵着驮运丝绸的骆驼，行走在运货路上的情形。

而显得尤其重要，频繁见于史册："（安乐公主）出降之时……中宗与韦后御安福门观之。"[1] "临淄王讳举兵诛诸韦、武，皆枭首于安福门外。"[2] "辛丑（政变次日），帝挟少帝御安福门楼慰喻百姓。"[3] 睿宗安抚百姓不去宫城正门承天门而去安福门，关键就在于安福门外的宫西诸坊是政变打击的重点地区，因此也是安抚的主要地区。还应该注意的是，玄宗在诛韦、武势力前频繁依靠僧道传递消息，他们很多却居住在宫西诸坊，如普润在居德坊宝昌寺，万回在醴泉坊。可以揣测他们的活动具有刺探情报的性质。

---

① 《旧唐书》卷 183《武延秀传》，第 4734 页。

② 《旧唐书》卷 7《中宗本纪》，第 150 页。

③ 《旧唐书》卷 7《睿宗本纪》，第 152 页。

五、中宗与玄奘

一般认为，李唐自称道教教主老子后裔，推崇道教，而武则天上台后反其道而行之，扶持佛教。神龙元年（705），中宗恢复李唐统治后就应该改变武则天的崇佛政策。但是实际上并非如此——中宗极为佞佛。中宗在复辟后，面临的政治形势对自己非常不利，他希望通过佛教加强自己统治的合法性和神圣性，而他也的确有可以利用的资本。这还要从玄奘说起。

唐代僧人慧立、彦悰在《大慈恩寺三藏法师传》中，不厌其烦地记载了玄奘与佛光王的有关情况：

（显庆元年，656）冬十月，中宫在难，归依三宝，请垂加祐。法师启："圣体必安和无苦，然所怀者是男，平安之后愿听出家。"当蒙敕许。其月一日，皇后施法师衲袈裟一领，并杂物等数十件。

……

表进已，顷闻有敕令使报法师："皇后分娩已讫，果生男，端正奇特，神光满院，自庭烛天。朕欢喜无已，内外舞跃，必不违所许，愿法师护念。号为佛光王。"

……

佛光王生满三日……当即受三皈依，服袈裟，虽保傅养育，所居常近法师。

十二月五日，满月，敕为佛光王度七人，仍请法师为王剃发。

……

二年春二月，驾幸洛阳宫。法师亦陪从。并翻经僧五人、弟子各一人，事事公给。佛光王驾前而发，法师与王子同去，余僧居后。既到，安置积翠宫。

……

冬十一月五日，佛光王晬日，法师又进法衣一具上佛光王。①

这位出生之后就被高宗封为"佛光王"的婴儿，就是以后的中宗李显。这一经历成为中宗可资利用的政治资源，复辟以后，他马上就把自己的师傅，在佛教界极具号召力的玄奘抬出来。《开元释教录》卷八记载：

其佛光王，即中宗孝和皇帝初生之瑞号也。（中宗）创登皇极，（神龙元年）敕为法师（玄奘）于两京各置一佛光寺，并度人居之。其东都佛光寺，即法师之故宅也。复内出画影，装之宝轝，送慈恩寺翻译堂中，追谥法师，称大遍觉。②

中宗在两京建立的纪念玄奘的寺院，名字就叫"佛光寺"，其中洛阳的佛光寺就是玄奘的旧宅。中宗纪念玄奘，也是纪念自己与玄奘

---

① （唐）慧立、（唐）彦悰撰，孙毓堂、谢方点校：《大慈恩寺三藏法师传》卷9，第196—210页。

② （唐）智昇撰，富世平点校：《开元释教录》卷8，北京：中华书局，2018年，第508页。

的关系，进而强调自己"佛光王"的宗教身份。景龙二年（708）九月，中宗巡幸慈恩寺塔，上官婉儿献诗，群臣并赋，一同赋诗者还有崔湜、李峤等人。

长安开化坊大荐福寺是中宗旧宅。决定还都长安后，中宗就开始着手整修大荐福寺了。他让工部尚书张锡和高僧道安负责修缮工程。景龙元年（707）由宫人集资在大荐福寺南边的安仁坊西北角，建造了一座浮图院，院内有一座佛塔，就是后来人们所说的小雁塔。小雁塔是一座十五层砖塔，高三百尺，规模相当庞大。据《旧唐书》，中宗曾多次巡幸大荐福寺，神龙三年（707）四月庚寅去的时候还特赦雍州；景龙三年（709）春正月癸酉，再次巡幸荐福寺。中宗到荐福寺，多少有些荣归故里的意思。随行文人写的诗也是如此描述，比如刘宪《奉和幸大荐福寺应制》诗："甚欢延故吏，大觉拯生人。"[1] 宋之问诗："香刹中天起，宸游满路辉。乘龙太子去，驾象法王归。"[2] "乘龙太子去"指中宗被贬房陵；"驾象法王归"强调的是其佛教身份的神圣性。

中宗为将荐福寺打造为佛教中心，邀请了大量高僧来大荐福寺居住，以提高大荐福寺的地位，包括义净、实叉难陀、僧伽、法藏等。景龙二年（708），实叉难陀从于阗抵达长安，中宗亲自到开远门外迎接。长安的僧侣以幡幢导引，让实叉难陀乘坐装饰豪华的青象进入长安，入住大荐福寺[3]。景龙二年（708）夏，干旱无雨，中宗命华严宗的祖师法藏集合百名高僧在荐福寺祈雨，最后下起了滂沱大雨[4]。

---

① （唐）武平一撰，陶敏辑校：《景龙文馆记》卷1，北京：中华书局，2015年，第37页。

② （唐）武平一撰，陶敏辑校：《景龙文馆记》卷1，第35页。

③ 参看（宋）赞宁撰，范祥雍点校：《宋高僧传》卷2，第32页。

④ 参看（唐）法藏撰，方立天校释：《华严金师子章校释》，第184页。

图 17　小雁塔。小雁塔位于荐福寺内，又叫荐福寺塔，建于中宗景龙元年（707）。如
　　　今这座见证过大唐盛世的佛塔安静地站立在闹市中，尽管几次地震导致塔身开
　　　裂，依然坚挺。（动脉影　摄）

被中宗邀请的僧人中，荆州僧人占了相当比例，比如荆州白马寺高僧玄奘（跟著名的玄奘法师同名）、荆州碧润寺高僧道俊、荆州玉泉寺高僧恒景、荆州江陵府高僧法明、荆州当阳山度门寺高僧神秀。中宗在均州和房州流放十五年，在空暇无聊之际，常以念诵佛经打发时间。房州和荆州同属山南东道，地理位置相去不远，因此中宗对荆州地区的僧人相对熟悉。他对北宗的高僧神秀、慧安等也非常礼遇。早期禅宗史书《楞伽师资记》的作者净觉其实就是中宗韦皇后的弟弟。王维《大唐大安国寺故大德净觉师塔铭》记载："禅师法名净觉，俗姓韦氏，孝和皇帝庶人之弟也。"[1]净觉曾经师事神秀，足以说明中宗、韦氏与佛教的关系。

中宗对于自己流放居住十余年的房州官民相当关照。《旧唐书》记载李显二次登基后下令："诸州百姓免今年租税，房州百姓给复

① 《全唐文》卷 327《大唐大安国寺故大德净觉师塔铭》，第 3314 页。

三年。"①

《旧唐书》记：

> 崔光远，滑州灵昌人也。本博陵旧族。祖敬嗣，好樗蒲
> 饮酒。则天初，为房州刺史。中宗为庐陵王，安置在州，官
> 吏多无礼度，敬嗣独以亲贤待之，供给丰赡，中宗深德之。
> 及登位，有益州长史崔敬嗣，既同姓名，每进拟官，皆御笔
> 超拜之者数四。后引与语，始知误宠。②

又记：

> 初，知謇为房州时，中宗以庐陵王安置房州，制约甚
> 急。知謇与董玄质、崔敬嗣相次为刺史，皆保护，供拟丰
> 赡，中宗德之。及神龙元年，中宗践极，自贝州追知謇为左
> 卫将军，加云麾将军，封范阳郡公。③

僧人影响政治，在后武则天时代继续上演。胡僧慧范在太平公主
的支持下，权势熏天，甚至代替太平公主垄断了江南和四川地区的贸
易。他也被授予官职，担任银青光禄大夫、上庸公及圣善、中天、西
明三寺寺主。慧范在洛阳建造圣善寺，在长乐坡建造大佛像，府库
为之虚耗。除了太平公主，李显夫妇也对他信任有加，使他权倾朝
野。后来侍御史魏传弓查明他贪污巨大，要求严加惩处，最后被削黜
于家。

---

① 《旧唐书》卷 7《中宗本纪》，第 136 页。

② 《旧唐书》卷 111《崔光远传》，第 3317 页。

③ 《旧唐书》卷 185《张知謇传》，第 4809 页。

中宗崇佛，耗费了大量钱财。宰相韦嗣立上疏指出：

> 比者造寺极多，务取崇丽，大则用钱百数十万，小则三五万，无虑所费千万以上，人力劳弊，怨嗟盈路。佛之为教，要在降伏身心，岂雕画土木，相夸壮丽！万一水旱为灾，戎狄构患，虽龙象如云，将何救哉！[①]

可见情况非常严重。

唐朝佛教政策的显著变化发生在玄宗即位以后。反佛最为积极的莫过于姚崇，从中宗到玄宗朝，姚崇不止一次地上书要求君主停止佞佛，他再三指出"佛在内心"，并列举权贵们的命运来说明佞佛无用："近日孝和皇帝发使赎生，倾国造寺，太平公主、武三思、悖逆庶人、张夫人等皆度人造寺，竟术弥街，咸不免受戮破家，为天下所笑。"[②]在姚崇等推动下，佛教对政治和经济的影响力，大幅下降了。

---

① 《资治通鉴》卷 209《唐纪二十五》，第 6633—6634 页。

② 《旧唐书》卷 96《姚崇传》，第 3028 页。

多说一点

《大慈恩寺三藏法师传》和《续高僧传》中的"玄奘"

因为有"原教旨主义"的一面，玄奘在学术上有不少敌人。陈寅恪曾借玄奘的例子类比当时的文化冲突，说玄奘的唯识学之所以不能在中国思想史上占据主导地位，是因为它太强调外来的东西。玄奘在翻译上信奉"直译"，他不认同此前鸠摩罗什的"意译"。如果用"信达雅"的标准来看，鸠摩罗什追求"雅"，翻译的句子中国人更容易理解；而玄奘更偏重"信"，比如梵语 bodhisattva 这个词，以前都翻译为"菩萨"，但他认为应该直接音译为"菩提萨埵"。玄奘大部分的工作就是把以前翻译过的经典进行重译，很多人对此并不认同，比如高宗就让他先把没翻译的佛经翻译了，然后再重译已经翻译过的。

我们读玄奘弟子写的《大慈恩寺三藏法师传》，再对比同时代道宣《续高僧传》中的《玄奘传》，就会发现玄奘在这两份文献中的形象有很大的区别。虽然《续高僧传·玄奘传》中的部分内容应该是后人添加的，但从侧面反映出玄奘确实受到过一定程度的打压。《续高僧传·玄奘传》那一卷只写了两位僧人的传记，另一位是印度的僧人那提，他带了很多梵文原典到中国来翻译。根据道宣的记载，玄奘在这个过程中有很不光彩的举动，包括掠夺那提的经典、阻碍翻译等。关于这个事情，从熊十力到季羡林先生都讨论过是否可信，但我想不管是否为真，道宣这么写，至少表明玄奘确实引起了一些人的不满。

熊十力在《唐世佛学旧派反对玄奘之暗潮》中曾提及当时玄奘所面临的一些挑战，比如他认为玄奘不善于顺应俗情，不许讲"旧经"，以致于引来"旧学"的诬毁，等等。《续高僧传·玄奘传》中，道宣也没有怎么提玄奘翻译的事情，等到玄奘弟子为老师立传的时候，才增加了大量关于翻译的内容。玄奘和中宗的关系，也是在他弟子所作的《大慈恩寺三藏法师传》中才得以体现。

第四章　女性政治家活跃的时代

唐代是对女性相对来说较为包容的时代，女人可以骑马，可以穿男人的衣服，可以在室外活动，不用缠脚。如果读唐传奇，会发现里面的女性角色个性鲜明，敢爱敢恨，一点也不扭扭捏捏。在这个开放包容的时代，女性的时代烙印非常明显。在后武则天时期，有一大批女性政治家活跃在政坛上，虽然在中国历史上曾出现过一些权势熏天的女主，比如西汉的吕太后，但是像唐朝这样诞生一大批参与政治的女性，则是空前的。

中宗时期，女性参政比武则天时代有过之而无不及。中宗皇后韦氏似乎一直都在学习婆婆，制造为自己歌功颂德的符瑞、歌谣、建造纪念性的建筑，在中宗死后垂帘听政，试图掌控权力；中宗和睿宗的妹妹太平公主政治经历丰富，凝聚了一个政治集团，促成了睿宗取代中宗的幼子继承皇位；中宗的女儿安乐公主野心勃勃，要求做皇太女，成为皇位的继承人；从武则天时代就参与政治决策的上官婉儿，长期掌握诏敕的书写权，最初亲近武韦势力而排斥压抑李唐子弟，后来转换门庭投靠太平公主和相王一系。其他如长宁公主、韦后的妹妹郕国夫人、上官婉儿的母亲沛国夫人郑氏、尚宫柴氏、贺娄氏、女巫第五英儿、陇西夫人赵氏等，都登上政治舞台。女性的政治热情高涨，一方面是武则天时代遗留下来的政治传统和文化氛围仍然具有号召力，另一方面也是贵族政治发展到某种极致的表现——女性背后往往是强大的家族势力。

一、模仿婆婆的韦皇后

韦皇后是长安万年县人，出身当地豪族，现在西安的韦曲就是当年韦氏家族的聚居地。韦皇后跟中宗李显是一对经历风雨的夫妻。李显当太子时，韦氏就被立为太子妃；李显被废黜流放房陵，韦氏亦跟随前往。在流放地时，每当有敕使从洛阳来，李显就恐惧得要自杀，韦皇后便成为了他的精神支柱。十几年的相濡以沫、同甘共苦，让二人愈发情深意切。所以中宗发誓，如果能重见天日，就满足韦氏所有的要求。史载：

> 上在房陵与后同幽闭，备尝艰危，情爱甚笃。上每闻敕使至，辄惶恐欲自杀，后止之曰："祸福无常，宁失一死，何遽如是！"上尝与后私誓曰："异时幸复见天日，当惟卿所欲，不相禁御。"①

官方史籍也认为，双方情爱甚笃，乃至李显复位后放任韦皇后影响朝局。

韦家也为李显牺牲很多。李显被贬房陵后，韦皇后父亲韦玄贞就被流放到钦州而死。当地酋长宁承基兄弟逼娶其女，韦皇后的母亲崔

---

① 《资治通鉴》卷 208《唐纪二十四》，第 6584—6585 页。

氏不答应而被杀。韦皇后的兄弟韦洵、韦浩、韦洞、韦泚全部丧命。因此中宗一上台就命广州都督周仁轨率领两万军队讨伐宁承基。周仁轨以宁承基等人的首级祭奠崔氏墓，并把其部众杀掠殆尽。中宗加封周仁轨镇国大将军、充五府大使，赐爵汝南郡公；韦皇后隔帘向周仁轨下拜，用对待父亲的礼仪对待周仁轨。但令人唏嘘的是，韦皇后倒台不久，周仁轨也被连累，遭到诛杀[①]。

韦皇后和中宗育有五个孩子，唯一的男孩就是邵王李重润——他也是中宗的嫡长子。中宗的其他儿子，包括卫王李重俊、谯王李重福、温王李重茂，都不是韦皇后所生。另有永泰、永寿、长宁、安乐四位公主——大概生活在困苦中的人都希望自己的孩子能够开心健康，所以这些女孩子的封号都很吉祥。永泰公主嫁给了武崇嗣之子、武家的继承人武延基，可惜天不遂人愿，很快李重润、永泰公主李仙蕙及其丈夫武延基惨死于二张兄弟的构陷。这也是对韦、武结盟的一次重要打击。

不久，韦后的小女儿安乐公主嫁给了武三思之子武崇训。韦、武结盟其实是双方正常的政治需求，官方史书却出于某种原因将之描述为武三思与韦皇后私通。这次联姻让安乐公主成为李、韦、武三个当时最强大家族的连接点，因此在皇储李重润死后，安乐公主开始希望自己能取而代之成为皇太女。神龙三年（707），节愍太子李重俊因不是韦皇后亲生，屡遭安乐公主等欺侮，忧心地位不稳而发动政变。这场政变没有成功，李重俊身死。大臣宗楚客率百僚上表，加韦皇后尊号为"顺天翊圣皇后"。

中宗复立为太子后，上官婉儿就建议韦后模仿武则天时期的政策，以得到老百姓的支持。史料记载："时昭容上官氏常劝后行则天故事，乃上表请天下士庶为出母服表三年；又请百姓以年二十三为

---

① 《资治通鉴》卷 208《唐纪二十四》，第 6603—6604 页。

丁，五十九免役，改易制度，以收时望。制皆许之。"[1]

武则天利用《宝雨经》所谓"汝于是时受王位已，彼国土中，有山涌出，五色云现"[2]进行政治宣传。中宗复辟之后，韦皇后模仿武则天，也制造了五色云祥瑞事件：

> （景龙二年二月）皇后自言衣箱中裙上有五色云起，令画工图之，以示百僚，乃大赦天下。……乙酉，帝以后服有庆云之瑞，大赦天下。内外五品已上母妻各加邑号一等，无妻者听授女；天下妇人八十已上，版授乡、县、郡等君。[3]

在唐代官方所划分的祥瑞等级中，庆云是大瑞。宣扬韦后的衣服上出现五色云，进而"大赦天下"，并给予特定的女性群体政治上的优待，在当时的政治文化里，其实是在宣扬韦后的神圣性。

右骁卫将军、知太史事迦叶志忠奏：

> 昔神尧皇帝未受命，天下歌《桃李子》；文武皇帝未受命，天下歌《秦王破阵乐》；天皇大帝未受命，天下歌《堂堂》；则天皇后未受命，天下歌《妩媚娘》；应天皇帝未受命，天下歌《英王石州》。顺天皇后未受命，天下歌《桑条韦》，盖天意以为顺天皇后宜为国母，主蚕桑之事。谨上《桑韦歌》十二篇，请编之乐府，皇后祀先蚕则奏之。[4]

---

[1] 《旧唐书》卷 51《韦庶人传》，第 2172 页。

[2] （唐）菩提流志译：《佛说宝雨经》卷 1，第 284 页。

[3] 《旧唐书》卷 7《中宗本纪》，第 146—147 页。

[4] 《资治通鉴》卷 209《唐纪二十五》，第 6619—6621 页。

图18 疑似唐中宗与韦皇后供养经幢。陕西汉唐博物馆藏。上有"大唐皇帝供养""大唐皇后供养"两方款题，并线刻帝后端坐榻上之供养像。

太常卿郑愔对这首歌做了进一步阐释，受到重赏。兵部尚书宗楚客又撺掇补阙赵延禧表陈符命，解《桑条》以为十八代之符，请颁示天下，编诸史册。中宗很高兴，擢赵延禧为谏议大夫。

歌谣与政治宣传之关系贯穿中古时期。《乐书》云："唐自天后末年，《剑器》入《浑脱》，始为犯声之始。《剑器》宫调，《浑脱》角调；以臣犯君，故有犯声。"[1]以当时的音乐理论解释，宫为君，角为臣，角调犯入宫调，则预示着臣犯君。故天后末年《剑器》入《浑脱》，实则是安禄山叛乱的征兆。

国子祭酒叶静能善符禁小术，散骑常侍马秦客颇闲医药，光禄少卿杨均以调膳侍奉，皆出入宫掖，成为韦皇后的心腹。景龙四年（710）六月，中宗皇帝暴崩。根据史书记载，当时是马秦客侍疾，议者归罪于马秦客及安乐公主。韦后非常恐惧，秘不发丧，引心腹势力入禁中，谋自安之策。中宗死后，韦后仍然希望能够临朝称制，但此时出现了李隆基这样的搅局者，她在政变中被乱兵所杀。

---

① （宋）陈旸：《乐书》，文津阁《四库全书》第73册，第463页。

二、想做皇太女的安乐公主

安乐公主是韦后与中宗最小的女儿，生于中宗流放房陵途中的马车上，中宗脱下衣服裹住她，故取小名"裹儿"。史载"帝复位，光艳动天下，侯王柄臣多出其门"[①]。唐前期公主的权力非常大，尤其是中宗时代，多位公主都有自己的公主府。当时中宗"又欲宠树安乐公主，乃制公主开府，置官属。太平公主仪比亲王。长宁、安乐二府不置长史而已。宜城公主等以非后所生，各减太平之半"[②]。史书批评安乐公主府"官属尤滥，皆出屠贩，纳訾售官，降墨敕斜封授之，故号'斜封官'"[③]。

中宗非常宠溺自己的小女儿。她曾自己写好诏书，盖住前面的内容，让父亲签署，中宗便笑着顺从她的要求。安乐公主后来又要求做皇位继承人"皇太女"。当宰相反对时，她骂宰相是山东乡巴佬，还说，阿武子（武则天）都可以当皇帝，自己是天子之女，有何不可。史书载：

（安乐公主）尝作诏，箝其前，请帝署可，帝笑从之。

---

① 《新唐书》卷 83《安乐公主传》，第 3654 页。

② 《旧唐书》卷 51《韦庶人传》，第 2172 页。

③ 《新唐书》卷 83《安乐公主传》，第 3654 页。

又请为皇太女，左仆射魏元忠谏不可，主曰："元忠，山东
木强，乌足论国事？阿武子尚为天子，天子女有不可乎？"①

　　史籍中的安乐公主穷奢极欲——这些记载中不乏政敌污蔑的成
分，也有合理的地方。比如她跟佛教关系密切，资助了非常多的佛
教工程。营造的宅邸和安乐佛庐都效仿皇宫格局，而且工艺更为精
致。安乐公主还曾请以昆明池为私人花园，中宗说："先帝未有以与
人者。"②她不高兴，便自凿定昆池，绵延数里。可谓志气很高，飞扬
跋扈。

　　安乐公主是李、武两家政治连结的重要象征。她的第一任丈夫是
武三思的儿子武崇训。武崇训常教公主欺凌太子李重俊，呼之为奴，
甚至劝公主废李重俊，自立为皇太女。最后李重俊不胜忿恨，仓促发
动政变，杀死武崇训和武三思。安乐公主又改嫁武承嗣的儿子武延
秀。武延秀曾在突厥生活，能说突厥语，唱突厥歌，做胡旋舞，有姿
媚，很得公主喜欢。

　　安乐公主出嫁规格非常之高。她与武延秀结婚当日，坐皇后的车
辂，从皇宫去往武家。中宗和韦皇后登上安福门临观，诏令雍州长史
窦怀贞担任礼会使，弘文学士为傧，相王李旦障车（唐时婚俗，多由
女方亲人拦住新娘车子，索要酒食钱物），捐赐金帛不可胜数。第二
天，中宗大会群臣于太极殿，公主身穿翠服，向天子再拜，南面拜公
卿，公卿皆伏地稽首。武攸暨与太平公主对舞祝中宗皇帝长寿。朝廷
赏赐群臣帛数十万匹。中宗又登上承天门，大赦天下，赏赐百姓聚饮
三天，内外官均赐勋，参与婚礼的礼官都赐官阶、升爵位。安乐公主
又夺取临川长公主的住宅作新房，花费巨大。搬家的时候甚至借了北

① 《新唐书》卷 83《安乐公主传》，第 3654 页。
② 《新唐书》卷 83《安乐公主传》，第 3654 页。

图 19　鸟毛立女屏风画。日本正仓院藏。
《旧唐书》卷 37《五行志》："中
宗女安乐公主有尚方织成毛裙，
合百鸟毛，正看为一色，旁看为
一色，日中为一色，影中为一色，
百鸟之状并见裙中……自安乐公
主作毛裙，百官之家多效之，江
岭奇禽异兽毛羽，采之殆尽。"

衙禁军中的"万骑"军作为仪仗，演奏着内廷音乐送公主回府，中宗亦亲临。武崇训和安乐公主的儿子尚年幼，就拜太常卿，封镐国公，实封户五百。

政治上的权威要靠时间来树立，武周代替李唐长达数十年，武氏的特殊地位已濡染人心。中宗复位后很久，安乐公主府仓曹符凤还对驸马武延秀说："今天下苍生，犹以武氏为念。"①因此李重俊死后，在皇位继承人空缺的情况下，中宗的子女中，安乐公主明显得到了优待。

这一切的美梦终结于景龙四年（710），安乐公主的堂弟李隆基发动政变。当时安乐公主正在揽镜画眉，听到乱兵起，奔走到右延明门，被乱兵追上斩首，死的时候才25岁，"追贬为'悖逆庶人'。睿宗即位，诏以二品礼葬之"②。2008年，安乐公主墓发现于西安市长安区，该墓为长斜坡墓道单室土洞墓，十分简陋，显然并没有按二品礼葬，墓志也十分简单：

> （安乐公主）又欲拥羽林万骑，率左右屯营，内宅之中，潜贮兵甲，期以唐隆元年六月廿三日，先危今上圣躬，并及太平公主。皇太子密闻其计，先难奋发。以其月廿日，挺身鞠旅，众应如归。七庙安宁，群凶殄灭。宫人以其夜死。……铭曰："德不建兮身招耻，葬礼陈兮迈千祀……"③

---

① 《旧唐书》卷183《武延秀传》，第4734页。

② 《新唐书》卷83《安乐公主传》，第3655页。

③ 孟宪实：《〈安乐公主墓志〉初探》，载《纪念西安碑林九百二十周年华诞国际学术研讨会论文集》，北京：文物出版社，2008年，第315—323页。

三、一代才女上官婉儿

上官婉儿是武则天的左膀右臂，她因聪慧善文而得到武则天重用，封为"内舍人"，掌管宫中制诰多年，有"巾帼宰相"之名。武则天下台后，上官婉儿继续掌握权力，得到中宗的信任。在官方史书的描述中，她是个淫荡不堪的女子，幸而其墓志的出土给予了我们一些新的信息，可以比较公正地还原历史上真实的上官婉儿。

上官婉儿生于麟德元年（664），卒于景龙四年（710），活了47岁。据《旧唐书》，上官婉儿的母亲在怀孕时梦到有人送给她一杆大秤，算命先生说："当生贵子，而秉国权衡。"[①]后因生的是女儿，大家都认为算得不准。谁也没想到，后来上官婉儿真的能专秉内政，果如占者之言。张鷟在《朝野佥载》中对上官婉儿评价非常之高，认为她："博涉经史，精研文笔，班婕妤、左嫔无以加。"[②]

麟德元年十二月（665），上官婉儿的祖父上官仪因劝高宗废武后而被诬陷谋逆，下狱处死，其父亲也一同被杀，她与母亲没入掖庭。武则天上台后，上官婉儿因"有文词，明习吏事"[③]，十几岁就成为武则天的助手。但辅佐武则天之路并非一帆风顺，上官婉儿曾违忤旨

---

① 《旧唐书》卷51《上官昭容传》，第2175—2176页。

② （唐）张鷟撰，赵守俨点校：《朝野佥载》，第173页。

③ 《旧唐书》卷51《上官昭容传》，第2175页。

意，罪犯死刑，后因武则天惜其文才而特予赦免，只是处以黥面。后世小说借题发挥，说上官婉儿与武则天争男人，武则天一怒之下刺伤其面，她只好在脸上画梅花掩盖伤痕，所以有了唐代流行的红梅妆。唐人段公路的《北户录》记载：

> 天后每对宰臣，令昭容（上官婉儿）卧于床裙下，记所奏事。一日宰相李对事，昭容窃窥，上觉。退朝，怒甚，取甲刀扎于面上，不许拔。昭容遽为乞拔刀子诗。后为花子，以掩痕也。①

整体来说，武则天和上官婉儿君臣之间合作得很好，尤其是自圣历元年（698）以后，百司表奏，多令上官婉儿参决。此时上官婉儿虽无宰相的头衔，但实行宰相之事。

上官婉儿亦参与了705年的神龙政变，武则天下台后，中宗封上官婉儿为昭容，几乎所有的决策都让她参与。神龙元年至景龙四年（705—710）是上官婉儿的黄金时代，她的权势更盛，在政坛、文坛有着显要地位，从此以昭容兼内舍人的身份掌管内廷与外朝的政令文告。《旧唐书》载：

> 中宗即位，又令专掌制命，深被信任。寻拜为昭容，封其母郑氏为沛国夫人。婉儿既与武三思淫乱，每下制敕，多因事推尊武氏而排抑皇家。②

---

① （唐）段公路纂，（唐）崔龟图注：《北户录》卷3，《丛书集成初编》本第3021册，上海：商务印书馆，1936年，第47页。

② 《旧唐书》卷51《上官昭容传》，第2175页。

上官婉儿推崇武家的做法激起了李家的不满，李重俊政变时也以杀死上官婉儿为目标。最终上官婉儿于唐隆政变中被杀。景云二年（711），睿宗复封昭容，谥号惠文，葬于雍州咸阳县茂道乡洪渎原。但仅在一年之后，李隆基上台，又把她的墓给毁掉了。

2013 年，陕西省考古研究院在西咸新区空港新城发现了一座单室砖券墓。该墓坐北朝南，全长 36.5 米，深 10.1 米，由斜坡墓道、五个天井、五个过洞、四个壁龛、甬道和墓室等部分组成，其中第四、第五天井与第五过洞及甬道被大范围扰动。这种破坏不像是盗墓，更像是官方的毁墓，是对死者的一种羞辱。上官婉儿墓中残存骸骨，经过检测被证实为黄牛的枕骨，而墓主尸体不见踪影，可能被毁，幸而甬道内墓志还在。其墓志盖题"大唐故昭容上官氏铭"，全文共计 982 字，有学者猜测是大文豪张说所写。《大唐故婕妤上官氏墓志铭并序》提供了丰富的信息，填补了一些未见于史籍的空白。

图 20　上官婉儿墓志。墓志显示该墓曾被刻意毁坏。（松松发文物资料君　摄）

据墓志，上官婉儿的祖籍在陇西上邽，也就是今天的甘肃天水，而非史书所记"陕州"①（今河南三门峡）。她的曾祖父上官弘是隋朝的官员，曾经参加过隋朝征服南朝的战役。祖父上官仪是唐高宗晋王府的旧僚，父亲上官庭芝为中宗李显周王府旧僚，上官仪倒台后，上官庭芝被流放，死在外地，连尸首都没找到。上官婉儿与其母没入掖庭后，因受到武则天的赏识，十三岁被封为才人。虽然"才人"可能是为她摆脱奴婢的身份所封，但在理论上她还是李治的妃嫔，后来又做了中宗的妃子，这种经历其实跟武则天很相似。

神龙政变后，上官婉儿受到中宗的倚重，被封为昭容。墓志表明上官婉儿并非与韦后为一党，有意打压李家，而是坚决反对安乐公主成为皇太女。她先"泣血极谏"跟中宗讲道理，继而请辞，再请落发出家，都不成。最后她采取了一种比较极端的办法，"请饮鸩而死"——上官婉儿真的喝了毒药，中宗"惜其才用，慜以坚贞，广求入腠之医"，才将她救回来。正是因为上官婉儿的坚决反对，中宗没有立安乐公主为皇太女。这些都为正史所不载。

唐隆政变中，上官婉儿以为自己已经上岸了。当李隆基带着军队杀进皇宫的时候，她还领着宫人迎接，拿了跟太平公主共同拟定的中宗遗诏，让李隆基的亲信刘幽求去说情。但李隆基明明知道上官婉儿与太平公主早有约定，还是抓紧将上官婉儿斩于旗下，以免其将来为太平公主所用。

上官婉儿的死是太平公主的巨大损失。太平公主对上官婉儿非常倚重，在她死后非常伤心，墓志记载"太平公主哀伤，赙赠绢五百匹，遣使吊祭，词旨绸缪"②，给她安排了隆重的葬礼。713年，李隆基

① 《旧唐书》卷 80《上官仪传》，第 2743 页。

② 李明、耿庆刚：《〈唐昭容上官氏墓志〉笺释——兼谈唐昭容上官氏墓相关问题》，《考古与文物》2013 年第 6 期，第 86—87 页。

发动先天政变，铲除太平公主，又派人毁了上官婉儿的墓。

墓志结合史籍再判断，太平公主才是上官婉儿的幕后老板。上官婉儿与太平公主的关系，是其遭到官方毁墓的原因所在。中宗死后，两人共同拟定的遗诏中原有温王李重茂即位后，由相王李旦辅政的内容——这是上官婉儿受太平公主指示所拟定。在宰相讨论时，韦皇后集团删掉了这些条文。

开元初年，李隆基派人将上官婉儿的诗作收集起来，编成文集二十卷，令张说作序。但据张说所撰《唐昭容上官氏文集序》，结合墓志内容推测，应该是太平公主上表请求编集文集。《唐昭容上官氏文集序》云：

> 镇国太平公主，道高帝妹，才重天人，昔尝共游东壁，同宴北渚，倏来忽往，物在人亡。悯雕管之残言，悲素扇之空曲。上闻天子，求椒掖之故事；有命史臣，叙兰台之新集。[1]

根据张说的描述，太平公主和上官婉儿关系非常融洽，"共游东壁，同宴北渚"，平时往来很多，有深厚的私人情谊。

正史中记载上官婉儿与武三思私通，又通于吏部侍郎崔湜（671—713）。前者捕风捉影，后者确有其事，也很可能是上官婉儿的真爱。崔湜是太平公主的心腹，上官婉儿对他的仕途帮助很大。《旧唐书》记载："崔湜尝充使开商山新路，功未半而中宗崩，婉儿草遗制，曲叙其功而加褒赏。"[2] 崔湜出身博陵崔氏，进士及第，文采飞扬，又是唐前期大臣崔仁师之孙，可以说是风华绝代的才子。

---

[1] 《全唐文》卷 225《唐昭容上官氏文集序》，第 2275 页。

[2] 《旧唐书》卷 51《上官昭容传》，第 2175 页。

崔湜当宰相的时候，只有三十八岁。某日黄昏他骑马出端门，下天津桥，在马上赋诗曰："春还上林苑，花满洛阳城。"大文豪张说见之叹曰："文与位固可致，其年不可及也。"[1] 意思是说，崔湜的才华和官位，我一定可以达到，但是年龄这么小就达到是做不到了。唐隆政变后，崔湜担任同中书门下三品，进位中书令。李隆基多次亲临其宅第，企图拉拢他，恩意甚密。但是崔湜始终忠于太平公主。他的门客陈振鹭献《海鸥赋》规劝他投靠李隆基，崔湜不听。等到李隆基再次发动针对太平公主集团的政变时，仍把崔湜作为心腹拉拢。他的弟弟崔涤劝他，要对李隆基知无不言，但崔湜仍然拒绝。

先天二年（713），李隆基发动政变，太平公主被杀，崔湜坐罪流放岭南。太平公主的另一个心腹新兴王李晋被判处死刑，临刑前感叹，这一切都是崔湜的谋划，结果现在我死了而崔湜还活着，太冤枉了。后来更加惊人的内幕被揭露——崔湜曾勾结宫女元氏给李隆基下毒。李隆基派人追上流放路上的崔湜，在驿站将其缢杀。

政治人物的立场并非一成不变。司马光的《资治通鉴》分析：

> 初，上官昭容引其从母之子王昱为左拾遗，昱说昭容母郑氏曰："武氏，天之所废，不可兴也。今婕好附于三思，此灭族之道也，愿姨思之！"郑氏以戒昭容，昭容弗听。及太子重俊起兵讨三思，索昭容，昭容始惧，思昱言；自是心附帝室，与安乐公主各树朋党。及中宗崩，昭容草遗制立温王，以相王辅政；宗、韦改之。及隆基入宫，昭容执烛帅宫人迎之，以制草示刘幽求。幽求为之言，隆基不许，斩于旗下。[2]

---

[1] 《新唐书》卷 99《崔湜传》，第 3922 页。

[2] 《资治通鉴》卷 209《唐纪二十五》，第 6646 页。

可以说，以707年为分界，上官婉儿的立场发生了显著变化。一开始她依附于武、韦两大家族，然而险些命丧李重俊政变（707）的经历，使她开始有所动摇，思考她侄子所劝说的"武氏不可兴"之语。之后便暗暗转换立场，支持相王与太平公主。

上官婉儿酷爱藏书，曾藏书万余卷，均以香薰之。百年之后，其书流落民间，依然芳香扑鼻且无虫蛀。吕温《上官昭容书楼歌》曰："君不见洛阳南市卖书肆，有人买得《研神记》，纸上香多蠹不成，昭容题处犹分明，令人惆怅难为情。"①

《全唐诗》收其遗诗三十二首。其中有一首《彩书怨》曰："叶下洞庭初，思君万里余。露浓香被冷，月落锦屏虚。欲奏江南曲，贪封蓟北书。书中无别意，惟怅久离居。"②是一首诉女子相思之苦的情诗，足见其才情。

---

① 《全唐诗》卷371《上官昭容书楼歌》，第4172页。

② 《全唐诗》卷5《彩书怨》，第61页。

四、权倾朝野的太平公主

太平公主是高宗皇帝最小的女儿，也是武则天唯一的女儿，所以受到特别的恩宠。《旧唐书·太平公主传》记载：

> 公主丰硕，方额广颐，多权略，则天以为类己，每预谋议，宫禁严峻，事不令泄。公主亦畏惧自检，但崇饰邸第。[1]

太平公主方额宽面，长相比较有威严，而且很聪明有谋略，武则天认为她很像自己，很早就让她参与政事。太平公主从小就展现出非常高的政治素质，几乎没有泄露过宫廷的秘密，这不是一件容易的事。武则天时期的太平公主虽然已经开始参与政治运作，但非常低调，只是喜欢装修房子和做生意。当时"二十余年，天下独有太平一公主，父为帝，母为后，夫为亲王，子为郡王，贵盛无比"[2]，太平公主尊贵无比，政治待遇也是超规格。当时一般公主出嫁后食实封三百户，亲王八百户，重要的亲王可达一千户，而太平公主达到一千二百户，圣历初加至三千户，可以看出高宗与武则天对她的特别宠爱。

---

① 《旧唐书》卷 183《太平公主传》，第 4738 页。

② 《旧唐书》卷 183《太平公主传》，第 4738 页。

武则天时期，太平公主曾参与铲除薛怀义。《旧唐书·薛怀义传》说武则天"令太平公主择膂力妇人数十，密防虑之。人有发其阴谋者，太平公主乳母张夫人令壮士缚而缢杀之，以辇车载尸送白马寺"[1]。《新唐书》则曰："（武则天）密诏太平公主择健妇缚之殿中，命建昌王武攸宁、将作大匠宗晋卿率壮士击杀之，以畚车载尸还白马寺。"[2]

太平公主的婚姻难免政治化。正如恩格斯所说，婚姻是一种政治行为。太平公主没有结婚之前曾短期当过女道士。当时唐与吐蕃议和，吐蕃提出迎娶太平公主，但高宗与武则天都不愿意，就让太平公主短暂地出家当了女道士。681年，太平公主嫁给了薛绍（660—689）。薛绍是河东汾阴人，父薛瓘，母为太宗和长孙皇后的女儿城阳公主——高宗李治同父同母的妹妹。从亲戚关系上说，薛绍是太平公主的亲表哥。二人的婚礼非常隆重，照明的火把甚至烤焦了沿途的树木，为了让宽大的婚车通过，甚至不得不拆除了万年县馆的围墙。

然而，薛家从一开始就对这场婚礼非常担心。《册府元龟》记载：

> 薛克构为户部郎中。族子绍，城阳公主子也，尚太平公主。绍之将婚也，兄颢以公主宠盛，深忧之，以问克构。克构曰："帝甥尚主，由来故事。若以恭慎行之，亦何惧也！然室有傲妇，善士所恶。故鄙谚曰：'娶妇得公主，平地买官府。'远则平阳、盖主，妖孽致败；近则新城、晋安，为时所诫。吾闻新城以病而卒，夫子受其戮辱。晋安之丑迹上闻，有敕推案其事，汴州司法李思祯、有司御独孤元康等，以秽污之状同时流配、杖决者十有一人。帷簿彰露有如此

① 《旧唐书》卷 183《薛怀义传》，第 4743 页。

② 《新唐书》卷 76《则天武皇后传》，第 3483 页。

者，非夫天资淑德，以配君子，欲求无患者难矣哉！"颐虽
大惧，而竟不敢言。①

薛绍的哥哥薛顗因忧心公主过于尊贵会给家族带来灾难，专门去问族
人薛克构。薛克构举了几个例子说明迎娶公主的下场，所谓"娶妇得
公主，平地买官府"。新城公主是高宗胞妹，显庆四年（659）因公公
长孙无忌倒台，丈夫长孙诠被流放嶲州，不久被杀，而改嫁韦正矩；
龙朔三年（663）三月，病逝于长安县通轨坊南园，时年三十，以皇
后之礼陪葬于昭陵。高宗认为自己的妹妹死的时候过于年轻，要追究
驸马韦正矩的责任，最后韦正矩以失礼于公主被杀，全家受到牵连。
晋安公主先嫁给了京兆韦氏子弟韦思安（担任过岚州刺史），出轨多
人，有敕推案其事，涉及的人有李思祯、独孤元康等，十一人因此被
流配、杖决。皇帝只好令晋安公主和韦思安离婚，再嫁给杨仁辂。

　　薛绍与太平公主一起生活了七年，而薛家的结局亦不美满，不过
他们的悲惨遭遇跟太平公主没有关系，反而是薛顗引发的。垂拱四年
（688），薛绍因长兄薛顗参与唐宗室李冲的谋反受到牵连，被杖一百，
饿死于洛阳狱中。神龙二年（706）正月，唐中宗为薛绍平反，恢复
官爵并令所司以礼改葬，由其长子薛崇胤和次子薛崇简（？—724）
主持。

　　2019年，陕西省考古研究院在西咸新区空港新城发现了薛绍墓。
空港新城是唐代的"雍州咸阳县"，也是北朝晚期至隋唐时代长安附
近最重要的、等级最高的贵族墓葬区。薛绍墓的甬道和墓室均已完全
毁坏，仅余部分砖铺地和石棺床。大概率是李隆基报复太平公主所
为。薛绍墓志由当时专门为朝廷撰写重要文章的崔融执笔，可谓隆

---

① （宋）王钦若等编，周勋初等校订：《册府元龟》卷788《总录部·智识》，第
9145页。

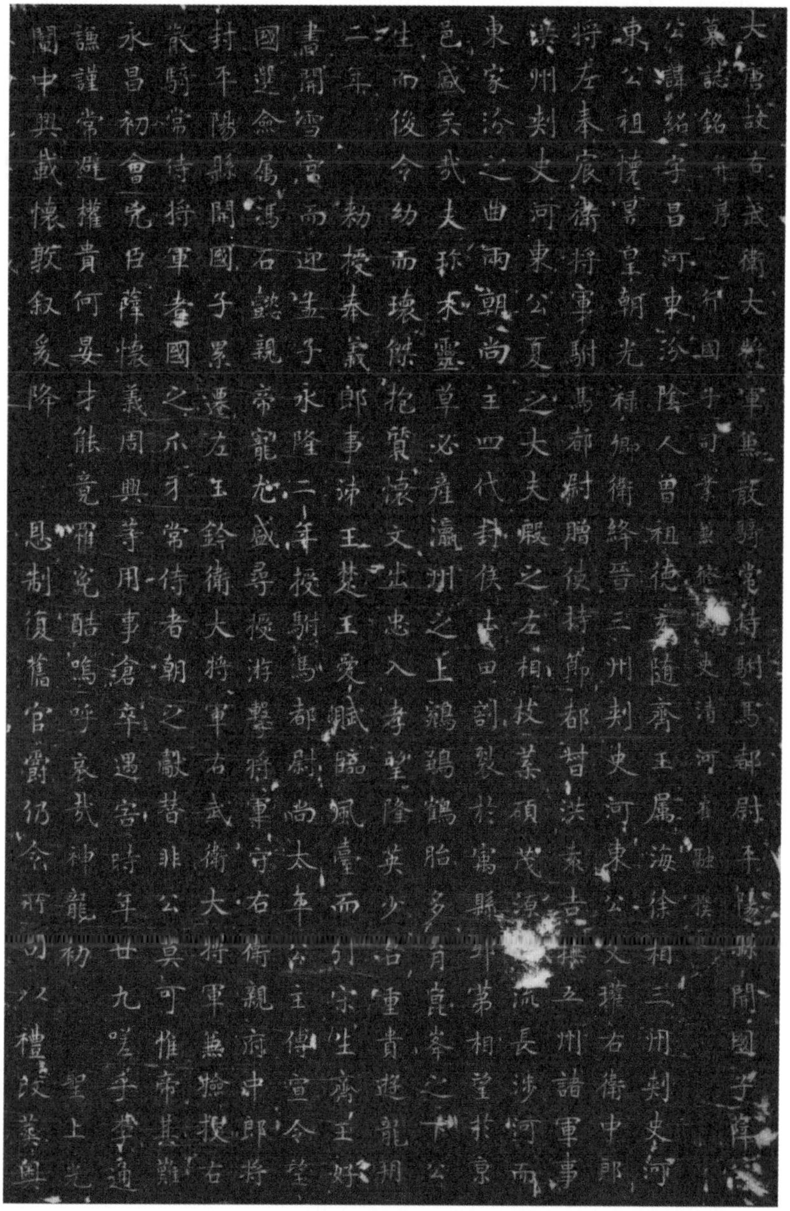

图 21　薛绍墓志。薛绍墓是一座带有四个天井和前后砖券墓室的大型唐代墓葬，出土
　　　墓志表明，薛绍下葬于神龙二年正月。（本图源自熊双平：《薛绍墓志初考》，
　　　载于《中国书法》，2022 年第 9 期，第 168 页）

重。其中有"何彼秾矣，花如桃李"一句，让我们对他和太平公主的爱情有所了解。

薛绍的儿子薛崇简在唐隆政变中和李隆基是同盟，当时韦后一党谋划除掉相王李旦及太平公主，"隆基乃与太平公主及公主子卫尉卿薛崇暕、苑总监赣人钟绍京、尚衣奏御王崇晔、前朝邑尉刘幽求、利仁府折冲麻嗣宗谋先事诛之"[1]。薛崇简以功封立节郡王，食邑三千户，加上柱国。正史记载薛崇简还多次劝说太平公主不要与李隆基为敌。太平公主倒台后，唐玄宗不仅没杀薛崇简，还恢复了薛崇简的官爵，赐其李姓，把薛崇简当作李氏宗亲来对待。很可惜，真实的情况并不是这样。《大唐故袁州别驾薛府君墓志铭并序》显示，在太平公主倒台后，薛崇简随即被送出长安，出为蒲州（今山西永济）别驾，后又安置于溪州（今湖南龙山）数年。谪居期间，其妻方城县主武氏（梁王武三思女）于开元十二年（724）病逝于溪州；妻亡后不久，薛崇简担任袁州别驾，于开元十二年九月二十三日病逝于袁州官舍。开元十四年（726），葬于黄山之原[2]。

薛绍死后，太平公主本来要再嫁给武承嗣，但是不巧，武承嗣因病取消了婚约。此事颇为蹊跷，总之不知出于什么原因，武家继承人武承嗣与地位崇高的太平公主的联姻被取消。载初元年（690），太平公主改嫁给了武攸暨。太平公主出嫁前，武则天杀死了武攸暨原来的妻子。史书记载的是"则天私杀攸暨之妻以配主"[3]。武攸暨延和元年（712）去世，两人一起生活了22年。中宗生日时，由他们夫妇两人合舞祝寿，大概两人关系不错。两人一共生育了二男一女。两个儿子

---

① 《资治通鉴》卷 209《唐纪二十五》，第 6644 页。

② 参看吴钢主编：《全唐文补遗》（第五辑），《薛崇简墓志》，西安：三秦出版社，1998 年，第 345—346 页。

③ 《旧唐书》卷 183《太平公主传》，第 4738 页。

分别叫武崇敏、武崇行（跟薛崇简、薛崇胤都是崇字辈）。史料记载，"攸暨沈谨和厚，于时无忤，专自奉养而已"[1]，是一个谨慎宽厚、没有野心的人，然而死后也因为太平公主被毁墓。

神龙元年（705），太平公主因参与剪除张易之有功，进号"镇国太平公主"，享有实封共五千户，赏赐不可胜数。神龙二年正月，置公主府。景龙二年（710），公主的儿子薛崇简、武崇敏、武崇行同时拜授三品，与薛崇胤（太平公主长子）同制。自此太平公主的四个儿子都被授予三品以上官职，权势熏天。史载"时中宗仁善，韦后、上官昭容用事禁中，皆以为智谋不及公主，甚惮之。公主日益豪横，进达朝士，多至大官，词人后进造其门者，或有贫窘，则遗之金帛，士亦翕然称之"[2]。太平公主资助了很多士人，获得了很多政治上的支持。当时人王琚云："太平公主，武后之子，凶猾无比，大臣多为之用。"[3]李隆基以之为患，最后在先天政变中侥幸获胜，太平公主从此退出政治舞台。

---

① 《新唐书》卷 206《武攸暨传》，第 5843 页。

② 《旧唐书》卷 183《太平公主传》，第 4739 页。

③ 《资治通鉴》卷 210《唐纪二十六》，第 6676 页。

多说一点

墓葬能告诉我们什么新的信息?

历史记忆非常脆弱,传世文献保存的信息只是吉光片羽。就政治史而言,大量的秘密都被政治人物带进了坟墓。比如 2019 年发现的薛绍墓,让我们知道在他死后,他的墓葬被毁,甬道和墓室已完全毁坏,仅余部分砖铺地和石棺床。这是李隆基报复姑姑太平公主所为。

再比如比丘尼惠灯墓志的发现,向我们展示了太平公主的家庭关系。比丘尼惠灯俗姓武,其父名为三朗,很可能与武三思同辈。其墓志记载:

> 以开元十九年正月十日,忽告其妹曰:"吾衰久矣,尽期将至。"澡浴焚香,坐而便化。于时春秋八十有二。冥变逾月,爪发更长,面色如生。凡瞻礼者,莫不嗟异焉。于是右金吾将军崔瑶及妻永和县主武氏,伤梵宇之摧构,痛津梁之永绝。遂于龙门西岩,造龛安置。①

此右金吾将军崔瑶之妻永和县主武氏即太平公主与武攸暨第二女。她愿意在惠灯圆寂后,为其在龙门建造佛龛,或可说明二人具有亲缘关

---

① 陈尚君辑校:《全唐文补编》卷 3《武崇正》,北京:中华书局,2005 年,第 2268 页。

系。惠灯墓志的作者武崇正身份不详，有学者认为他或许是太平公主的第五子。史籍中只记载太平公主有四子：与薛绍所生的薛崇胤、薛崇简；与武攸暨所生的武崇敏、武崇行，并未有任何有关第五子的记载。但唐朝诗人宋之问撰有《为太平公主五郎病愈设斋叹佛文》。该文作于神龙政变之后，彼时中宗复辟，太平公主失势，而墓志开篇即言"愤隐居"，或许五郎因母亲夺权失败而选择避世，也因此史书不曾记载这第五子。若太平公主第五子正是武崇正，那么墓志中称惠灯"家代门师，幼瞻仪范"，可知其与太平公主的关系也不一般，算是家师，也可与此前永和县主为之建龛呼应①。

---

① 关于惠灯墓志及太平公主第五子的分析，详参贾晓贝：《武则天时期比丘尼之生存状态——以惠灯墓志为例》，《唐都学刊》第 5 期，2021 年 9 月，第 35—41 页。

第五章　连续不断的政变和李隆基的登场

从 705 年神龙政变，到 713 年先天政变，唐朝中央政局陷入了长达八年的动荡之中。武则天下台后留下的政治真空，激发了各方政治人物的野心。唐朝向何处去，由谁来执掌政权，在缺乏权威的情况下，政局呈现出混沌的状态。弱势君主中宗虽然依靠外戚韦氏和武家遗留势力的支持暂时执政，但其亲武、韦的政治态度与中宗之弟相王李旦截然不同，也不能得到大多数体制内官僚贵族的支持。中宗集团内部也矛盾重重，直到李隆基击败太平公主，迫使睿宗退位，才让政治秩序稳固下来。武则天下台后引发的长达八年的政治动乱，以一个旁支亲王登基为帝而结束。自此，唐朝开启了开元盛世。

一、李重俊政变与武三思之死

永淳元年（682）春，高宗就立中宗和韦后唯一的儿子李重润为皇太孙，等于隔代指定了继承人。虽然后来武则天把中宗一家流放房州，但是中宗被召回后李重润也重新获得了邵王的爵位。作为中宗的继承人，不出意外他就是大唐将来的皇帝。李重润和妹夫魏王武延基关系甚好，一个是李家的继承人，一个是武家的继承人，这种联盟可以说无可匹敌。但是大足元年（701）九月，李重润及李仙蕙、武延基夫妇突遭张易之兄弟诬陷，说他们私底下议论武则天的私生活。武则天将此事交由中宗（当时的皇太子）处理，中宗为了显示无私，将亲生儿子李重润杀死。武延基夫妇也因此遇害，爵位改由其弟武延义承袭。李重润丰神俊朗，早以孝友知名，既死于非罪，大为当时人们所悼惜。如果李重润不死，中宗和韦后的权力传承就不会有障碍。很可能就不会有李隆基的机会了。

张易之兄弟害死李家和武家继承人，将自己置于死地，成为各方政治势力仇恨的对象。他们兵行险着的原因只可能是此举成功将带来更大的利益——至少在他们看来是如此。李重润是最有资格继承皇位的人，如果他被诛杀，中宗的次子李重福按顺序将成为继承人，而李重福的妻子正是张易之的外甥女。李重润死后，李重福成为最大的受益者，连带着张易之兄弟也可以获得持续的政治安全。但是令他们始料未及的神龙政变彻底击碎了这个计划。张易之兄弟被斩杀后，李重福亦不再得到庇护，被韦后诬陷参与了张易之兄弟构陷李重润一事，政变后不久就被赶出中央，贬任濮州员外刺史，不久改任均州刺史，太子之位落到了李重俊身上。

韦后似乎一直不甘心把苦心得来的江山送给别的女人生的孩子。政变后她亲生的孩子只有长宁公主和安乐公主，而安乐公主的丈夫正是武三思之子武崇训。安乐公主公开要求继承皇位，取代李重俊做皇太女，并非任性之举，其实背后暗藏着李、韦、武三家的身影。崔泰之是高宗名相崔知温的儿子、太子李重俊的心腹，在其没当皇太子时就担任卫王府长史。其墓志记载："乃与羽林将军桓彦范等，共图匡复。中兴之际，公有力焉。中宗嘉之，拜太仆少卿……兼卫王长史。"① 崔泰之屡屡遭到武三思排挤，被赶出京城担任洺州刺史，又被降职为资州司马。种种情形都让李重俊认为自己危在旦夕，强烈的不安感让他产生应激反应，发动政变。

706年，发生了驸马都尉王同皎刺杀武三思事件。王同皎是中宗的女婿，妻子是定安公主，但不是韦后的亲生女儿。他的地位有点像李重俊，都是韦后不待见的。根据王同皎的墓志，他痛恨武三思，"阴赂死士，誓将屠之"②，但是事情败露被杀。王同皎很有侠气，武则天时期刺杀张易之，中宗时刺杀武三思，都是想用简单粗暴消灭对方首脑的办法达成政治目的。他死后定安公主又改嫁了两次，最后嫁给了崔铣。定安公主和王同皎的儿子叫王繇，娶了唐玄宗李隆基的大女儿。开元二十一年（733）定安公主去世后，面临一个难题，是跟王同皎合葬，还是跟崔铣合葬。王繇争取父母合葬，唐玄宗同意了，而公主的现任丈夫崔铣不同意，双方互不让步。给事中夏侯铦说："主义绝王庙，恩成崔室，逝者有知，同皎将拒

---

① 《崔泰之墓志》，吴钢主编：《全唐文补遗》第 1 辑，第 107 页。

② 于志刚：《新见〈唐王同皎墓志〉考释》，第 300 页。

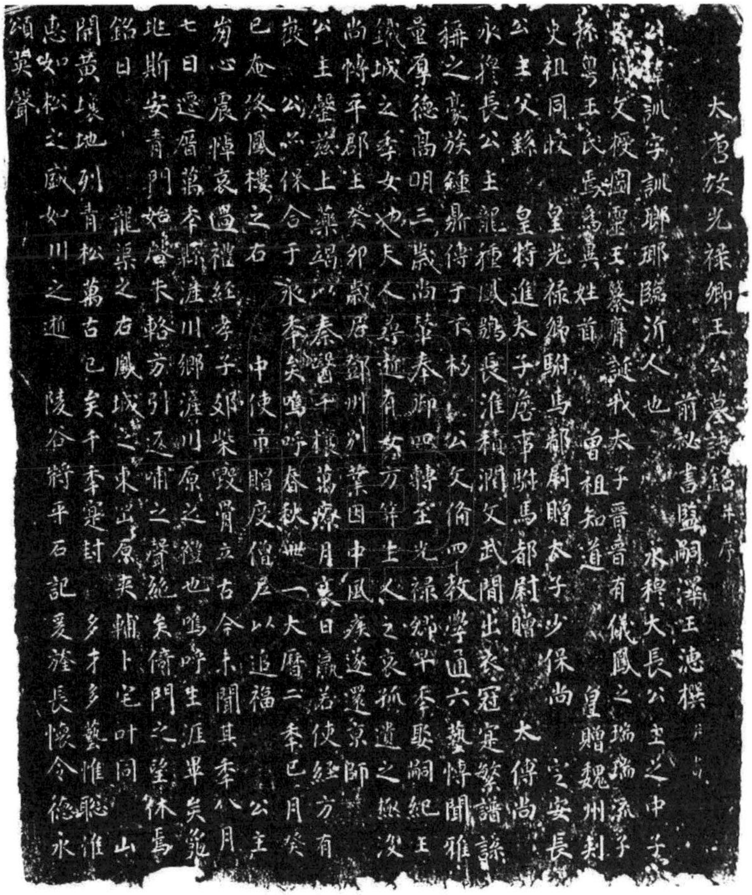

图 22　王同皎墓志拓片。（本图源自赵文成、赵君平编：《秦晋豫新出墓志蒐佚续编》，北京：国家图书馆出版社，2015年，第499页）

诸泉。"① 崔铣将此语告诉了玄宗，事情才得以了结。夏侯铦因此获罪，被贬为泸州都督。

神龙三年（707）秋七月辛丑，太子李重俊与左羽林大将军李多祚、将军李思冲、李承况、独孤祎之、沙吒忠义等，矫制发羽林千骑兵三百余人，杀武三思、武崇训并亲党十余人于其府邸。又使左金吾大将军成王李千里及其子天水王李禧分兵守宫城诸门，太子与李多祚

① 《新唐书》卷83《诸帝公主传》，第3653页。

引兵自肃章门斩关而入，叩阁索上官婉儿。婉儿大言曰："观其意欲
先索婉儿，次索皇后，次及大家（皇帝）。"中宗和韦后、安乐公主、
上官婉儿登玄武门楼以避兵锋，使右羽林大将军刘景仁帅飞骑百余人
屯于楼下以护卫。杨再思、苏瑰、李峤与兵部尚书宗楚客、左卫将军
纪处讷带领两千余名士兵屯驻在太极殿前，闭门自守。李多祚先赶到
玄武楼下，想攻上城楼，被中宗宿卫挡住。李多祚与太子李重俊按兵
不战，还寄希望于跟中宗皇帝沟通。此时宫闱令杨思勖在中宗旁边，
向中宗请命出击。李多祚的女婿羽林中郎将野呼利为前锋总管，杨思
勖一刀将其斩杀，李多祚军顿时军心大乱。中宗站在城楼，向叛军喊
话："你们可都是我的护卫啊，为什么要跟随李多祚造反呢？如果有
人能斩杀反叛者，我必保他荣华富贵。"于是千骑哗变，斩杀了李多
祚等叛军将领，余众纷纷溃逃。成王李千里、天水王李禧正进攻右延
明门，正遇上守门的宗楚客、纪处讷，最终不克而死。太子带百骑逃

图 23　节愍太子李重俊墓仕女壁画。

往终南山，跑到鄠县西部时手下只剩下了几个人，后在林中小憩时被左右杀害。中宗将李重俊的首级放进太庙祭奠武三思、武崇训的灵枢，然后将其挂在朝堂上示众。又把成王李千里的姓改成蝮氏，同党皆被杀。

很多参与李重俊政变的是唐军的名将，比如李多祚和百济移民沙吒忠义，两人长期在唐朝军队担任重要职务，频繁参与对外作战。成王父子是硕果仅存的李唐宗室，吴王李恪的后代。李承况是高祖儿子李灵龟的孙子，也是宗室。

唐代前期宫廷政变能否成功，必须具备两个条件，第一是击杀竞争对手，第二是挟持皇帝，几乎缺一不可。而要击杀对手、挟持皇帝，必须得到北门禁军的支持。李重俊政变最大的失误是在已经得到禁军支持的情况下，不去挟持皇帝，居然为了泄愤先到宫外杀武三思。政变期间局势瞬息万变，此举如此耽搁时间，等到中宗脱逃，振臂一呼，李重俊的军队瞬间瓦解。李隆基政变时就未有这种失误，他首先就控制住了他的父亲睿宗。

李重俊政变背后似乎还有相王和太平公主的影子。政变后韦后集团企图将相王和太平公主一网打尽，但是没有得逞。《旧唐书》卷九二《萧至忠传》云：

> 节愍太子诛武三思后，有三思党与宗楚客、纪处讷令侍御史冉祖雍奏言：“安国相王及镇国太平公主亦与太子连谋举兵，请收付制狱。”中宗召至忠令按其事，至忠泣而奏曰：“……往者则天皇后欲令相王为太子，王累日不食，请迎陛下。固让之诚，天下传说，足明冉祖雍等所奏，咸是构虚。”帝深纳其言而止。[1]

---

① 《旧唐书》卷 92 《萧至忠传》，第 2968—2969 页。

萧至忠的父亲萧安节是相王府兵曹参军。相王即位，萧至忠被拔擢为宰相。右补阙吴兢也劝告中宗："相王同气至亲，六合无贰，而贼臣日夜连谋，乃欲陷之极法；祸乱之根，将由此始。……自古委信异姓，猜忌骨肉，以覆国亡家者，几何人矣！"①吴兢这番话的隐含意思是：相王势力根深蒂固，如果鱼死网破，鹿死谁手还未可知，中宗也只能缓和关系。

尽管中宗没敢对相王和太平公主下手，但是双方的关系已经日趋紧张。贵族、大臣纷纷选边站队。经历了李重俊政变的冲击，原先追随武韦势力的上官婉儿投向相王和太平公主。她力阻中宗和韦后立安乐公主为皇太女的做法，并在中宗死后，草拟遗诏时写进了相王辅政的内容，为相王上台奠定了合法性基础。但是由于她投靠的主要是太平公主，所以在稍后相王之子李隆基主导的宫廷政变中，依然被杀。

此次政变后，三朝元老魏元忠退出了政治舞台。武周时期魏元忠以忠耿著称，此时却没有了锐气。当时人张鹭议论："妻子具则孝衰，爵禄厚则忠衰。"②意思是当一个人什么都有了的时候，反而顾忌这个顾忌那个，没有了锐气。安乐公主请求废除节愍太子立自己为皇太女时，中宗问魏元忠的意见，魏元忠坚持认为不可以。魏元忠非常讨厌武三思专权用事，因此他也秘密参与了李重俊诛杀武三思一事。李重俊杀掉武三思后，又率兵来到宫中，请求废韦后为庶人，在永安门遇到了魏元忠的儿子魏昇，强迫他跟随自己。李重俊兵至玄武楼下，李多祚等犹豫不战，魏元忠又首鼠两端，最后其子魏昇被乱兵所杀。武三思集团的兵部尚书宗楚客与侍中纪处讷等举证魏元忠父子平日就与节愍太子同谋构逆，中宗将其贬为渠州（今四川渠县一带）员外司

---

① 《资治通鉴》卷 208《唐纪二十四》，第 6614 页。

② 张鹭撰，赵守俨点校：《朝野佥载》，第 174 页。

马。魏元忠走到涪陵就去世了，享年七十余。

李重俊政变也推动了宦官的崛起。玄宗时期的大宦官杨思勖（约659—740）就是因为参与挫败太子李重俊的政变而被拔擢为银青光禄大夫、行内常侍。

另一位受到政变冲击的是李隆基，时年二十二岁的临淄王被赶出长安。李重俊的太子妃杨氏是李隆基之妾杨良媛的姐姐，此杨良媛即唐肃宗生母。与李重俊的连襟关系使得李隆基在政治上比较尴尬，不管他是否参与政变，都会引发猜忌。从 707 年到 710 年，李隆基被赶出京城，担任潞州（今山西长治）别驾。这是一个没有实际职务的官职，而李隆基借机在地方上收罗了一批亡命之徒，这些人也在之后的政变中发挥了重要作用。

二、临淄王李隆基登场

李隆基于垂拱元年（685）出生，宝应元年（762）去世，在位四十五年，是唐朝在位最久的皇帝。李隆基排行老三，人称李三郎。按照他的生日八月初五日换算，应为处女座。据史书记载，其生性英明果断、多才多艺、刻薄寡恩、睚眦必报，确实有一些处女座的特征。长寿二年（693），其母窦德妃因被武则天的婢女团儿诬告行厌咒之术而被杀，八岁的李隆基转由姨妈抚养照顾。

因李隆基后来当了皇帝，有一些小时候的逸闻趣事被记载下来。比如他在宫中有个外号叫"阿瞒"——不知是否因其少年老成或行为诡诈，故而被人以曹操命名。他七岁时就敢呵斥金吾将军武懿宗："吾家朝堂，干汝何事？敢迫吾骑从！"^①据说奶奶武则天很喜欢他。

李隆基一开始在中央担任一些中级职务，比如右卫郎将、卫尉少卿等，后因李重俊政变，被安置到潞州做别驾。卫尉少卿品级是从四品上，潞州别驾不过是从四品下的中级官员，他明显是受到政变牵连被贬官了。不知道李隆基离开长安时的心情怎么样，不过对他来说，这应该算不得什么挫折，毕竟他在这二十二年中已经见惯了波谲云诡的政局。他的父亲相王李旦曾经是皇帝，他曾经是亲王；现在他的父亲是亲王，而他不过是一个旁支郡王。在皇位继承序列里，排在他前

---

① 《旧唐书》卷8《玄宗本纪》上，第165页。

面的人还有很多。

虽然当时人恐怕都看不出李隆基有真龙之相，但是中古时期特有的政治文化，让李隆基对自己充满了期许，并愿意为此一搏。武则天之前在洛阳铸造九鼎，其中最大的是永昌鼎。根据姚崇的记载，永昌鼎也是唯一由武则天亲自书写铭文的大鼎，其铭曰："羲农首出，轩昊膺期。唐虞继踵，汤禹乘时。天下光宅，海内雍熙。上玄降鉴，方建隆基。"[1]因为武则天铭文中提到"隆基"，很多人（包括姚崇）都认为这是李隆基能够当上皇帝的重要祥瑞。武周后期时李隆基住在隆庆坊，因而中宗死后韦后改元唐隆，也被认为是在暗示李隆基将称帝。大概李隆基也因此默默地自认为有天命，于是唐隆元年（710）六月，"上益自负，乃与太平公主谋之"[2]，发动了政变。

李隆基在潞州时，也出现了大量祥瑞，至少十九种，《新唐书·艺文志》载有《上党十九瑞应图》。《旧唐书》亦记载："州境有黄龙白日升天。尝出畋，有紫云在其上，后从者望而得之。前后符瑞凡一十九事。"[3]这些祥瑞大多数是李隆基登上皇位后渲染的，为了证明自己受命于天，当皇帝理所当然。开元十一年（723）正月，李隆基再次来到潞州，侍驾而来的有张说、张九龄等名臣。初九进入潞州后，宴请父老，改当年故居为"飞龙宫"，命张说写《上党旧宫述圣颂》，勒石树碑，又令张九龄写《圣应图赞》，并且免除了潞州五年租税。开元十三年（725），李隆基泰山封禅回程中又绕道潞州；开元二十年（732）再次临幸潞州。潞州作为其龙潜之地被格外重视，玄宗自己写有《早登太行山中言志》《巡省途次上党旧宫赋并序》《赐崔日知往潞州》等诗文。

---

[1] 《唐会要》卷11《明堂制度》，第280页。

[2] 《旧唐书》卷8《玄宗本纪》上，第166页。

[3] 《旧唐书》卷8《玄宗本纪》上，第166页。

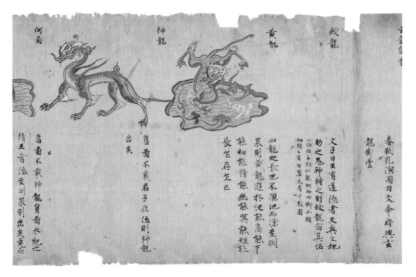

图24　敦煌 P.2683《瑞应图》描绘的黄龙。因为李唐以土德自命，黄龙出现被视为大瑞，政治宣传中多有黄龙出现，比如玄宗上台之前即以黄龙为自己的符瑞。在他担任潞州别驾时期，"州境有黄龙白日升天"。玄宗开元七年（719）享太庙乐章第十六首中《皇帝酌醴齐用文舞》一章就有对此的歌颂，所谓"黄龙蜿蟺，彩云蹁跹。五行气顺，八佾风宣。介此百禄，于皇万年"。

身为潞州别驾的李隆基也没什么事可做，于是到处游玩，结交朋友。比如铜鞮（今山西沁县）令张晔，家庭比较富裕，喜欢宴客、射猎。张晔为李隆基的英姿倾倒，便忠心侍奉左右，每日陪伴他四处游玩。又比如王毛仲，本是高句丽人，虽出身奴仆，但生性聪慧。李隆基被封为临淄王时，就常在一边服侍。李隆基在潞州又招纳了李宜德。李宜德身手矫健，擅长骑射，在别人家中做苍头（奴隶），李隆基就用五万贯钱买下了他。景龙三年（709）冬，李隆基终于有机会回长安，王毛仲、李宜德两人拿着弓箭随行左右。

李隆基返回长安之前，让术士韩礼为他占卜，结果有一根蓍草立了起来。韩礼惊曰："蓍立，奇瑞非常也，不可言。"[1] 到了首都，李隆基私下招集才勇之士，谋划匡复李氏社稷。他广为结交北门禁军的中

---

[1]《旧唐书》卷 8《玄宗本纪》上，第 166 页。

低级军官。北门禁军主要负责戍卫宫城北面，以玄武门为屯营地，太宗朝以来其规模及地位不断上升：

> 太宗贞观中，择官户蕃口中少年骁勇者百人，每出游猎，令持弓矢于御马前射生，令骑豹文鞯，着画兽文衫，谓之"百骑"。至则天时，渐加其人，谓之"千骑"，分隶左右羽林营。孝和谓之"万骑"，亦置使以领之。玄宗在藩邸时，常接其豪俊者，或赐饮食财帛，以此尽归心焉。[1]

王毛仲也替主人积极结交这些禁军将领，待之甚谨。这些军官很多跟他成了一起喝酒的朋友，在后来的政变中发挥了关键作用。

李隆基回到长安，少年英豪，气魄非常。《唐语林》记载：

> 玄宗为潞州别驾，入觐京师，尤自卑损。暮春，豪家子数辈游昆明池。方饮次，上戎服臂鹰，疾驱至前，诸人不悦。忽一少年持酒船唱曰："今日宜以门族官品自言。"酒至，上大声曰："曾祖天子，祖天子，父相王，临淄王李某。"诸少年惊走，不敢复视。上乃连饮三银船，尽一巨馉（当作"觥"），乘马而去。[2]

李隆基走的是结交下层、武装夺权的道路，和其父亲的体制内夺权有区别。他所结交的人多为豪侠、军官、游士等，甚至有体制外人士。比如王琚：

---

① 《旧唐书》卷 106《王毛仲传》，第 3252 页。

② （宋）王谠撰，周勋初校证：《唐语林校证》，北京：中华书局，2008 年，第 128 页。

> 玄宗在藩邸时，每岁畋于城南韦、杜之间。尝因逐兔，意乐忘反，与其徒十余人，饥倦休息于大树下。忽有一书生，杀驴拔蒜，为具甚备。上顾而奇之。及与语，磊落不凡，问姓名，王琚也。自此每游，必过其舍。或语，多合上意，乃益亲之。及韦氏专制，上忧甚，密言之。琚曰："乱则杀之，又何虑焉。"上遂纳其谋，平国内难，累拜琚为中书侍郎，预配享。[1]

李隆基问王琚面对韦后当权该如何破局，王琚的回答是，杀了她不就好了。李隆基正是利用这批不遵循游戏规则的人突然发难，夺取了政权，但是这批人没有治国才能，所以后来结局大多不是很好。

李隆基的上台也有一定的偶然性，他的潜在竞争对手——同样抱着政治野心的谯王李重福——此时正蛰伏在均州。可惜李重福一直没能返回长安——韦皇后不允许他回来。景龙三年（709），中宗大赦天下，"时流人皆放还，均州刺史谯王重福独不得归，乃上表自陈……表奏，不报"[2]。李隆基则借此机会回到长安，并于次年发动政变。睿宗继位后，改任李重福为集州刺史。李重福于八月十五日前往东都洛阳发动叛乱，袭击左、右屯营兵，兵败投河自杀，时年三十一岁。

---

[1] 王谠撰，周勋初校证：《唐语林校证》，第 129 页。

[2] 《资治通鉴》卷 209《唐纪二十五》，第 6638 页。

三、兴庆池的龙气

兴庆宫是玄宗时期重要的政治景观。

《旧唐书》卷八《玄宗本纪上》云：

> 属中宗末年，王室多故，上（李隆基）常阴引材力之士以自助。上所居宅外有水池，浸溢顷余，望气者以为龙气。四年（710）四月，中宗幸其第，因游其池，结彩为楼船，令巨象踏之。[①]

此时政治形势非常紧张，两个月后就将发生唐隆政变。就在这个时段，懂得望气的术士认为，李隆基居所外面的大水池有龙气。这似乎可从侧面印证当时的舆论认为相王家族出皇帝的可能性很大。中宗按捺不住，到李隆基的宅邸，做了个奇怪的举动：用彩带装饰游船，再让大象上船舞蹈，寓意踩踏龙气。这其实是一种厌胜的方法，足可见中宗对相王父子忌惮之深。

中宗的担心并非没有原因。《旧唐书·朱敬则传》记载，长安年间（701—704），宰相朱敬则曾与后来参与推翻韦后政变的刘幽求密

---

① 《旧唐书》卷8《玄宗本纪》，第166页。

图 25　北宋刻《兴庆宫图》。中国最早的宫殿平面图，具有象形符号、名称注记、比例尺（每六寸折地一里）和定位方向。

谈，叮嘱他："相王必膺期受命，当须尽节事之。"[1] 可见当时相王登基的舆论已深入人心。

　　李隆基当上皇帝后，隆庆坊居所的水池变成了具有神圣性的政治景观。玄宗时期最重要的宫廷乐舞就包括《龙池乐》，这是玄宗开元二年（714）所作，就是为了歌颂兴庆池的龙气。舞者十二人，都戴

---

① 《旧唐书》卷 90《朱敬则传》，第 2918 页。

着芙蓉冠，穿着履，"备用雅乐，而无钟磬"。宰相姚崇等撰写了《享龙池乐章》十首，其与《秦王破阵乐》性质类似。十首歌词都在歌颂李隆基受命于天，比如："恭闻帝里生灵沼，应报明君鼎业新。既协翠泉光宝命，还符白水出真人。此时舜海潜龙跃，此地尧河带马巡。独有前池一小雁，叨承旧惠入天津。"

玄宗将龙池与国家祭祀联系在一起，上升到国家意识形态的高度。开元二年（714），玄宗下诏祭祀龙池。开元十六年（728），又诏置龙池坛及祠堂，并于二月亲自祭祀，此后每年仲春二月即令有司行祭，直到上元元年（760）祭龙池被肃宗废除。

玄宗创立的龙池祠延续了将近半个世纪。这一祭祀乃是玄宗强调自己受命于天，并在长安居民面前展示的重要环节，肃宗居然一举废除——其时玄宗尚居住在兴庆宫——丝毫不考虑玄宗的感受，似可验证此时肃宗与玄宗之紧张关系。也就是在这种背景下，发生了肃宗强行将玄宗移往西内的事件。玄宗的亲信也全被驱逐流放。龙池意义的变迁，反映了唐朝政治半个世纪的风云变幻。

四、李隆基和太平公主的合作

景龙四年（710）六月，中宗突然去世。官方史书将中宗之死归咎于韦后和安乐公主。《资治通鉴》记载：

> 散骑常侍马秦客以医术，光禄少卿杨均以善烹调，皆出入宫掖，得幸于韦后，恐事泄被诛；安乐公主欲韦后临朝，自为皇太女；乃相与合谋，于饼餤中进毒。六月壬午，中宗崩于神龙殿。[①]

不过这种记载很不可信，韦后和安乐公主没有任何要杀死中宗的动机。中宗是他们的权力来源。中宗死时年过五十岁，在唐朝皇帝中是很正常的寿命。

> 韦后秘不发丧，自总庶政。癸未，召诸宰相入禁中，征诸府兵五万人屯京城，使驸马都尉韦捷、韦灌、卫尉卿韦璿、左千牛中郎将韦锜、长安令韦播、郎将高嵩分领之。……中书舍人韦元徼巡六街。又命左监门大将军兼内侍薛思简等，将兵五百人驰驿戍均州，以备谯王重福。以刑部

[①]《资治通鉴》卷 209《唐纪二十五》，第 6641—6642 页。

尚书裴谈、工部尚书张锡并同中书门下三品，仍充东都留守。吏部尚书张嘉福、中书侍郎岑羲、吏部侍郎崔湜并同平章事。①

虽然韦后做了周密的安排，包括把韦氏子弟安插到军队，但实际上军队不一定会买他们的账。韦后对政局和禁军的控制非常脆弱。

之后很快就发生了遗诏风波。太平公主与上官婉儿谋划起草中宗遗诏，主要包括三个方面：第一，立温王重茂为皇太子；第二，皇后知政事；第三，授安国相王李旦太尉，参谋辅政。但是韦后等篡改遗诏，去掉了相王辅政的内容。《旧唐书》卷八八《苏瑰传》记载，韦后召集诸宰相韦安石、韦巨源、萧至忠、宗楚客、纪处讷、韦温、李峤、韦嗣立、唐休璟、赵彦昭及苏瑰等十九人入禁中开会。中书令宗楚客和韦温都认为应该去掉相王辅政权："如今必须请皇太后临朝，最好让相王停止辅政。况且太后和相王算叔嫂，这样礼部很难制定相应的礼仪规程。"苏瑰坚决拒绝，认为先皇遗诏不可更改，宗楚客及韦温大怒，遂削去相王辅政的条目，立刻宣行遗诏。所有的宰相当中，只有苏瑰挺身而出，为相王力争辅政之权。苏瑰是隋朝大臣苏威的曾孙，曾担任李旦王府的录事参军。李旦当了皇帝后，下诏褒奖他，诏书中还提及早年的情谊："况藩邸僚属，念殷惟旧，无德不报，抑惟令典。可尚书左仆射，余如故。"②同为相王府旧僚，韦安石并没有站出来讲话，后来被贬官沔州别驾。

> 甲申日，梓宫（中宗灵柩）迁御太极殿，集百官，发丧。皇后临朝摄政，赦天下，改元唐隆。进相王李旦为太

---

① 《资治通鉴》卷 209《唐纪二十五》，第 6642 页。

② 《旧唐书》卷 88《苏瑰传》，第 2879 页。

尉，命韦温总知内外守捉兵马事。

到此为止，政权似乎已经握在韦后一党手中。但是接下来发生的事情完全打乱了韦后的谋划。相王辅政权的争夺未果，李隆基和太平公主已经被逼到墙角，危在旦夕之际，两人走上了武装夺权的道路。

六月，壬辰日，兵部侍郎崔日用率先反水，派宝昌寺僧人普润秘密拜见李隆基，希望马上发动政变。崔日用原是武三思的人，后来投靠了相王和太平公主，这对于李隆基来说是时机成熟的信号。李隆基立刻与卫尉卿薛崇简、苑总监钟绍京、尚衣奉御王崇晔、前朝邑尉刘幽求、利仁府折冲麻嗣宗等谋划政变，其中太平公主的身影非常明显，她的儿子薛崇简以及公主府的典签王师虔都参与了政变。李隆基的社交能力非常强，回到长安不过半年就结交了很多体制内官员看不上的京城豪杰，比如同谋中的王崇晔。王崇晔只是一个小小的尚衣奉御（主要负责皇帝的冕服、几案），但李隆基通过他认识了本次政变中的一位重要人物——葛福顺。葛福顺是北门禁军的中级军官。他为李隆基带来一个非常重要的情报：韦氏子弟韦播、高嵩等被安插进禁军，因为在军中作威作福，多次鞭打万骑兵以谋树立威信，导致万骑多有抱怨。李隆基乘机鼓动他们诛杀韦氏，一些禁军军官如李仙凫等都踊跃表示愿以死效力。

六天以后，庚子日，晡时（下午 3 至 5 时），李隆基微服与刘幽求等进入宫城北边的禁苑中，秘密聚集在钟绍京的廨舍。但此时钟绍京反悔，想要把他们拒之门外。他的妻子劝道："忘身徇国，神必助之。你都已经与他们共同谋划这么久了，现在不去也脱不了干系了！"钟绍京很听劝，便出门拜见李隆基。羽林将士们都在玄武门外严阵以待，葛福顺也趁夜色赶到李隆基身边，焦急地等待着行动指令。

将要二鼓（晚上 9 至 11 时）时分，满天繁星宛如冬日落雪，刘幽求一声令下："天意如此，时不可失！"葛福顺随即拔剑率众将士直接杀进羽林营，起手几刀结果了韦璿、韦播、高嵩，对羽林将士高呼："韦后毒死先帝，谋危社稷。今晚大家一同诛杀诸韦氏，只要长得高过马鞭的人一律斩杀！拥立相王为帝，以安天下。有人敢耍两面派帮助叛党，罪及三族！"唐军有自己的传承系统，袍泽之情胜过头衔。因此身为中低级军官的葛福顺斩首身处高位的韦氏子弟时，禁军中并未发生暴动，反而对葛福顺一呼百应。

> （葛福顺）乃送璿等首于隆基，隆基取火视之，遂与幽求等出苑南门，绍京帅丁匠二百余人，执斧锯以从，使福顺将左万骑攻玄德门，仙凫将右万骑攻白兽门，约会于凌烟阁前，即大噪，福顺等共杀守门将，斩关而入。隆基勒兵玄武门外，三鼓，闻噪声，帅总监及羽林兵而入，诸卫兵在太极殿宿卫梓宫者，闻噪声，皆被甲应之。韦后惶惑走入飞骑营，有飞骑斩其首献于隆基。安乐公主方照镜画眉，军士斩之。斩武延秀于肃章门外，斩内将军贺娄氏于太极殿西。[1]

《太平御览》卷五六八引《乐府杂录》称："《夜半乐》者，因唐玄宗自潞州入定内难，进军斩长乐门关，时正当夜半，平韦庶人后，乃命乐人撰此曲。"[2]长乐门是宫城南门之一。如此看来，当时还有一支军队从南边杀入，或许是太平公主的势力。

至此，李隆基基本掌控了局势，下令关闭所有城门、宫门，开始残酷的屠杀。万骑分几路诛杀韦后余党——"韦氏武氏宗族，无少长

---

① 《资治通鉴》卷 209《唐纪二十五》，第 6645 页。

② （宋）李昉编，夏剑钦校点：《太平御览》卷 568《乐部·宴乐》，石家庄：河北教育出版社，第 487 页。

皆斩之"①。韦后的堂兄韦温被斩首于东市之北;宗楚客穿上丧服,企图骑着一头小黑驴出逃,不料才跑到通化门就被守卫认出斩杀,他的弟弟宗晋卿也未能幸免;韦后心腹韦巨源在大街上为乱兵所杀。另一边,李隆基又下令,将当初被韦后召进宫中给中宗下毒的马秦客、杨均、叶静能枭首示众,并将韦后暴尸街头。崔日用带兵到长安南边的杜曲追杀韦氏家族的其他成员,连尚在襁褓中的婴儿也不放过,很多居住在杜曲的杜家人也被误杀。武氏家族成员也在政变中被诛杀殆尽。经过此次政变,半个世纪以来与李唐皇族并驾齐驱争夺皇权的几个贵族家族,作为一个政治集团彻底谢幕。

四天后,太极殿内,少帝李重茂坐在龙椅上,李旦站在中宗的灵柩旁,太平公主问道:"皇帝想把皇位让给他的叔父,可以吗?"刘幽求跪下回答道:"国家多难,皇帝仁孝,效法尧、舜禅位贤人,真是大公无私;相王揽下治理天下的重任,是叔父对侄儿的疼爱呀!"随后宣读少帝制书,正式宣布传位于相王。这时小皇帝李重茂还没反应过来,仍坐在龙椅上,被太平公主一把揪下:"天下之心已归相王,这不是你这小子的座位了!"②

710年,相王李旦二次即位,改元景云,是为睿宗。这位波折半生的皇帝终于迎来了短暂的掌权时刻。

---

① 《旧唐书》卷51《韦庶人传》,第2175页。

② 《资治通鉴》卷209《唐纪二十五》,第6648页。

五、频繁政变背后的天文背景 [*]

天文星占是中古时代政治文化的重要组成部分。其主要功能和目的并不是为农耕服务，而是窥测王朝运数，影响政治起伏。其根本性质，是从人类社会外部寻找人类社会自身运行的规律，将宇宙运行的迹象和家国命运的起伏连在一起。占星在我们现代人看来或许荒谬，但问题的关键并不在于我们相信不相信。如果古人相信，那么这些遥远的星辰就会对他们的心态和行事逻辑产生影响，进而影响历史。我们真正要做的，就是从"一事、一占、一验"的历史记载中找出影响政治的一般观念和普遍常识。

韦氏家族中有一位并不十分起眼的人物——韦湑。他是韦温的弟弟，《旧唐书》对他的记载不过寥寥数语，说韦湑曾担任左羽林将军，儿子娶了公主，病死后获得了丰厚的赏赐 ^①。相比之下，《新唐书》要详细得多：

> 弟湑，自洛州户曹参军事连拜左羽林大将军，曹国公。……湑子捷尚成安公主……

---

* 本节改写自作者与朱小巧合著《天文星变与政治起伏：中宗政局中的韦湑之死》一文，原载于《唐研究》第 23 卷，2017 年，第 517—532 页。

① 《旧唐书》云："弟湑，左羽林将军，封曹国公。……湑子捷，尚成安公主。……湑及陆颂（韦后妹夫）相次病卒，赙赠甚厚。"见卷 183《韦温传》，第 4744 页。

> 滔初兼修文馆大学士……滔兄弟颇以文词进，帝方盛选
> 文章侍从，与赋诗相娱乐，滔虽为学士，常在北军，无所
> 造作。[①]

韦滔从正七品下的洛州户曹参军被快速拔擢为羽林军将军，担任统领禁军的重任，且又因颇具文采罕见地兼任了修文馆大学士。从不一般的任职命令中亦可见韦后和中宗对韦氏亲族的信任，这也是对当时政治权力格局和情势的反映。

韦滔真正引起后人关注的，还是他的死亡。《新唐书》的记载很有意思，将韦滔之死和当时出现的天象联系在一起：

> 时荧惑久留羽林，后恶之。方滔从至温泉，后毒杀之以
> 塞变，厚赠司徒、并州大都督。[②]

"荧惑久留羽林"这种少见的星象引起了韦后的不满，于是就趁中宗临幸骊山温泉的时候，将身为羽林军将领而侍从同行的韦滔毒死以应天变。此事仅见于《新唐书》，我们尚不知道欧阳修等人为何详细记载了这一情节，也不知道他们所依据的文献是什么——很多时候从文本文献中继续寻找证据是徒劳的，这时候需要从其他信息推敲其中的逻辑。

幸运的是，韦滔的镇墓石已被发现。20 世纪 80 年代中期，在韦氏家族墓地出土了"东方九夷青天""中央黄天"两块镇墓石，2003年又出土了"西方白帝"镇墓石[③]。前两者藏于陕西省考古研究院；后

---

① 《新唐书》卷 206《韦温传》，第 5844 页。

② 《新唐书》卷 206《韦温传》，第 5844 页。

③ 姜捷：《关于定陵陵制的几个新因素》，《考古与文物》2003 年第 1 期，第 74 页。

者藏于西安市长安博物馆，《长安新出墓志》也收录了这块镇墓石的铭文，文中所记官职与《新唐书》一致[①]。此外，张说代韦氏兄弟撰写的祭文也佐证了《新唐书》的记录绝非杜撰：

> 维景龙三年岁次庚戌正月癸丑朔五日丁巳。从兄兵部尚书某，以清酌少牢之奠，致祭于故将军弟之灵……掌北军之师律，首东观之词英……乃奉车之暴逝，忽复绥而凶行。[②]

文章说得非常明确，韦滔确实是暴毙，也就是非正常死亡，与《新唐书》中的"毒杀"正相应。那么韦滔的死亡，真的与天文星变引发的政治紧张有关吗？

我们先从"荧惑久留羽林"说起。"荧惑"就是火星。"羽林"则指"羽林军"，系中国古代天图中北方七宿中室宿的附属星座，位置靠近赤道。在西方天文学中，羽林军四十五星几乎都是宝瓶座（Aquarius）的属星——只有羽林军六至十星在南鱼座（Piscis Australis）内。

利用天图软件复原的结果，我们可以看到：景龙三年（709）时，火星从5月13日开始运行到羽林军附近，一直到10月28日才偏离羽林军天区，停留时间长达五个半月之久。这恐怕也是《新唐书》强调"久留"的原因吧。据两《唐书》，中宗在景龙三年（709）十二月去过新丰温泉宫（即骊山温泉）；张说祭文作于庚戌年，即景云元年（710）正月。从"荧惑久留羽林"至中宗巡幸温泉宫、韦滔死亡前后不过两个多月，时间正好吻合。

从汉朝开始，宰臣因为天文星变而下台或者被迫自杀的例子不在

---

① 西安市长安博物馆编：《长安新出墓志》，文物出版社，2011年，第326—327页。

② 《全唐文》卷233《为人作祭弟文》，第2360页。

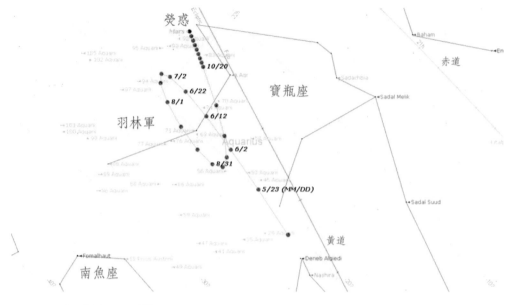

图 26　709 年 "荧惑久留羽林" 星图。

少数，比较有名的，比如汉成帝绥和二年（前 7）的 "荧惑守心" 和宰相翟方进之死。这件事背后有汹涌的政治暗流，但是表现出来的，一定是一本正经地依据天文星变来做最后的裁决。

　　荧惑在中国古代军国星占中举足轻重，主要跟灾异和兵象有关。《史记·天官书》云："荧惑为勃乱，残贼、疾、丧、饥、兵。"[①] 羽林军则象征着天子的宿卫力量。《史记正义》论道："羽林四十五星，三三而聚，散在垒壁南，天军也。亦天宿卫之兵革出。不见，则天下乱；金、火、水入，军起也。"[②] 几乎在所有中古文献中，都将 "荧惑入羽林" 视为兵乱的征兆，尤其跟天子禁军有关系——毕竟羽林为天军。比如晋惠帝元康九年八月（299 年 8 月 28 日至 9 月 25 日），《宋书·天文志》曰："八月，荧惑入羽林。占曰：'禁兵大起。'后

---

① 《史记》卷 27《天官书》，第 1317 页。

② 《史记》卷 27《天官书》，第 1309 页。

二年，惠帝见废为太上皇，俄而三王起兵讨伦，伦悉遣中军兵，相距累月。"[1] 这一天象也确实发生过[2]。又比如《宋书·天文志》记载刘义康被废："（元嘉十三年）十二月戊子（437年1月3日），荧惑入羽林。后年废大将军彭城王义康及其党羽。凡所收掩，皆羽林兵出。"[3] 在中古时代弥漫的神文氛围里，这种"一事、一占、一验"的叙述方式有其套路存在：政治事件影响星象解释；星象出现又影响人们的心理和决策，进而影响政治起伏。在这些天象中，跟宫廷政变最直接相关的，就是行星入羽林军，尤其是荧惑。"荧惑入羽林"，对于中古时代的人来说，几乎是明确无误地指向了天子禁军将发生变乱。

中宗重返长安不久，太子李重俊就在禁军将领的支持下发动了政变（此年亦有"荧惑入羽林"的记载），左羽林大将军李多祚、左羽林将军李承况都参与其中。其实，705年、707年、710年、713年，禁军几乎年年政变，不政变的时候就是在酝酿政变，整个政治局势变得非常敏感。不同政治集团都在阴谋和潜在暴力的威胁下，政治人物不断转换立场，甚至两边下注，连君主、皇后、亲王、公主都觉得朝不保夕。这种氛围中出现的"荧惑久留羽林"（"荧惑入羽林"和"荧惑久留羽林"有细微的区别，后者强调荧惑入羽林后停留的时间较长），可以想象对中宗和韦后来说有多么棘手。

至于为什么韦湑被拿出来当了祭品，是因为韦后想通过牺牲一个左羽林大将军换取天象转吉？或是质疑了韦湑的忠诚？我们不得而知。历史和人心的复杂，往往超出人们的理解。不管如何，韦湑死

---

① 《宋书》卷24《天文志二》，第763页。

② 发生时间为299年9月13日至10月11日，且这一年"荧惑入羽林"天象与景龙元年发生的"荧惑入羽林"过程极为相似。

③ 《宋书》卷26《天文志四》，第817页。

图27　葛福顺墓志拓片。（本图源自王连龙：《新见隋唐墓志集释》，沈阳：辽海出版
　　　社，2017年，第179页）

后，禁军很快还是造反了。李隆基等人联合羽林军们杀死了韦后和韦
氏子弟们，将相王推上了皇位。而这场唐隆政变也跟天文气象连在了
一起。

　　根据文献记载，唐隆政变前夕很可能发生了一次大规模的霓虹
景象。中古时期的人还不知道大气层的存在，所以发生在空中的景
观——不管是外层空间还是大气层以内——都被归类为天文气象。
《旧唐书·天文志下》记载："唐隆元年六月八日，虹蜺竟天。"[①]《新唐
书·天文志三》"虹蜺"条亦曰："唐隆元年六月戊子，虹蜺亘天。蜺
者，斗之精。占曰：'后妃阴胁王者。'又曰：'五色迭至，照于宫殿，

───────────

① 《旧唐书》卷36《天文志下》，第1324页。

有兵。'"①唐隆革命的具体时间是在六月庚子（二十日），若此天象为真，便发生在政变前夕。

天上出现彩虹是否对禁军杀掉韦氏将领发动政变有鼓励作用，我们不得而知。但是很有意思的是，政变的重要参与者、禁军军官葛福顺的墓志，郑重地提到了这次霓虹："唐元际，孝和晏驾，韦氏干纪，皇帝伺知其祸，乃纠合忠义，弋枭鸱于禁林，拂虹蜺于天宇。"②虹蜺属于云气现象，无法利用天文软件查证。但是各种文献都记载了这一景观，而且明白无误地将其和唐隆政变联系在一起，视为政变的原因之一。这或许，正是那个时代知识、信仰和政治世界的生动写照。

---

① 《新唐书》卷 35《五行志三》，第 650 页。

② 唐雯：《新出葛福顺墓志疏证——兼论景云、先天年间的禁军争夺》，《中华文史论丛》2014 年第 4 期，第 101 页。

多说一点

"薛定谔"的政治立场

政治立场并非不可转换。即便是唐朝前期的贵族政治，一个人的政治立场也不是一出生就被家族出身固化而不变的。比如上官婉儿曾长期依附于韦皇后、武三思为首的韦武集团，但是在太子李重俊政变之后，开始暗地里投靠太平公主及相王李旦。在唐隆政变中，她临阵起义，迎接政变军队，结果被李隆基所杀，死后却又被太平公主隆重安葬。同样，武则天晚年的权臣张易之兄弟还是建议迎中宗回洛阳的主要力量，中宗的儿子李重福还娶了张易之的外甥女。那种非黑即白的政治观，并不符合唐朝的政治实态。

第六章　玄宗改革与贵族政治终结

唐代前期贵族政治的典型特征是继承政治受到各方势力的影响，宫廷革命成为皇位传承的主要模式。太平公主势力在 713 年退出历史舞台后，玄宗在姚崇等辅助下开始限制皇室子弟的权力，尤其是斩断他们跟贵族之间的联系，贵族无法从投机皇位继承人中取得超额收益。强大的皇室成员不再是玄宗朝后期的政治特色。皇权在科举官僚和宦官的加持下，凌驾于贵族之上，而宦官作为皇权的延伸，从中央到地方都产生影响，逐渐成为皇位传承的主要执行者。

一、太平公主之死

太平公主可能是中国历史上权力最大的公主，宰相七人，五出其门，文武之臣近一半人都依附于她。禁军将领常元楷、李慈亦经常往来公主府，为之谋划。可以说，太平公主在中央经营几十年，势力盘根错节，李隆基想铲除太平公主，难度非常大。

太平公主的支持者中主要包括：

左仆射窦怀贞（？—713）。窦怀贞是扶风平陵（今陕西咸阳秦都区平陵乡）人，高宗朝宰相窦德玄的儿子。他以门荫入仕，起家清河县令，历任越州都督、扬州长史，清廉干练，颇有政绩；后被狄仁杰推荐，于神龙二年（706），担任御史大夫。人性是很复杂的，窦怀贞一方面清廉干练，另外一方面又势利逢迎。窦怀贞一开始选择了投靠韦后，因韦后父亲名韦玄贞，他为避讳改名为窦从一，还迎娶韦后乳母。窦怀贞因此自称"翊圣皇后阿奢"（唐人称乳母的丈夫为"阿奢"），时人谓之"国奢"，他也欣然有自负之色。韦后垮台后，窦怀贞立刻杀了这位夫人以表割席，但他还是被贬谪为濠州司马，迁益州长史。睿宗复位，窦怀贞选择了投靠太平公主，爬到了左仆射的高位，封魏国公。712年，窦怀贞再次拜相，担任同中书门下三品，兼太子詹事，并监修国史。当时有个看相的人对窦怀贞道："你将有灾难。"窦怀贞大惧，请求解除官职，入安国寺（睿宗旧宅）为奴。睿宗虽同意，但不久又任命他为尚书右仆射兼御史大夫，平章军国重事。太平公主垮台后，窦怀贞自杀。窦怀贞生平所得俸禄都分给了亲戚，他死的时候，家里财产只有粗米数石而已。

中书令萧至忠（？—713年）。萧至忠是唐初著名文臣萧德言曾孙。萧家是当时的名门望族。萧至忠年轻时出任为畿县县尉，为官清廉、谨慎，名声很好。他曾经和友人约定在路边相会，正好碰上风雪天，别人都跑到屋檐下面躲避，萧至忠说："宁有与人期而求安失信乎？"[①] 只有他坚持原地不动，大家都称赞他守信。神龙初年，他迁吏部侍郎兼御史中丞，掌管选事，不忌惮权势者，杜绝请托，迁中书令。当时韦后党羽宗楚客、纪处讷等结成朋党，图谋不轨，其他几位宰相韦巨源、杨再思、李峤都唯唯诺诺，只图自保，只有萧至忠坚持原则，被时人称赞。可以说，萧至忠是一个非常有担当、有作为的大臣。为了拉拢萧至忠，韦后安排亡弟赠汝南王韦洵与萧至忠亡女结为冥婚并合葬。韦后垮台后，萧至忠把合葬墓挖开，迁走女儿的灵柩，被人耻笑。睿宗即位，萧至忠出京担任晋州刺史，甚有能名。当时太平公主权势很大，萧至忠暗中派人向太平公主致意，希望能回京任职。李隆基诛杀韦氏时，萧至忠的一个儿子被乱军所杀。太平公主认为萧至忠会为此记恨李隆基，可以引为己用，就同意了他的请求，召萧至忠回京任刑部尚书、右御史大夫，再迁吏部尚书。先天二年（713），复为中书令。先天政变中，萧至忠逃入山寺躲藏，几天后被捕杀，家产也被抄没。此前他一直维持着清高俭朴的人设，结果抄家的时候发现他敛财甚多，于是萧至忠顿时声望扫地。实际上玄宗对萧至忠很欣赏。后来玄宗任命源乾曜为宰相时，对高力士道："你知道我为什么提拔源乾曜吗？我觉得他长得很像萧至忠。"高力士问道："萧至忠不是辜负了陛下吗？"玄宗婉惜道："萧至忠是治国之才，只是晚年做了错事而已，他起初不是非常贤

---

① 《旧唐书》卷92《萧至忠传》，第2968页。

能吗？"

侍中岑羲（？—713）。岑羲是太宗时中书令岑文本之孙，进士出身，唐隆元年（710）时升任右散骑常侍、同中书门下三品。岑羲因与萧至忠于政变时保护李旦与太平公主有功，拜侍中。岑羲担任吏部侍郎时，一同负责选官的吏部侍郎崔湜、太常少卿郑愔、大理少卿李元恭都大肆受贿，只有岑羲恪守正道，受到舆论的称赞。先天元年（712），因为参与太平公主谋逆事件而被诛杀。

其他党羽如薛稷（649—713），是薛道衡曾孙、中书令薛元超之侄，进士出身，交好相王李旦，二人过从甚密，李旦还将女儿仙源县主嫁了薛稷之子薛伯阳。薛稷算是李旦的心腹。景云元年（710），拜中书侍郎，参知政事，迁左散骑常侍、工礼二部尚书，册封晋国公，加太子少保，参决庶政，恩遇深重。薛稷工于书法，与褚遂良，欧阳询、虞世南并列"初唐四大书法家"，代表作有《信行禅师碑》。薛稷还善于绘画，长于人物、佛像、树石、花鸟，精于画鹤。可惜这样一个人物也于先天政变后被赐死。

景云元年（710），睿宗即位，唐朝中央权力呈现李隆基、太平公主、李旦鼎足三分的局面。在与太平公主的斗争中，李隆基很多时候处在弱势，甚至一度非常危险。太平公主有一些优势是李隆基没有的，比如对宫廷的熟悉。太平公主在皇权核心数十年，朝中关系盘根错节，而李隆基一直都是旁支郡王，虽然年纪轻轻就当上了太子，但他不是睿宗的嫡长子，此前也不过是四品官，太子之位并不稳固，需要时间适应。太平公主在李隆基的左右安插了很多耳目，监视他的一举一动，李隆基非常不安。其宫中的宫女、太监很多都被太平公主收买，比如宫女元氏甚至在李隆基日常服用的天麻粉中下毒。在太平公主的威权下，李隆基甚至连孩子都不敢要，《旧唐书》记载：

时太平公主用事，尤忌东宫。宫中左右持两端，而潜附太平者，必阴伺察，事虽纤芥，皆闻于上，太子心不自安。后（元献皇后）时方娠，太子密谓张说曰："用事者不欲吾多息胤，恐祸及此妇人，其如之何？"密令说怀去胎药而入。太子于曲室躬自煮药，醺然似寐，梦神人覆鼎。既寤如梦，如是者三。太子异之，告说。说曰："天命也，无宜他虑。"既而太平诛，后果生肃宗。①

这里面的门道很多，比如孩子是在国丧期间怀上的。如果被政敌知道李隆基在国丧期间仍男欢女爱，就将陷入巨大的政治道德风险之中。

李隆基还有一大劣势——他的亲信大多出身较低，不被体制内官员认可。比如钟绍京，本来是宫苑总监，被提拔为中书令，但是没有相应的能力。钟绍京既当朝用事，恣情赏罚，甚为时人所恶。后来他上书让官，睿宗纳薛稷之言，将其转为户部尚书，出为蜀州刺史。另外，李隆基的一些亲信还遭到了清洗，比如崔日用。崔日用和薛稷都是宰相，两人因争权在中书省大吵，崔日用由是转雍州长史，停知政事，进而被赶到外地。薛稷伯父为则天朝名相、中书令薛元超，外祖是太宗朝大臣魏徵，他瞧不起钟绍京、崔日用、刘幽求这些人。

面对太平公主集团的咄咄逼人，李隆基并不敢轻举妄动。从伦理来说，太平公主是他的姑姑，而且是睿宗唯一的妹妹。在权力结构上，李隆基作为继承人，太过激进会遭到睿宗的打击，而睿宗的方针似乎是保持平衡，并没有偏向李隆基。

太平公主多次谋划废掉李隆基。她起初因李隆基年轻，对他不以

① 《旧唐书》卷52《元献皇后杨氏传》，第2184页。

为意；后来总惮其英武，想要另外扶持一位昏庸懦弱的人取而代之，以保证自己的权势地位。太平公主多次散播"太子非长，不当立"的流言，睿宗为此下诏警告大臣百姓，以平息各种浮议。太平公主又让其婿唐晙邀宰相韦安石到她家中密谈，之后甚至亲自出面鼓动更换储君。太平公主还曾乘坐辇车到光范门（大明宫正殿含元殿西门）挡在宰相们的下班路上，暗示他们更换太子，宰相们都大惊失色，李隆基的亲信宋璟抗言曰："东宫有大功于天下，真宗庙社稷之主，公主奈何忽有此议！"[①]

711年，姚崇和宋璟希望通过和平手段，解决潜在的权力斗争，但是以失败告终。

> 璟与姚元之密言于上曰："宋王陛下之元子，豳王高宗之长孙，太平公主交构其间，将使东宫不安。请出宋王及豳王皆为刺史，罢岐、薛二王左、右羽林，使为左、右率以事太子。太平公主请与武攸暨皆于东都安置。"上曰："朕更无兄弟，惟太平一妹，岂可远置东都！诸王惟卿所处。"乃先下制云："诸王、驸马自今毋得典禁兵，见任者皆改他官。"……二月丙子朔，以宋王成器为同州刺史，豳王守礼为豳州刺史，右羽林大将军岐王隆范为左卫率，右羽林大将军薛王隆业为右卫率；太平公主蒲州安置。丁丑，命太子监国，六品以下除官及徒罪以下，并取太子处分。[②]

这是姚崇和宋璟采取的第一轮政治斗争，说服了睿宗，将睿宗长子李成器、高宗长孙豳王李守礼全赶到外地，并建议让太平公主去东都洛

---

① 《资治通鉴》卷210《唐纪二十六》，第6662页。

② 《资治通鉴》卷210《唐纪二十六》，第6662页。

阳。睿宗不忍心唯一的妹妹去东都，实际上太平公主只是去了离长安很近的蒲州。

睿宗上台后正面临着官员队伍过于膨胀的问题，从武则天到中宗时期任用的很多官员，大多人浮于事，于是姚崇趁机提出要精简干部。太平公主马上开始反击。

> 殿中侍御史崔莅、太子中允薛照素言于上曰："斜封官皆先帝所除，恩命已布，姚元之等建议，一朝尽夺之，彰先帝之过，为陛下招怨。今众口沸腾，遍于海内，恐生非常之变。"太平公主亦言之，上以为然。戊寅，制："诸缘斜封别敕授官，先停任者，并量材叙用。"①

此外，太平公主听闻姚崇、宋璟之谋，大怒，严词责备太子。李隆基自身难保，非常害怕，便上奏姚崇、宋璟离间姑、兄，请从极法。睿宗遂贬姚崇为申州（今河南信阳）刺史，宋璟为楚州（今江苏淮安）刺史，并将姚崇、宋璟此前的建议——派宋王、豳王到外地当刺史——废除。中书舍人、参知机务刘幽求被降为户部尚书；太子少保韦安石任侍中。韦安石与李日知代姚、宋执政——这二人是睿宗的人。

五月，李隆基自己请让位于宋王成器，睿宗不许；又请召太平公主还京师，睿宗同意了。太平公主前后不过离开京城两个多月。七月，睿宗追复上官昭容，赐谥号惠文。此举等于直接打了李隆基的脸。九月，窦怀贞升任侍中。窦怀贞是太平公主的头号支持者，他每次退朝，必去太平公主府。十月，崔湜、窦怀贞、岑羲并同中书门下三品。至此太平公主的心腹全都当上了宰相。

---

① 《资治通鉴》卷 210《唐纪二十六》，第 6663 页。

延和元年（712，是年五月改元）七月，西方出现彗星，经过轩辕星官进入太微垣，到达大角星。太平公主让一位术士对睿宗进言道："彗所以除旧布新，又帝座及心前星皆有变，皇太子当为天子。"实际上是说李隆基要谋反。睿宗说："我将传位给有德之人，我的决心已定。"太平公主及其党羽极力劝阻。睿宗这时年纪大了，又经历了很多事，他说："中宗之时，群奸用事，天变屡臻。朕时请中宗择贤子立之以应灾异，中宗不悦，朕忧恐，数日不食。岂可在彼则能劝之，在己则不能邪！"[1]中宗朝屡有灾异，睿宗认为这是奸臣当朝导致的，便请求中宗择取贤明的儿子做继承人，却引来了中宗的不满。中宗死后的一系列政变，恐怕让睿宗更加相信天命，最终把皇位让给了李隆基。

当月二十五日，睿宗就颁布制命传位于太子，李隆基上表坚决推辞。太平公主希望睿宗虽传位，仍然主持国家大政。于是睿宗对李隆基说："汝以天下事重，欲朕兼理之邪？昔舜禅禹，犹亲巡狩。朕虽传位，岂忘家国？其军国大事，当兼省之。"[2]重要的军国大事还是由睿宗主持。

八月初三，玄宗即位，尊睿宗为太上皇。太上皇自称"朕"，其发布的命令被称为"诰"，每五天一次在太极殿接受群臣的朝拜。新帝自称"予"，其发布的命令为"制""敕"，每日在武德殿接受大臣的朝见。三品以上官员的任命及重大刑罚均由太上皇裁决，其余事务则由新帝决断。刘幽求被任命为右仆射、同中书门下三品，魏知古为侍中，崔湜为检校中书令。

虽然李隆基当了皇帝，但宰相大多是太平公主的党羽。李隆基的亲信张暐和刘幽求都劝他发动政变，密谋曰："窦怀贞、崔湜、岑羲

① 《资治通鉴》卷 210《唐纪二十六》，第 6673—6674 页。

② 《资治通鉴》卷 210《唐纪二十六》，第 6674 页。

皆因公主得进，日夜为谋不轨。若不早图，一旦事起，太上皇何以得安！请速诛之。臣已与幽求定计，惟俟陛下之命。"①李隆基深以为然。然而事后张晔把密谋泄露给了侍御史邓宾。虽然邓宾是李隆基的人，但泄密一事还是让李隆基非常害怕，他再一次背叛了自己人，向睿宗告发，结果刘幽求被判处死刑。李隆基以其在唐隆政变中有大功为由求情，最终刘幽求被流放到封州（今广东封开县），张晔被流放到峰州（今越南河内市内），邓宾被流放到绣州（今广西桂平）。

太平公主一路追杀刘幽求，崔湜暗示广州都督周利贞杀了刘幽求。讽刺的是，刘幽求曾救过崔湜一命。崔湜早年因被牵扯进李重福谋反案，被判处死刑，幸得刘幽求保护才免于一死。然而不久后崔湜便投靠了太平公主。桂州都督王晙是刘幽求的朋友，坚持挽留刘幽求不让他走。周利贞多次送来要人的公文，王晙皆不回应，周利贞无奈之下只好将情况上报太平公主。崔湜又屡屡逼迫王晙放人，王晙非常讲义气，坚决不放。刘幽求对王晙说："你为了我这个流放之人而拒绝执行公务，势必会受到惩罚，平白无故被连累啊！"坚持要去广州，以免拖累朋友。王晙说："公所坐非可绝于朋友者也。晙因公获罪，无所恨！"②王晙就这样一直将刘幽求留在桂州，坚持没有遣他去广州，从而救了刘幽求一命。

先天二年（713），太平公主的权势已经达到了顶峰。"宰相七人，五出其门。文武之臣，太半附之"③，政府和禁军都在她手里。在这种情况下，如果她发动政变，李隆基根本没有还手之力。此时李隆基虽然是皇帝，但毕竟刚刚即位，而且还由太上皇掌握国家的大政方针。太上皇连办公室都没让出来——李隆基办公的武德殿是贞观年间李元

---

① 《资治通鉴》卷 210《唐纪二十六》，第 6676 页。

② 《资治通鉴》卷 210《唐纪二十六》，第 6677 页。

③ 《资治通鉴》卷 210《唐纪二十六》，第 6681—6682 页。

吉的住所。

在这种情况下，李隆基集团私底下开始串联，希望李隆基赶紧发动政变，不要坐以待毙。

> 王琚言于上曰："事迫矣，不可不速发！"左丞张说自东都遣人遗上佩刀，意欲上断割。荆州长史崔日用入奏事，言于上曰："太平谋逆有日，陛下往在东宫，犹为臣子，若欲讨之，须用谋力。今既光临大宝，但下一制书，谁敢不从？万一奸宄得志，悔之何及！"上曰："诚如卿言。直恐惊动上皇。"崔日用曰："天子之孝在于安四海。若奸人得志，则社稷为墟，安在其为孝乎！请先定北军，后收逆党，则不惊动上皇矣。"①

先天二年（713）七月，魏知古密告太平公主将在七月四日发动政变。魏知古是姚崇提拔的人，后来也做到了宰相。太平公主集团计划让常元楷、李慈率羽林兵突入武德殿，窦怀贞、萧至忠、岑羲等于南衙举兵响应。李隆基能依靠的有岐王范、薛王业、郭元振及龙武将军王毛仲、殿中少监姜皎、太仆少卿李令问、尚乘奉御王守一、内给事高力士、果毅李守德等。

甲子日（七月三日），利用王毛仲管理马匹的职权，李隆基一行人顺利地调出了宫中饲养的马匹和三百多名禁军，自武德殿入虔化门。李隆基下令召见常元楷、李慈，借机斩杀此二人，随后又在内客省抓住贾膺福和李猷，在朝堂上逮捕了萧至忠、岑羲，并下令将这四人斩杀。窦怀贞逃入沟中，自缢而死。薛稷被赐死于万年县狱中。薛稷之子薛伯阳因娶了公主（睿宗第五女凉国公主李㛤）而免于一死，

---

① 《资治通鉴》卷210《唐纪二十六》，第6682页。

图 28 景云钟。该钟铸于景云二年（711），钟身正面有骈体铭文一段，是睿宗李旦传世极少的珍贵书迹。（动脉影 摄）

被流放至岭南，后于途中自杀。

先天政变最重要的目标是太上皇，并不是太平公主。李隆基头脑非常清楚，直接控制住了太上皇，郭元振等人也宣称是奉太上皇之命诛杀窦怀贞等人。等到局面稳定，太上皇别无他法，只能下诰书细数窦怀贞等人的罪状。当时的《诛窦怀贞等大赦诰》被保存下来了。这是一份事先拟好的草稿，诰曰：

> 逆贼窦怀贞、萧至忠、岑羲、薛稷、李猷、常元楷、唐
> 晙、唐昕、李晋、李钦、贾膺福、傅孝忠、僧惠范等，咸以
> 庸微，谬承恩幸，未申毫发之效，遂兴枭獍之心。共举北
> 军，突入中禁，将欲废朕及皇帝，以行篡逆。朕令皇帝率众
> 讨除，应时殄尽。元恶既戮，奸党毕歼，宗社乂安，人神
> 胥悦。

随后大赦天下，逆臣的亲属朋党均不在赦免之列。政变第二天，太上皇再次下诰："自今军国政刑，一皆取皇帝处分。朕方无为养志，以遂素心。"①当天，李旦就徙居百福殿。

太平公主逃入山寺，三天后才出来，被赐死于家中，公主的儿子中只有薛崇简一人活了下来。史书记载薛崇简因数谏其母而受到太平公主的责打，他也因此而免于死刑，后被赐姓李，官爵如故。但根据墓志，薛崇简在太平公主倒台后被贬，后半生过得十分凄凉。

无论如何，混乱的时代结束了，李隆基正式掌权，开启了开元时代。

---

① 《资治通鉴》卷210《唐纪二十六》，第6684页。

二、姚崇的政局洗牌

玄宗上台时的基本班底包括两部分：第一部分是体制内的官员，比如姚崇等人，他们把忠诚从睿宗转移到了玄宗身上；第二部分是玄宗在基层时结交的朋友，如王毛仲、王琚、李令问、张晔、姜皎等。玄宗掌权后就面临着两班人马的对决。

玄宗很快就清楚地认识到，要想使帝国走向稳定，依靠自己的那些亲信功臣是不行的，姚崇这类官员才是治世所需要的人才。这一点与唐太宗李世民不同。唐太宗上台以后，基本上是依靠自己原来的人马进行国家的治理工作，宰相大多从自己僚佐中选拔，比如房玄龄、杜如晦等；玄宗却不得不更多地依靠他父亲留下的政治人才。产生这种不同的原因，很大程度上是他们所处的政治环境决定的。唐太宗的时候，经过长期的战争，秦王府吸收了大量的人才，俨然已经有了一个成熟的政府班底，所以很快便将旧朝遗老排除在外了。李隆基上台前并没有多少僚佐和追随者，支持他的这些武士、文人、术士大多缺乏治理国家的才能，只可在乱世临危受命，不能在治世锦上添花。另外，这些人与占据政治核心位置的官僚群体更是格格不入，为了取得后者的支持，玄宗必须排除前者的干扰。

玄宗即位之初，礼貌大臣，宾礼故老，对前朝大臣极尽拉拢之能事，甚至来时为之兴起，走时临轩以送。开元初年的宰相阵容几乎是睿宗景云元年十二月的翻版：姚崇为兵部尚书、同中书门下三品，后兼紫微（中书省）令；卢怀慎为黄门（门下省）监；宋璟为吏部尚书。

姚崇对这些谲诡纵横之士并无好感，不论这些人当初是否支持玄宗，他都嗤之以鼻。包括张说、宋之问这些没有气节，只凭文学才能、投机政治晋升的官员；在玄宗身边左右接欢的宠臣比如张晖、姜皎、崔涤、李令问、王守一、薛伯阳[①]；动辄策划政变、搞政治阴谋的王琚等人。尤其最后这类人，更是让姚崇高度警惕——他们有才能却多意气用事，不愿遵守体制内的游戏规则，是政局的不安定因素。比如，王琚"少孤而聪敏，有才略，好玄象合炼之学"[②]；郭元振"任侠使气，不以细务介意，为通泉尉，前后掠卖所部千余人，以遗宾客，百姓苦之"[③]；张说"敦气义，重然诺"[④]。又比如太常卿姜皎在李隆基没发达的时候就已是其好友，李隆基当了皇帝后，他的宠遇群臣莫及，"常出入卧内，与后妃连榻宴饮，赏赐不可胜纪"。李令问在李隆基潜龙时就与之结伴游玩，玄宗即位后，他因从龙之功一直升至殿中少监。

于是从玄宗任用姚崇为相开始，以张说为首的政变功臣逐渐被贬黜，以姚崇为核心的正统官僚成为执政者。功臣集团对姚崇等人的执政必然是排斥的，《资治通鉴》记：

> 甲辰，猎于渭川。上欲以同州刺史姚元之为相，张说疾之，使御史大夫赵彦昭弹之，上不纳。又使殿中监姜皎言于上曰："陛下常欲择河东总管而难其人，臣今得之矣。"上问为谁，皎曰："姚元之文武全才，真其人也。"上曰："此张

① 《旧唐书》卷 106《张晖传》，第 3247 页。

② 《旧唐书》卷 106《王琚传》，第 3248—3249 页。

③ 《旧唐书》卷 97《郭元振传》，第 3042 页。

④ 《旧唐书》卷 97《张说传》，第 3057 页。

说之意也，汝何得面欺，罪当死。"皎叩头首服，上即遣中使召元之诣行在。既至，上方猎，引见，即拜兵部尚书，同中书门下三品。[1]

玄宗想任用姚崇为相，张说非常反对，指使赵彦昭弹劾姚崇，但玄宗没有理会。张说又让姜皎推荐姚崇任河东总管，不料一下就被玄宗识破意图。玄宗随即召见姚崇，封他为兵部尚书，同中书门下三品。姚崇拜相后不负玄宗所期，很快就献上十条建议：

一、自垂拱已来，朝廷以刑法理天下，臣请圣政先仁义；

二、圣朝自丧师青海，未有牵复之悔，臣请三数十年不求边功；

三、自太后临朝以来，喉舌之任，或出于阉人之口，臣请中官不预公事；

四、自武氏诸亲猥侵清切权要之地，继以韦庶人、安乐、太平用事，班序荒杂，臣请国亲不任台省官，凡有斜封、待阙、员外等官，悉请停罢；

五、比来近密佞幸之徒，冒犯宪纲者，皆以宠免，臣请行法；

六、比因豪家戚里，贡献求媚，延及公卿、方镇亦为之，臣请除租、庸、赋税之外，悉杜塞之；

七、太后造福先寺，中宗造圣善寺，上皇造金仙、玉真观，皆费巨百万，耗蠹生灵。凡寺观宫殿，臣请止绝建造；

八、先朝褒狎大臣，或亏君臣之敬，臣请陛下接之以礼；

九、自燕钦融、韦月将献直得罪，由是谏臣沮色。臣请凡在臣子，皆得触龙鳞，犯忌讳；

十、吕氏产、禄几危西京，马、窦、阎、梁亦乱东汉，万古寒心，国朝为甚。臣请陛下书之史册，永为殷鉴，作万代法。

---

[1] 《资治通鉴》卷 210《唐纪二十六》，第 6688 页。

这些建议如以德治国代替以刑法治国、精简政府官员、限制贵族干预政治、限制建造佛寺等，基本上都在后来玄宗的改革中得到贯彻落实。

李隆基是个非常薄情寡义的人，没有犹豫就接受了姚崇的建议，把政变功臣从政府里清除出去。这些人冒着生命危险帮助他取得了政权，结局却非常悲惨。《新唐书·姚崇传》记：

> 张说以素憾，讽赵彦昭劾崇。及（姚崇）当国，说惧，潜诣岐王申款。……（崇）曰："岐王陛下爱弟，张说辅臣，而密乘车出入王家，恐为所误，故忧之。"于是出说相州。[①]

又，《旧唐书·王琚传》记：

> 或有上说于玄宗曰："彼王琚、麻嗣宗谲诡纵横之士，可与履危，不可得志。天下已定，宜益求纯朴经术之士。"玄宗乃疏之。[②]

《旧唐书·赵彦昭传》记：

> 俄而姚崇入相，甚恶彦昭之为人，由是累贬江川别驾，卒。[③]

《旧唐书·刘幽求传》记：

---

① 《新唐书》卷124《姚崇传》，第4387页。
② 《旧唐书》卷106《王琚传》，第3251页。
③ 《旧唐书》卷92《赵彦昭传》，第2968页。

未几，除太子少保，罢知政事。姚崇素嫉忌之，乃奏言幽求郁怏于散职，兼有怨言，贬授睦州刺史。[1]

《旧唐书·钟绍京传》记：

　　迁太子詹事，时姚崇素恶绍京之为人，因奏绍京发言怨望，左迁绵州刺史。[2]

又《资治通鉴》载：

　　或告太子少保刘幽求、太子詹事钟绍京有怨望语，下紫微省按问，幽求等不服。……戊子，贬幽求为睦州刺史，绍京为果州刺史，紫微侍郎王琚行边军未还，亦坐幽求党贬泽州刺史。[3]

　　在很短的时间内，姚崇就把玄宗的功臣集团成员几乎全部清洗出中央政府。张说、刘幽求、王琚、麻嗣宗、钟绍京、赵彦昭等纷纷被贬逐。
　　邓宾的遭遇更是触目惊心，他的墓志记载：

　　先天初，归妹窃权，嗣皇养正，阴有夺宗之计，潜窥偶都之隙。公义形于色，奋不顾身，与左丞相刘幽求等同心戮力，以辅一人。廷奏奸谋，反为太平主所伺，言且不密，君几失臣，遂谪居秀州。明年，皇帝（玄宗）清问下人，芟夷

① 《旧唐书》卷97《刘幽求传》，第3041页。
② 《旧唐书》卷97《钟绍京传》，第3042页。
③ 《资治通鉴》卷211《唐纪二十七》，第6697—6698页。

元恶。且有后命，克昭乃勋，即征公为岐州司兵参军。未
拜，累迁河北、蒲城二县令。……公往经迁谪，曾冒炎瘴，
因求医长安，颇历时月。素为权宠所忌，不欲公久留京师，
遂阴中以他事，复贬为睦州分水县令。[1]

邓宾和刘幽求都是先天政变的功臣，姚崇执政后，他多次被贬谪，甚
至得了病要求回京城求医，都不能被容忍，很快就又被赶回地方。
"素为权宠所忌"的所谓"权宠"，当然是玄宗所任用的宰执大臣，也
就是姚崇、卢怀慎等人。

汪篯认为，姚崇执政期间排斥张说等人，隐含着"用吏治"与
"用文学"的政见不同[2]，即一种深刻的出身背景差异。比如王琚出身
为诸暨主簿；钟绍京出身为宫苑总监；刘幽求出身为朝邑尉；张晖出
身为铜鞮令；麻嗣宗出身为长上果毅；王毛仲出身为玄宗家奴。他们
与姚崇、宋璟、苏瑰、韦凑、魏知古、韦安石、卢怀慎等通过正常选
拔途径上来的官员相比，政治素质较差，而且不被体制内认可。比
如钟绍京被人弹劾，"虽有勋劳，素无才德，出自胥徒，一旦超居元
宰，恐失圣朝具瞻之美"[3]。这些人出身比较低，一夜之间手握大权和
资源，容易恣意赏罚。说到底这也是政治体制和政治伦理容不下这样
挑战体制的政治势力。从武则天、中宗以来冗官的大量出现严重破坏
了吏治，睿宗时姚崇、宋璟就已在着手解决，但是政变后对功臣超乎
规定的提拔，本身又是对正常选官的破坏。更何况他们对已登皇位的
玄宗来说并无大用，最后难免落得一个狡兔死、功狗烹的结局。钟绍

---

① 《邓宾墓志》，《全唐文补遗》第 6 辑，第 42 页。

② 汪篯：《唐玄宗时期吏治与文学之争——玄宗朝政治史发微之二》，唐长孺等编：
《汪篯隋唐史论稿》，北京：中国社会科学出版社，1981 年。

③ 《资治通鉴》卷 209《唐纪二十五》，第 6649 页。

京在暮年发出感叹："陛下难道不念及我们当年跟随你打天下的事情了吗？为什么把我们都流放到边鄙之地？当年的功臣们都死了，只剩下衰老的我了，难道陛下不怜悯一下吗？"这或许也是对这批政变功臣心有不甘的写照。

三、中古贵族政治的终结

隋唐两代因藩王纵横捭阖而影响政局的情况在玄宗上台以后发生了逆转。玄宗在剧烈动荡的政治局面下，起于藩邸之间，以非嫡长子的身份夺取皇位，深知强势诸王对皇权的威胁，于是玄宗在姚崇的帮助之下，进行了一系列关键的改革，从而大大限制了诸王的权力，世家大族无法再从投机不同继承人集团的做法中获得政治好处。可以说，玄宗开元年间围绕亲王政策的变革，是终结贵族政治的重要转折点。唐中叶直到宋代都受益于此次改革。马端临评价道："自（唐）中叶以来，皇子弟之封王者，不出阁；诸臣之封公侯者不世袭，封建之制，已尽废矣。"① 唐朝的皇位继承模式也以玄宗为分界点，前半期主要依靠宫廷革命发动政变，而后半期则依靠宦官。

玄宗的改革措施在开元初期密集推出，是非常有系统的举措。

第一，皇室子弟外刺与亲王担任地方官职的改革。朝廷让诸王出镇或者外刺的初衷是希望他们成为中央的屏藩，同时，专制国家中，首都自然是一切的中心，将诸王摈弃在中心之外，可以使他们无法影响皇权的稳定。玄宗采纳姚崇的建议，将有政治号召力的李成器等亲王都遣往地方担任刺史，而且并不负责具体管理，只挂虚名，并形成

---

① 马端临：《文献通考》卷 276《封建考》，北京：中华书局，2011 年，第 7553 页。

规矩。为了防止诸王跟地方形成过分紧密的联系，诸王还需经常更换辖州，不使其在一个地方待的时间太长。比如豳王守礼在开元初，走马灯似地先后担任过虢、陇、襄、晋、滑等州刺史，非奏事及大事，州务都由别驾、长史等官员代理。亲王外刺而不理州务就是从这时开始。这些政策是针对已经成年的宗室子弟，皇子比如郯王嗣真等，都只是遥领节度使、大都护等，并不出阁。开元以后，除了玄宗的兄弟外，其他诸王都没有再外任地方官职。一个特例是永王李璘，他借安禄山之变，拥兵谋反，但不久败死。因此，这次改革执行得是比较彻底的。开元九年（721），玄宗已经当了十年之久的皇帝，地位稳固，"是岁，诸王为都督、刺史者，悉召还京师"[1]。玄宗兄弟的特例也被消灭了，诸王都不出外，从制度上更加统一。自此以后，诸王不再出任地方官职成为政治传统，亲王出镇外刺完全结束。

第二，僚佐体制改革——疏离亲王公主与其僚佐系统。在隋代和唐前期，诸王对其王府僚佐的选拔和任用有较大的自主权力，此后征辟制度则逐渐消亡。起初，诸王还可以对僚佐的人选施加影响，比如直接向皇帝要求，但是玄宗上台以后，对此严加限制，从而堵住了府主与其僚佐结成集团之路。开元十年（722）春正月，玄宗取消了王公以下视品国官参佐及京三品以上官仗身职员[2]。开元年间视品官被彻底取消，诸王不再有自辟属官的权力。既然诸僚佐的任命权不在诸王，那么僚佐与其府主之间交构成祸的可能性就会大大降低，从根本上限制了诸王对朝廷官员施加影响。

第三，经济体制改革——削弱诸王贵族的经济能量。唐朝前期诸王用度非常之大，太宗时期，魏王李泰的用度甚至超过了太子李承

---

[1] 《资治通鉴》卷 212《唐纪二十八》，第 6748 页。

[2] 魏晋至唐，王公属官的地位不断降低，从流内官到视品官，至开元年间被彻底取消。参看李锦绣：《唐代视品官制初探》，《中国史研究》1998 年第 3 期，第 68—81 页。

乾。《周礼·天官冢宰》中多处规定太子的花费不受预算管理制度的约束。在唐代，这种惯例时常被引用，比如唐太宗《皇太子用库物勿限制诏》提到"储贰不会，自古常式"[1]；与诸王相比，唐代太子没有封邑，所以虽说其用度理论上不受限制，但是在实际的操作上，为了在如履薄冰的政局中保住储君的位置，大多数太子也会尽量控制花费，树立自己良好的政治形象。在这种情况下，亲王的经济能量不会与太子相差太多，有时甚至会超过太子，比如中宗时代的相王封万户，经济实力远超当时的太子李重俊。从开元年间起，玄宗的种种措施大大压缩了诸王的用度。

唐前期诸王的收入主要是封邑的收入，所以对食实封制度的改革是最关键的一步。食实封制度下，皇室成员的食封收益是直接分割国家预算内的课户及其租调额而来，而且不管水旱灾害，封户的租调都不能蠲免。唐朝刚建立时，食封之家不过二三十家，亲王食封八百户，有至一千户者。到了中宗时代，食封之家已经超过百家，其中皇室子弟的食封达到了三万多户。相王、太平公主、卫王、温王、长宁公主、安乐公主等封邑已经膨胀到惊人的地步：相王食封增加到七千户，安乐公主三千户，长宁公主两千五百户。加上其他权贵的封户，遍布全国五十四州物产丰饶的地区。亲王有自己的国官系统，直接向封户征收租调。中宗时代宰相韦嗣立调阅户部资料，发现食封之家庸调已经超过一百二十万匹，而唐朝国家每年庸调绢数也不过百万。因此出现了"国家租赋，太半私门，私门则资用有余，国家则支计不足"[2]的局面。贵族们巨大的经济实力构成了唐代前期皇权屡屡遭到挑战的经济基础。诸王、公主及围绕他们的贵族子弟，在经济能量和政治权势的鼓舞下，使唐前期的皇位继承深受政治集团斗争的影响，

---

[1] 《唐会要》卷4"储君"，第40页。

[2] 《旧唐书》卷88《韦嗣立传》，第2871页。

没有一个名义上的皇位继承人能够登上皇位。从这个意义上讲，玄宗的财政改革具有重要的政治和经济意义。

玄宗登基以后，除了原来已封的皇兄弟外，皇子封王者，封户一律二千户，即使特殊恩遇，也尽量不超过三千户。更为重要的是，他改变了之前的征收方式。在改革之前，唐政府赐给食封家的封户就是均田制下的课户，他们有权像封建国家一样征收这部分课户的租庸调。

> 州县与国官、邑官，共执文账，准其户数，收其租调，均为三分，其一入官（中央政府），其二入国（亲王公主封邑）。①

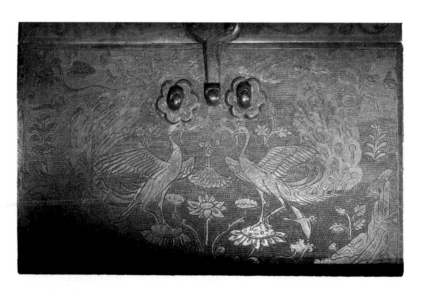

图 29　唐孔雀纹银方盒。陕西历史博物馆藏。方盒正面中央有锁鼻，可以上锁。（动脉影　摄）

---

① （唐）杜佑撰，王文锦等点校：《通典》卷 31《职官十三·历代王侯封爵》，第 871 页。

也就是说，诸王、公主得到封户缴纳的三分之二，不但有租调，还有庸。开元三年（715）五月，玄宗规定，食封家之封物全部送入京师，一般不再允许食封家派人直接到封户之州征取。这一精神在开元十一年得到加强，玄宗彻底取消了食封家直接收取封物的权力，改为国家征收后送到京城，然后由食封家领取，庸调也降到以三丁为限，食封家的收入也减少了。因为亲王不出阁，被玄宗集中起来，由宦官监视居住，实际上诸王食封在支付形式上已经变为俸给制，管理方案也完全纳入国家预算内支出计划。

第四，十六王宅的出现。十六王宅是唐中后期政治中的一个重要概念。宦官之所以能够当权，跟他们能够控制十六王宅、操纵皇位的继承很有关系。在玄宗以前，亲王有自己的王宅和王府——王府是办公机构，王宅是私人住所。从武则天后期开始，诸王开始呈现出集中居住的趋势。睿宗从皇嗣降封为相王后，相王宅被安置在太极宫和大明宫之间的长乐坊以便于控制。相王诸子居住在兴庆坊，号五王子宅，是十六王宅的前身。兴庆坊因为是玄宗旧宅，在其登基之后改为兴庆宫。兴庆宫成为玄宗时代重要的政治中心，同时，大明宫在政治生活中的角色也越来越重要，而原先的太极宫则逐渐演变成礼仪性的皇家空间。后来的十六王宅也位于太极宫和大明宫之间，而且北边与禁苑相邻。

开元中，玄宗就下诏紧靠着长安城墙和东内苑造一座宫，特年长的十位皇子都纳入其中居住，分院而处，号"十王宅"；随后年幼的六位皇子也迁入此宅，故此宅后称"十六王宅"。在十六王宅中，"中人押之"，宦官负责监控、太子家令负责饮食、侍读负责教育。诸王本有一大套僚佐班子，此时"府幕列于外坊，岁时通名起居"，基本上跟自己的府主隔绝开来了。唐前期一百年里飞扬跋扈的亲王从政治权势的角逐者，沦为了宦官控制下的囚犯。司马光对此评价道："宦官押之，就夹城参起居，自是不复出阁。"①从范围上讲，十六王宅包括永福坊全部和兴宁坊一部分。玄宗以后，皇位继承人主要通过宦官从十六王宅挑选并控制。

唐代后期，宦官、朋党、藩镇是唐政府面对的三大难题。宦官的权力根源在于皇帝，宦官能够操纵皇帝的废立，是宦官专权的关键。同时，因为皇族子弟作为皇权补充的作用为宦官所取代，宦官成为皇帝权力的延伸。唐代后期，没有真正意义上的太子即位，从文宗开始，武宗、宣宗、懿宗、僖宗、昭宗、哀帝全部都是由宦官直接从十六王宅迎接出来即位为皇帝的。《旧唐书》的史臣对此评论道："自天宝已降，内官握禁旅，中闱篡继，皆出其心。故手才揽于万机，目已眄于六宅。"②这里的"六宅"就是十六王宅的简称。

安史之乱后，宗室诸王曾经有几次复兴权力的势头，但是都没能改变政治格局。安史之乱时，玄宗曾一改过往政策，派遣诸王出镇，其中最重要的是永王李璘任山南东道、岭南、黔中、江南西道节度都使。永王李璘出镇成为肃宗朝初年的一件大事，标志着从玄宗朝初期开始实行的隔绝皇子与外界联系的压制政策到以皇子代替边镇将领典兵的重要转折。不过永王李璘因内讧而兵败。永王李璘的起兵是唐代中后期诸王复兴自己政治影响的一次尝试，而他的失败归根结底是诸王擅权已经失去了唐前期的政治土壤。李德裕曾建言废除十六王宅，希望以此压制宦官权势，最终并未实行。到了昭宗时代，唐帝国已经进入风烛残年，作为皇权延伸的宦官也屡遭强藩的打击。景福二年（893），昭宗试图让宗室子弟掌握禁军，很快就在强藩和宦官的挤压中失败了。当皇权所依赖的宦官势力也被剪除后，唐王朝灭亡的命运也就到来了。唯一可以依赖的宗室势力，也因长期受到压制，已经不

---

① 《资治通鉴》卷 213《唐纪二十九》，第 6778 页。

② 《旧唐书》卷 175《九宗诸子传》，第 4549 页。

可能承担起复兴唐王朝的使命。任何政策都有它的时效性，随着时间的推移，负面作用会慢慢显现，如果没能及时进行调整，就会演变成阻碍。

唐前期，诸王、特殊贵族成员在政治生活中纵横捭阖，其他贵族官员投机其间，是一百多年中皇位继承由实力决定的基础。玄宗加强皇帝权威、压制其他潜在政治中心的措施，最终将各大家族和某些特定社会群体投机政治的道路堵住，使得唐代前后两期的政治面貌截然不同。就知识和信仰界而言，这种转变也产生了重要的影响。首先是佛教从政治中心舞台退出，再也没能像隋文帝或者武则天时代那样成为主导的政治意识形态之一。针对富户强丁多削发以避徭役的事实，开元二年（714），玄宗下令筛选淘汰天下僧尼，共有一万两千余名因弄虚作假而被勒令还俗的僧人。玄宗又规定，此后各地不得新建佛寺；旧寺颓坏了，也要经官府查实后才许加以修葺。玄宗特别下诏，禁止百官家与僧尼、道士往来，甚至一度禁止民间铸佛、写经。持术数、星相的术士也在打击之列，被禁止出入百官之家。在从贵族政治转向以皇帝为中心的官僚层级制的过程中，玄宗扮演了重要的角色。

不论中国还是西方，在政治制度上都存在过从封建君主制到专制君主制的演变过程，在社会性质上表现为贵族社会向平民社会的演进。在封建君主制下，皇帝既是皇族，又是贵族，与皇权并立的还有贵族权（西方还有表现为教士权的贵族权）；官员大多由门荫而不是选举（考试）决定；社会阶层缺乏流动。从封建君主制到专制君主制的转变，存在着君主和贵族的矛盾和斗争，在东西方，这种斗争的结果都是王权取得了胜利。

王权与贵族权的斗争使得王权要引进新的政治力量，这种新的政治力量，必须是贵族阶层之外的力量。马克斯·韦伯（Max Weber）《学术与政治》在探讨职业政治家的来源时论述道：面对贵族等级，君主要从这个等级之外寻觅政治上可资利用的阶层，可以说，以往

"职业政治家"是在同贵族等级的斗争中发展起来的，他们是为君主效力而存在的。第一种可资利用的阶层就是僧侣阶层。除了中世纪基督教地区以外，这一阶层还存在于东印度、西印度、佛教影响下的中国、日本。僧侣能识文断字，具有行政处理能力，同时他们要恪守独身的原则，处于政治经济利益纷扰之外，不会出于私利或者子孙的利益被权力斗争所诱惑。第二种可资利用的阶层是受过人文主义教育的文人。中国的士大夫一开始就和西方文艺复兴时期的人文主义者类似，他们具有行政处理能力，同时由于出身的原因，会自觉地站在贵族的对立面，所以也成为君主对抗贵族的重要力量。第三种是宫廷贵族。第四种是英国所独有的"绅士"阶层。第五种是大学里训练的法律专家。

韦伯关于职业政治家来源的讨论，更多地来自西方的政治土壤。在中古中国，除了韦伯所谈到的这些阶层以外，还有其他君主借以加强君权、对抗贵族的政治力量。其中一种力量就是君主的家奴，在东方经常表现为宦官。因为身体上的原因和身份上对君主的依赖性质，宦官不能作为一个独立的阶层威胁到君主的权力，所以经常被皇权利用为武器。这也正是中国历史上经常出现宦官专权的原因所在。其实这不是只有中国才有的情况，奥斯曼土耳其帝国也有类似的情况出现。

在中国的历史进程中，从封建君主制演变为专制君主制的表现之一，就是从家族统治变为个人统治。周代的分封制是以姬姓为主体的贵族统治。秦始皇将皇帝以外的皇室成员置于庶人的地位，实行完全的郡县制，这可能是一种超越了时代的急政。从汉代到南北朝，虽然不断限制皇帝以外的皇族的权力，但是始终避免不了任用皇族担任政府重要官员。西汉和西晋实行亲王分封或者出镇，南北朝时期亦给予皇室成员重要的权力，这种情况一直延续到了隋代和唐朝的前期。产生这种情况的原因，一是政治制度的简单和不完善，需要皇族成员来补充；二是社会阶层的结构导致的，世家大族的存在，要求皇族在政治上也保持强大。

但是皇族作为皇权对抗贵族的政治力量存在致命的弱点。因为皇族子弟既为皇族，又是贵族，皇族子弟对皇位的觊觎很容易被其他贵族大臣所借用，从而对皇权构成威胁，所以皇族不是理想的可资利用力量。隋唐两代上承魏晋南北朝的士族政治，下启平民化时代的宋朝，是一个重要的历史时期。隋唐两代的王府在政治生活、社会生活中的地位以及作用也截然分为两期。不论南朝、北朝，王府的地位都非常重要，隋代及唐朝前期继承了这一政治传统，亲王权势更加强大。在整个唐玄宗以前的政治史中，王府不但作为一个政治力量出现，而且在宗教、文化、艺术等领域都占据一席之地——利用其权势网罗大量相关人才，促进该领域发展。但是从玄宗开始，王府的地位日渐降低，在各方面的影响渐渐消失。这个过程也反映了从贵族政治到平民化社会、从封建国家体制向中央集权的官僚制的转变。亲王权力的下降之后由于蒙古的入侵而被打断，在明清又产生了反复，这是后话。从王府的角度来看待唐代某些历史进程，会有一些新的启发。

玄宗采取措施控制亲王们的权力和影响，并加强皇帝个人的权威。可是，在没有皇族成员作为屏藩的情况下，宦官阶层作为皇帝个人权力的延伸开始兴起，这又导致了唐朝中后期的宦官专权。但宦官和皇权是相依相存的，宦官的消灭就成为唐朝灭亡的重要标志。

在宋朝以前，科举制始终还不能在政治中居于主导的地位，所以皇权便依靠宦官阶层来应付当时的政治局面。到了宋代，科举产生的读书人官僚在政治中占据了最重要的地位。这批人经过学习儒家经典具有深入骨髓的忠君爱国思想，而且具有行政处理能力。皇帝和士大夫共治逐渐成为中国政治的主流。从宋代开始一直到清朝结束的一千年中，再没有权臣贵族可以取代既有的皇室而上台。

四、救时宰相姚崇与开元政局

毛泽东对《旧唐书》和《新唐书》中关于姚崇的记载都仔细阅读过并有批注，在《新唐书》卷124《姚崇传》的天头还留下了"大政治家、唯物论者姚崇"的批注。毛泽东非常欣赏姚崇的十条意见，对此批道："如此简单明了的十条政治纲领，古今少见。"

唐朝前有房玄龄、杜如晦，后有姚崇、宋璟，这四个人被认为是唐朝的四大名相。姚崇对开元盛世的开启具有重要贡献，在当时就被称为"救时宰相"。但是姚崇和宋璟完全是两种人——宋璟以耿直著称，而姚崇以变通著称。文学影视中的忠臣似乎都耿直忠厚、生活朴素，而奸臣则狡猾阴险、生活奢华。现实往往不是这样，比如被认为是大奸臣的窦怀贞支持太平公主，最后抄家时家里只有几担粗米；开元名相姚崇却是弄权高手，城府极深。

姚崇，原名姚元崇，后改姚元之（突厥反贼叱利元崇也叫"元崇"，所以武则天为其改名为姚元之），后又改姚崇。他是陕州硖石（今河南陕州）人，父亲叫姚懿，字善意。1983年，因为陇海线电气化改造，姚懿墓被发掘，我们也因此了解到姚懿在高宗时担任过嶲州都督，龙朔二年（662）去世，死时七十三岁，这一年姚崇只有十二岁。姚崇应在他父亲六十一岁时出生，属于晚年得子。

关于姚崇的长相，有一段有趣的文献。"唐兵部尚书姚元崇长大行急，魏光乘目为'赶蛇鹳鹊'。"① 跟姚崇同时代的大臣魏光乘喜欢给人取外号，因为姚崇个子高大，走路急速，像在追捕蛇的鹳鸟，所以魏光乘称之为"赶蛇鹳鹊"。魏光乘不过是一个从八品的左拾遗，却先后给十四位高官起了外号，如称宰相卢怀慎为"觑鼠猫儿"（卢怀慎走路喜欢低头看地），殿中监姜皎是"饱椹母猪"（姜皎肥而黑，且借掌管皇帝衣食住行的职务之便谋求私利，故讽其为吃饱了桑椹的猪）等，结果被指控品题朝士，贬为新州新兴尉。

对于姚崇早年经历的记载并不多。姚崇升任宰相前曾被玄宗召见，《通鉴考异》引吴兢《升平源》，对这次召见记载得比较详细：

> 上方猎于渭滨，公至，拜马首。上曰："卿颇知猎乎？"元崇曰："臣少孤，居广成泽，目不知书，唯以射猎为事。四十年方遇张憬藏，谓臣当以文学备位将相，无为自弃，尔来折节读书。今虽官位过忝，至于驰射，老而尤能。"于是呼鹰放犬，迟速称旨，上大悦。

根据姚崇自己的回忆，他整天打猎游荡一直到四十岁，也没什么人生目标，直到碰到唐朝有名的术士张憬藏。后者对姚崇说，你将来会成大事，要好好读书，于是姚崇才开始认真读书。姚崇大器晚成，有很多社会经验，有侠气而知变通，这也奠定了他将来的执政风格。

姚崇以孝敬皇帝挽郎的身份出仕，担任过濮州司仓。他从兵部起家，担任过兵部郎中。武则天时期，契丹入侵河北，姚崇主持军事事务，剖析若流，皆有条贯，业务水平很高。武则天对他大为赞赏，直接提拔为兵部侍郎，很快就担任同凤阁鸾台平章事，跻身宰相队伍。当时流行酷吏政治，很多大臣被罗织成罪，遭到迫害。姚崇对武则天

---

① 张鹭撰，赵守俨点校：《朝野佥载》卷四，第 90 页。

说："我愿意以全家一百多口的命，担保大臣们并没有谋反。"武则天大为激赏，派太监赏赐姚崇一千两白银。

后来姚崇的政治生命和相王李旦连在了一起，他担任了相王府长史（僚佐长）。姚崇认为："臣事相王，知兵马不便。臣非惜死，恐不益相王。"①此后姚崇改任礼部尚书，又跟张易之发生冲突，离开长安担任灵武道大总管。

神龙元年，张柬之、桓彦范等发动政变，诛杀张易之兄弟，推翻了武则天的统治。姚崇也参与了这场政变。当时武则天移居上阳宫，张柬之、桓彦范这些大臣都欢欣鼓舞，只有姚崇独自一人呜咽流涕。张柬之、桓彦范等人很不高兴，对姚崇说："今日岂是啼泣时！恐公祸从此始。"姚崇说："昨预公诛凶逆者，是臣子之常道，岂敢言功；今辞违旧主悲泣者，亦臣子之终节，缘此获罪，实所甘心。"②不久，姚崇离开长安，到亳州担任刺史，此后又担任常州刺史。他远离中央，躲过了中宗对功臣的屠杀，而张柬之等人最后死于中宗和武三思的政治迫害。

从705年到710年这五年间，姚崇都远离权力中心。因为他跟相王的关系，也不可能受到中宗的重用。相王李旦登上皇位后，第一时间就把姚崇召回长安，让他担任兵部尚书、同中书门下三品，很快升任中书令。

在玄宗和太平公主的斗争中，姚崇是偏向李隆基的，他提出让太平公主去洛阳居住，以息人心。在太平公主施压下，李隆基不得已上书控诉姚崇离间皇族。结果，姚崇第二次被赶到地方，先后出任申州刺史、扬州长史、同州刺史。玄宗击败太平公主后，马上将姚崇召回，让他担任兵部尚书、同中书门下三品。在姚崇的主持下，唐朝开

---

① 《旧唐书》卷96《姚崇传》，第3022页。

② 《旧唐书》卷96《姚崇传》，第3022—3023页。

始进行大规模改革。不论是政治、经济还是宗教政策，都做了大量调整，主要解决了三大问题：第一是巩固皇权，根除外戚、贵族对皇权的挑战和干预；第二是进行政府体制改革，精简官员队伍；第三是解决财政问题，减轻百姓压力，增加政府收入，恢复常平仓，平抑物价等。可以说这短短两三年时间就奠定了开元盛世的体制基础。

姚崇执政比较变通，可谓"善应变以成天下之务。明者因时而变，智者随时而制"。比如他的抑制佛教政策。姚崇个人对佛教的态度比较复杂，很难界定他本人是否真的信佛，至少他有自己的特殊看法。据考古材料，他所参与的佛教造像活动至少有两次。武则天的七宝台中一件弥勒三尊像由姚崇所造，题记云："长安三年九月十五日，银青光禄大夫、行凤阁侍郎兼检校相王府长史姚元之造。"其弟姚元景也造了一件弥勒三尊像，题记云："朝散大夫、行司农寺丞姚元景……爰于光宅寺法堂石柱造像一铺……长安四年九月十八日书。"有趣的是，姚崇虽然比弟弟官职高得多，他所造的弥勒佛三尊像（67.9 厘米）却比姚元景的（104.5 厘米）小了很多。玄宗时期，迅速发展的佛教与政府争夺财政收入及劳动力。姚崇采取了一种比较灵活的做法：淘汰一些不合格的僧人，让他们还俗以增加劳动力，进而增加政府的收入；建议减少佛寺的修建，减轻财政压力。有一段话很能反映他的心声，姚崇认为："佛不在外，求之于心。佛图澄最贤，无益于全赵；罗什多艺，不救于亡秦。何充、傅融，皆遭败灭；齐襄、梁武，未免灾殃。但发心慈悲，行事利益，使苍生安乐，即是佛身。何用妄度奸人，令坏正法？"[①] 在他看来，佛不在身外，只能在心中求取。只要心存慈悲，做事有益，使百姓安居乐业即可，无需投入大量人力财富供佛。所以他抑制僧团势力，一方面巩固了皇权，一方面又减轻了财政压力。

---

① 《旧唐书》卷96《姚崇传》，第 3023 页。

另外一件事情也可以看出姚崇的变通之处。开元四年（716），山东蝗虫大起，姚崇奏曰："《毛诗》云：'秉彼蟊贼，以付炎火。'又汉光武诏曰：'勉顺时政，劝督农桑，去彼螟蜮，以及蟊贼。'"① 蝗虫在中国古代对民生影响很大，一旦发生大规模的蝗灾，会造成大量民众流离失所。但灭蝗不是简单的政策问题，它涉及思想层面的问题。首先，佛教有不杀生的理念。其次，中国本土的天人感应学说对蝗灾的发生有一套解释机制。根据儒家的阴阳灾异说，蝗灾是因为君主治理不当，皇帝如果修身养性，蝗灾会自行消失。姚崇主张灭蝗，但大臣们包括卢怀慎都认为："蝗是天灾，岂可制以人事？外议咸以为非。又杀虫太多，有伤和气。今犹可复，请公思之。"姚崇直接回敬道："庸儒执文，不识通变。"对于姚崇的灭蝗政策，下面的大臣拒不执行。汴州刺史倪若水认为："蝗是天灾，自宜修德。刘聪时除既不得，为害更深。"② 姚崇大怒，给倪若水发公文说："刘聪伪主，德不胜妖；今日圣朝，妖不胜德。古之良守，蝗虫避境，若其修德可免，彼岂无德致然！"③ 在姚崇的高压下，最后还是执行了灭蝗政策。故事到这里，似乎完美结束，但事件还有另一面——这次灭蝗的效果并不好。

这次蝗灾，宰相姚崇遣使分道捕瘗。谏议大夫韩思复上报玄宗灭蝗效果不好，玄宗应该修德。他说："夹河州县，飞蝗所至，苗辄尽，今游食至洛。使者往来，不敢显言。且天灾流行，庸可尽瘗？望陛下悔过责躬，损不急之务，任至公之人，持此诚实以答谴咎，其驱蝗使一切宜罢。"④ 玄宗将奏疏拿给姚崇看，姚崇建议派韩思复去山东复核，韩思复回来仍说灭蝗效果不好。姚崇又派监察御史刘沼再去查看，刘

① 《旧唐书》卷 96《姚崇传》，第 3023—3024 页。

② 《旧唐书》卷 96《姚崇传》，第 3024 页。

③ 《旧唐书》卷 96《姚崇传》，第 3024 页。

④ 《旧唐书》卷 118《韩思复传》，第 4272 页。

沼知道他的用意，便上报灭蝗效果很好。结果韩思复被贬为德州刺史。本来按照规定，遭遇蝗灾的州县应该减赋，但河南数州因灭蝗效果"很好"而赋不得免。

姚崇在政治上独裁专任，军国庶务都由他一人决断，其他宰相卢怀慎、源乾曜等，但唯诺而已。卢怀慎被当时人称为"伴食宰相"[1]——只是陪着大家吃顿工作餐。其实卢怀慎是个清官。唐代笔记小说《独异志》记载有卢怀慎清廉却早死，张说受贿却长寿的故事。卢怀慎死后，有重要事务，玄宗都让源乾曜咨询姚崇。如果源乾曜的奏言符合玄宗心意，玄宗就认为是姚崇的主意；如果不合心意，玄宗便会责问为什么不问姚崇。姚崇得病，玄宗听从源乾曜的建议让他去四方馆（朝廷接待外国使臣的宾馆）居住。姚崇认为四方馆豪华，不敢从命。玄宗说："我恨不得让你住到宫里，何况四方馆？"

史书描述姚崇"资权谲"[2]，意思是说他城府很深。比如魏知古本由姚崇推荐，等二人都位列宰相后，姚崇却有些瞧不起他，将他贬为代理吏部尚书，负责东都选官事宜。当时姚崇的两个儿子也在东都洛阳，四处给人送礼，凭旧交

图30 唐彩绘男立俑。庆城县博物馆藏。（动脉影　摄）

---

[1]《旧唐书》卷98《卢怀慎传》，第3068页。

[2]《新唐书》卷124《姚崇传》，第4387页。

情走后门办事。魏知古因为贬职一事对姚崇心怀不满，所以一返京就将此事告诉了玄宗。

> 他日，帝召崇曰："卿子才乎，皆安在？"崇揣知帝意，曰："臣二子分司东都，其为人多欲而寡慎，是必尝以事干魏知古。"帝始以崇私其子，或为隐，微以言动之。及闻，乃大喜，问："安从得之？"对曰："知古，臣所荐也，臣子必谓其见德而请之。"帝于是爱崇不私而薄知古，欲斥之。崇曰："臣子无状，挠陛下法，而逐知古，外必谓陛下私臣。"[1]

面对玄宗的试探，姚崇巧妙地将责任推到魏知古身上，说自己的儿子们托魏知古办事是以为他会念及早年姚崇对他的提携之恩。姚崇揣摩帝心，用三两句话就不留痕迹地把魏知古描绘成一个忘恩负义的小人。没过多久魏知古就被免去了宰相一职，改任工部尚书。

更能突出姚崇城府的例子是他与张说的斗争。张说曾偷偷去拜见玄宗的兄弟岐王。姚崇对玄宗说："岐王陛下爱弟，张说辅臣，而密乘车出入王家，恐为所误，故忧之。"[2]于是张说被贬去了相州（今河南安阳）。姚崇和张说最后的斗争也极具戏剧性：

> 姚元崇与张说同为宰辅，颇怀疑阻，屡以事相侵，张衔之颇切。姚既病，诫诸子曰："张丞相与吾不叶，衅隙甚深。然其人少怀奢侈，尤好服玩。吾身殁之后，以吾尝同寮，当来吊。汝其盛陈吾平生服玩宝带重器，罗列于帐前。若不顾，汝速计家事，举族无类矣；目此，吾属无所虞。便当录

---

① 《新唐书》卷 124《姚崇传》，第 4387—4388 页。

② 《新唐书》卷 124《姚崇传》，第 4387 页。

其玩用，致于张公，仍以神道碑为请。既获其文，登时便写进，仍先砻石以待之，便令镌刻。张丞相见事迟，于我死数日之后，必当悔，若却征碑文，以刊削为辞，当引使视其镌刻，仍告以闻上讫。"姚既殁，张果至，目其服玩三四。姚氏诸孤，悉如教诫。不数日，文成，叙述该详，时为极笔。其略曰："八柱承天，高明之位列；四时成岁，亭毒之功存。"后数日，张果使使取文本，以为词未周密，欲重加删改。姚氏诸子乃引使者视其碑，乃告以奏御。使者复命，悔恨拊膺曰："死姚崇犹能算生张说，吾今日方知才之不及也远矣。"①

姚崇知道张说贪财，便在临终前嘱咐儿子们用家藏珍玩换他撰写的神道碑文；还要提前准备好碑石，收到碑文后立即呈报给皇上。如果事后张说反悔，就给他看已经刻好的碑文。张说果然如姚崇所料，交出文章后就后悔了，见神道碑已经完工，不免感叹姚崇死了还能算计自己，自己的才能确实不如他。李清照亦有词云："君不见当时张说最多机，虽生已被姚崇卖。君不见惊人废兴传天宝，中兴碑上今生草。"②

张说的这篇《故开府仪同三司上柱国赠扬州刺史大都督梁国公姚文贞公神道碑》被保留了下来，其文曰："仁将勇济，孝与忠俱。学刃攒植，文锋迅驱……箴虽诚口，史小忘躯。但晤珲璞，谁详瑾瑜。"③

---

① （唐）郑处诲撰，田廷柱点校：《明皇杂录》卷上，第15—16页。

② （宋）李清照著，王仲闻校注：《李清照集校注》，北京：中华书局，2020年，第117页。

③ 《全唐文》卷230《姚崇神道碑》，第2328页。

五、宦官的崛起

宦官以前往往被认为是统治阶级中最为腐朽堕落的组成部分，但是宦官在中国传统政治文化中有其传统的地位。比如在天象中就有宦者之星："在天悬象，天垂宦者之星；在地标仪，地有阉人之职。"[①]"阉人"的本意是指看守宫门的官，引申有辅佐皇帝之意。

宦官掌握政府机关，掌管起草诏书，唐朝的宦官甚至还掌管禁军。但是从来没有宦官可以推翻皇帝，自己坐上皇位，他们可以更换皇帝，但是不能推翻整个王朝。宦官从根本上说，是皇帝权力的延伸，是皇权的组成部分。宦官群体的特殊性，不仅在于他们是无根之人，更在于他们斩断了跟世俗家族的联系。宦官的所有权力都来自皇帝。

《旧唐书·宦官传》记："唐制有内侍省，其官员：内侍四人；内常侍六人；内谒者监六人；内给事八人；谒者十二人；典引十八人；寺伯二人；寺人六人。"[②]此外还有五局，各有执掌，但级别都很低，身份是仆人。从唐太宗到高宗时期，宦官都是被压制的状态，"贞观中，太宗定制，内侍省不置三品官，内侍是长官，阶四品。至永淳

---

① 《全唐文》卷 173《本省状称寺伯蒙天建植性谨厚荐达贤良处事清勤惟知内外纠察必望百司清肃》，第 1763 页。

② 《旧唐书》卷 184《宦官传》，第 4753 页。

末，向七十年，权未假于内官，但在阁门守御，黄衣廪食而已"[1]。武则天时期宦官也没有增加多少，但中宗时期人数一下增加到三千：

> 则天称制，二十年间，差增员位。中宗性慈，务崇恩贷，神龙中，宦官三千余人，超授七品以上员外官者千余人，然衣朱紫者尚寡。[2]

最重要的变化发生在玄宗时期。李隆基借助宦官打击贵族，加强皇权，使宦官从仆人上升为官员，甚至跻身三品高官。

> 玄宗在位既久，崇重宫禁，中官稍称旨者，即授三品左右监门将军。……开元、天宝中，长安大内、大明、兴庆三宫，皇子十宅院，皇孙百孙院，东都大内、上阳两宫，大率宫女四万人，品官黄衣已上三千人，衣朱紫者千余人。[3]

玄宗在位很长时间，凡稍合心意的宦官都被授予了较高的官职，久而久之造成了宦官高阶官员的膨胀。当时长安三宫、皇子十宅、东都洛阳两宫内，三品以上的宦官多达千人。

唐代的宦官最为人熟知的是高力士，但是在高力士之前，已经有个别宦官在政治上崭露头角。洪迈《容斋随笔》记载成都有一块立于唐开元十九年（731）的《平南蛮碑》[4]。此碑为剑南节度副大使张敬忠所立。当时南蛮大酋长染浪州刺史杨盛颠侵扰唐朝边境，玄宗派宦

---

① 《旧唐书》卷 184《宦官传》，第 4754 页。

② 《旧唐书》卷 184《宦官传》，第 4754 页。

③ 《旧唐书》卷 184《宦官传》，第 4754 页。

④ 洪迈撰，孔凡礼点校：《容斋随笔》，北京：中华书局，2005 年，第 2 页。

官高守信为南道招慰处置使，连拔九城。洪迈感慨，后来不管是肃宗任用大太监鱼朝恩做观军容处置使，还是宪宗任用大太监吐突承璀做招讨使，时人多有议论，但是没想到这种做法在玄宗时期就有了。实际上，高守信并不是唐朝最早领兵作战的宦官，杨思勖比他更早上战场，地位也更高。唐代宦官和佛教关系往往比较密切。龙门石窟奉先寺北壁有块《大唐内侍省功德之碑》，据碑文，高力士、杨思勖等宦官曾与玄宗同往东都洛阳，在龙门石窟为玄宗敬造西方无量寿佛一铺十九事（即一组十九尊）[1]。杨思勖虽和高力士是同事，但年龄比高力士大了近三十岁。高力士的工作偏文职，而杨思勖主要领兵在外。这一文一武开启了唐代宦官干政的历史进程。

（一）最能打的太监杨思勖

杨思勖（654—740），本姓苏，罗州石城（今广东廉江）人——唐代太监很多来自岭南，高力士也是如此。他是岭南罗州少数民族首领苏历之子，母亲陈氏是雷州少数民族首领陈玄之女。杨思勖父母的婚事是岭南两个土著部落之间的政治联婚，父母两家均家世显赫，世代"纪纲南土"[2]。高宗显庆四年（659），因发生灭门之祸，罗州土著王朝覆灭，杨思勖时年六岁，由于年幼免于一死，后被阉进入内侍省，由京城宦官杨氏收养，故改姓杨。开元元年（713），杨思勖居然找到年近八旬的母亲，并接回京城安度晚年。母亲去世之后，他征求唐玄宗的同意，为父亲进行了招魂仪式，最后将父母合葬。他的母亲被封为颍川郡夫人，开元宰相张说为其撰写了《颍川郡太夫人陈氏碑》[3]，可见杨思勖地位之高。

---

① 李晓霞、谷宏耀：《龙门石窟〈大唐内侍省功德之碑〉相关问题再考》，《敦煌研究》2018 年第 6 期，第 59—68 页。

② 《杨思勖墓志》，《全唐文补遗》第 1 辑，第 146 页。

③ 《全唐文》卷 270《颍川郡太夫人陈氏碑》，第 2293—2294 页。

杨思勖以战功发家。中宗时太子李重俊政变，杨思勖因斩杀了李多祚前锋，被破格提拔为银青光禄大夫、行内常侍。杨思勖之后又跟随李隆基诛韦氏，逐渐变成李隆基的心腹，累迁右监门卫将军。玄宗即位后，特赐杨思勖的郡望为弘农，使他成为唐代士族中显赫望族和元献皇后的族人。

> 开元初，安南首领梅玄成叛，自称"黑帝"，与林邑、真腊国通谋，陷安南府，诏思勖奉诏讨之。思勖至岭表，鸠募首领子弟兵马十余万，取伏波故道以进，出其不意。玄成遽闻兵至，惶惑计无所出，竟为官军所擒，临阵斩之，尽诛其党，积尸为京观而还。
>
> 十二年，五溪首领覃行璋作乱，思勖复受诏率兵讨之，生擒行璋，斩其党三万余级。以军功累加辅国大将军。后从东封，又加骠骑大将军，封虢国公。
>
> 十四年，邕州贼帅梁大海拥宾、横等数州反叛，思勖又统兵讨之，生擒梁大海等三千余人，斩余党二万余级，复积尸为京观。
>
> 十六年，泷州首领陈行范、何游鲁、冯璘等聚徒作乱，陷四十余城。行范自称帝，游鲁称定国大将军，璘称南越王，割据岭表。诏思勖率永、连、道等兵及淮南弩手十万人进讨。兵至泷州，临阵擒游鲁、冯璘，斩之。行范潜窜深州，投云际、盘辽二洞。思勖悉众攻之，生擒行范，斩之，斩其党六万级，获口马金玉巨万计。[①]

自 722 年至 728 年这六年间，杨思勖一直在两广及越南地区平定

---

① 《旧唐书》卷 184《杨思勖传》，第 4755 页。

少数民族叛乱，维护了唐朝对岭南地区的统治。他本人亦因战功升至骠骑大将军，封号国公——地位甚至超过了高力士。杨思勖确实有军事才能，他在平定安南梅玄成叛乱时，取东汉伏波将军马援走过的路线进攻，杀了叛军一个出其不意，后来很多唐人就在文献中把杨思勖比作伏波将军马援。

杨思勖力气过人，残忍好杀，经常下令活剥俘虏的面皮，或割断发际线，扯去他们的头皮。内给事牛仙童出使幽州，因接受边将张守珪的贿赂，惹得玄宗大怒。杨思勖奉命杀之，他先将牛仙童五花大绑，吊起来挂了几天，再挖出心脏，砍去手脚，最后竟把牛仙童的肉割下来吃掉了。杨思勖残忍如斯，却非常长寿，开元二十八年（740）卒于长安翊善里私第，时年八十余。

1958 年，陕西西安纬十路南侧的一处工地里发现了杨思勖墓，从中出土了《唐故骠骑大将军兼左骁卫大将军知内侍事上柱国虢国公杨公墓志铭》①。杨思勖墓的级别较高，出土了很多精美的文物。其中一件描金石刻武士俑头戴幞头，身着

图 31 杨思勖墓出土唐描金石刻武士俑。中国历史博物馆藏。该俑手中抱着弓箭等武器，显示了主人一生的军功和荣耀。钟少异指出，该俑手中弯月形之物被复原为带鞘的弯刀，此为修复之误。该物应为韬或韔，即弓袋。（动脉影 摄）

---

① 《杨思勖墓志铭》，《全唐文补遗》第 1 辑，第 146—147 页。

圆领袍衫，腰侧两边还挂着弓、剑等战具，手中还捧着另一套弓箭、刀具，显然是为主人准备。此俑应是墓主的侍卫亲兵。

杨思勖是雷州半岛历史上最早的京官，也是雷州半岛在封建朝代首个一品官员。他还是中国历史上最能打的太监，两《唐书》的宦官传均把他放在第一位。但当时的社会舆论对这些人并不是那么尊重。宋璟从广州回长安担任宰相，玄宗派杨思勖前去迎接。宋璟个性耿直，一路上都不肯和杨思勖说一句话。

（二）从未给李白脱靴的高力士

高力士一直是个被丑化的角色。比如后世编造的高力士为李白脱靴的故事，就是为了塑造李白的高大形象。唐代李肇《唐国史补》卷上记李白脱靴事：

> 李白在翰林，多沉饮，玄宗令撰乐词，醉不可待，以水沃之，白稍能动，索笔一挥十数章，文不加点。后对御，引足令高力士脱靴，上命小阉排出之。[1]

唐人段成式的《酉阳杂俎》亦记：

> 李白名播海内，玄宗于便殿召见。神气高朗，轩轩然若霞举。上不觉忘万乘之尊，因命纳履。白遂展足与高力士，曰："去靴。"力士失势，遽为脱之。及出，上指白谓力士曰："此人固穷相。"[2]

宋人李濬《松窗杂录》也间接记载了这个故事。这些材料后被大

---

① 李肇撰，聂清风校注：《唐国史补校注》，北京：中华书局，2021年，第16页。

② 段成式撰，许逸民校笺：《酉阳杂俎校笺》，第900页。

量引用，造成了高力士的弄臣形象。高力士和李白其实从没有发生过冲突。蒲城县博物馆保存的《高力士神道碑》由李阳冰篆额，而李阳冰是李白的族叔。李白生前曾投靠李阳冰，死后亦是由李阳冰料理后事。如果高力士和李白是死对头，李阳冰绝不会为高力士碑篆额。

高力士墓位于陕西省蒲城县，是玄宗泰陵的唯一陪葬墓。1999年，高力士墓出土了《高力士墓志》，这位著名太监的真实人生才得以被后人窥知一二。

高力士（684—762），潘州（今广东茂名）人，本名冯元一，是唐初岭南酋长冯盎的曾孙。冯盎家族在唐初是岭南第一大势力，在武则天时代因叛乱没落。高力士因此没入宫廷当太监，可以说命运非常坎坷。圣历元年（698），岭南讨击使李千里（吴王李恪之子）为讨好武则天，进献两名小太监，一个名叫金刚，一个名叫力士——名字带有明显的佛教色彩，而高力士墓志说他"文武不堕，百发皆中，因是有力士之称"①。不过高力士确实身强体壮，而且是个神箭手，《旧唐书》记载其"长六尺五寸"，《高力士神道碑》亦称："公以一箭受命，双禽已飞，控弦而满月忽开，饮羽而片云徐下。壮六军而增气，呼万岁以动天。"②

高力士进宫以后，因为很聪明，深得武则天欢心，后来因小错被逐，被内

图 32　唐高延福墓志。清乾隆年间出土于陕西长安。

① 《高力士墓志》，《全唐文补遗》第 7 辑，西安：三秦出版社，2000 年，第 59 页。
② 《高力士神道碑》，《全唐文补遗》第 1 辑，第 36 页。

官高延福收为养子。《高延福墓志》[1]在乾隆年间出土于西安白鹿原。总章元年（668），唐军攻破平壤，灭高句丽，八岁的高句丽王室成员高延福被迫移民至长安。高延福先入武三思家为奴，由武氏举荐入宫为宦，后收养高力士，父以子贵，历仕内侍诸职，经高宗等数朝，人生经历极富传奇色彩。高力士因养父而往来于武三思家。过了几年，武则天又把高力士召入宫中，隶司宫台。高力士性格谨慎，办事周密，能传诏敕，又被授为宫闱丞。

高力士是非常聪明的人。景龙年间，玄宗还是普通的郡王，政治上看不到任何前途，高力士就倾心奉之，得到恩宠。玄宗在唐隆政变后升为皇太子，奏请高力士进入内坊（东宫下属官署，掌管宫内事务），日侍左右，又提拔他为朝散大夫、内给事。后来高力士参加了先天政变，因参与诛杀萧至忠、岑羲等有功，破格升任银青光禄大夫，行内侍同正员。开元初年，高力士又加授右监门卫将军，知内侍省事。高力士与玄宗是同患难、共生死的关系，互相非常信任，双方合作长达半个世纪。每次中书省进呈文书，必须先交给高力士，大事再呈送皇上，小事便由高力士自行决定。玄宗常曰："力士当上，我寝则稳。"[2]高力士平时就在玄宗寝殿侧帘帷中休息，很少回自己的外宅居住。殿侧有一个院子，里面有高力士修功德的地方，装饰得极其华丽，穷极精妙。由此也可见高力士确实是个虔诚的佛教徒，正如他的名字。

玄宗时期，宰相之间互相争斗，能做到宰相的人大多都受过高力士直接或间接的提携。宇文融、李林甫、李适之、盖嘉运、韦坚、杨慎矜、王鉷、杨国忠、安禄山、安思顺、高仙芝都因为他而取将相高位，获得其他官职的人更是数不胜数。肃宗在做太子的时候，称呼高

---

① 《全唐文》卷 350《高延福墓志铭》，第 3104—3105 页。

② 《旧唐书》卷 184《高力士传》，第 4757 页。

力士为"二兄"，诸王公主皆喊他"阿翁"，驸马们称之为"爷"。玄宗也不叫他的名字而称呼为"将军"。高力士能获得如此恩宠不是毫无缘由。据《资治通鉴》，其"性和谨少过，善观时俯仰，不敢骄横，故天子终亲任之，士大夫亦不疾恶也"[①]。高力士性格谨慎，为人平和，当时的士大夫都很喜欢他，而且他很会审时度势，明哲保身。有一次，玄宗问他："我不出长安且十年，海内无事，朕将吐纳导引，以天下事付林甫，若何？"高力士回答说："天下柄不可假人。"见此语惹得玄宗不悦，他立刻顿首自陈"心狂易，语谬当死"[②]。

高力士从小与母亲失散，后来岭南节度使在泷州（今广东罗定）找到了他的母亲，但母子已认不出彼此，"母曰：'胸有七黑子在否？'力士袒示之，如言。母出金环，曰'儿所服者'，乃相持号恸"[③]。玄宗封其母为越国夫人，而追赠其父为广州大都督。金吾大将军程伯献（程咬金的孙子）、少府监冯绍正与高力士结拜为兄弟；高力士母亲去世后，程伯献等"被发受吊，擗踊哭泣，过于己亲。朝野闻之，不胜耻笑"[④]。高力士是有家庭的，开元初年，娶了瀛州人吕玄晤的女儿为妻，两人还有养子。其墓志曰：

> 嗣子正议大夫、前将作少监、上柱国、渤海郡开国公承
> 悦，犹子为继。克家有光，时称雅才，丧善执礼。……养子
> 内给事承信等，永言孝思，敬奉先训。[⑤]

---

① 《资治通鉴》卷 216《唐纪三十二》，第 6890 页。

② 《新唐书》卷 207《高力士传》，第 5859 页。

③ 《新唐书》卷 207《高力士传》，第 5858 页。

④ 《资治通鉴》卷 213《唐纪二十九》，第 6793—6794 页。

⑤ 《高力士墓志》，《全唐文补遗》第 7 辑，第 60 页。

高力士有个过继来的儿子高承悦，另有一养子高承信。据《新唐书》，高力士似乎还有一个养女，年龄与德宗母亲沈太后相仿。沈太后在安史之乱时失踪，德宗即位后宫中已无人见过她，高氏便仗着熟悉宫中之事，竟然大胆冒充太后。此事后被高承悦揭穿[①]。

天宝初年，高力士被封为冠军大将军、右监门卫大将军，进封渤海郡公；七载（748）又加授骠骑大将军。此时的高力士已经达到了人生的顶峰，权势熏天。高力士资产殷厚，又因为是佛教徒，造了很多佛寺，比如在来庭坊造宝寿佛寺（来庭坊位于太极宫东侧，高力士养父之宅在此坊内）。据说宝寿寺的钟铸成后，高力士大设斋宴，满朝文武前来庆贺。高力士规定敲一次钟要交一百贯钱。有人想讨好高力士，竟然敲了二十下，其他人最少也敲了十来下。因为玄宗崇道，高力士也修建过道观，如在兴宁坊内建了一座华封道士观，宝殿珍台，华美异常。高力士还在京城西北面堵截沣水建设水碾，五台水碾一起转动，一天能碾完三百斛小麦。可见此时高力士的财力"侔于国力"，"非王侯可拟"[②]。

当时人对高力士的评价很高，认为他非常忠诚，而且对唐朝有巨大贡献。其后太监袁思艺也得到玄宗的恩顾，但为人非常傲慢。《旧唐书》对比此二人："力士巧密，人悦之；思艺骄倨，人士疏惧之。"[③]天宝十四载（755），高力士、袁思艺都担任内侍省内侍监，然而在安史之乱爆发后，两人的选择完全不一样：玄宗逃入蜀地，袁思艺走投安禄山，高力士从幸成都。自始至终，高力士都对玄宗忠心耿耿，之后又跟随从玄宗还京，加开府仪同三司，赐实封五百户。

---

① 此事见于《新唐书》卷 77《睿真皇后沈氏传》："故中官高力士女颇能言禁中事，与女官李真一尝从后游。李见高，疑问之，含糊不坚，而年状差似后。……是时宫中无识后者。于是迎还上阳宫，驰以闻。"

② 《旧唐书》卷 184《高力士传》，第 4758 页。

③ 《旧唐书》卷 184《高力士传》，第 4758 页。

回京后，已是太上皇的玄宗居于兴庆宫。兴庆宫靠近东市，玄宗时常登上宫殿南边的长庆楼远眺街景，经过的百姓"往往瞻拜，呼万岁"[1]。上元元年（760），玄宗于长庆楼接见剑南奏事官，因被李辅国借机构陷"有异谋"，被迫移居太极宫的甘露殿，高力士亦被诬参与密谋，而被流放到黔中道（今四川东南、贵州东北）。高力士至巫州（今湖南怀化、洪江），看到地上有很多荠菜但没有人吃，感伤而咏叹曰："两京作斤卖，五溪无人采。夷夏虽不同，气味终不改。"[2]

宝应元年（762）三月，高力士正好碰到大赦而得以归京，走到朗州（今湖南常德），听到流民说起京城的事情，才知道玄宗已经驾崩。高力士北望号恸，呕血而死。代宗体恤他是老臣，又曾侍奉玄宗有功，追赠他为扬州大都督，准其陪葬泰陵（玄宗墓）。

高力士是玄宗一生的管家，虽干政但能把握分寸，在关键时刻起了许多积极作用。玄宗退位后，他仍追随左右，终因不容于肃宗君臣而被逐，一生大节无亏。李贽在《史纲评要》中指出"高力士真忠臣也，谁谓阉宦无人"[3]。

（三）王毛仲倒台和宦官掌禁军

唐朝较为特殊的一点是，从玄宗朝开始，宦官开始掌握禁军。在帝制时代，皇帝的个人安全非常重要，禁军掌握在谁手里关系重大。在唐前期的历次宫廷革命中，禁军在其中至关重要。李隆基自己就是依靠跟禁军军官葛福顺等人的特殊关系，才顺利当上皇帝。李隆基清楚北门禁军的重要性，所以上台之后很快就从北门禁军的左、右羽林军中分割出左、右龙武军，原左、右羽林军就变成了北门四军。李隆基往禁军中安插了自己的两个家奴——王毛仲和李守德。

---

① 《资治通鉴》卷 221《唐纪三十七》，第 7093 页。

② 《旧唐书》卷 184《高力士传》，第 4759 页。

③ 李贽评纂：《史纲评要》卷 20《唐纪》，北京：中华书局，1974 年，第 575 页。

王毛仲是高句丽人。他的父亲是高句丽的遗民，本来在唐朝军队中当低级军官，后来因为犯事全家没入官府为奴，王毛仲便变成了李隆基府上的奴隶。先天二年（713）七月，王毛仲因参与诛杀萧至忠、岑羲等有功，授辅国大将军、左武卫大将军、检校内外闲厩兼知监牧使，进封霍国公，实封五百户。

玄宗非常欣赏王毛仲的聪明能干，其专长之一就是养马。唐时战马是非常重要的战略物资，养马是非常重要的工作。玄宗在做太子时，就安排王毛仲管理东宫驼马鹰狗等坊。王毛仲因为表现突出，不到一年就被封为大将军，官阶三品。

> 隋末，国马皆为盗贼及戎狄所掠，唐初才得牝牡三千匹于赤岸泽，徙之陇右，命太仆张万岁掌之。万岁善于其职，自贞观至麟德，马蕃息及七十万匹，分为八坊、四十八监，各置使以领之。是时天下以一缣易一马。垂拱以后，马潜耗太半。上初即位，牧马有二十四万匹，以太仆卿王毛仲为内外闲厩使，少卿张景顺副之。至是有马四十三万匹，牛羊称是。上之东封，以牧马数万匹从，色别为群，望之如云锦。①

唐初因战乱，马匹只有三千左右，自太宗至高宗朝这半个世纪内繁衍到了七十万匹。但武则天时期马匹被消耗了一半，到玄宗时期只有二十四万匹，而王毛仲将这个数字提升至四十三万匹。玄宗非常高兴，加王毛仲开府仪同三司——这是超高规格的待遇，自玄宗即位以来这样的荣誉只有皇后的父亲王同皎、姚崇、宋璟及王毛仲获得过。

王毛仲因为得到了皇帝的宠幸，百官都开始巴结他，但宰相宋璟

---

① 《资治通鉴》卷 212《唐纪二十八》，第 6767 页。

图 33　唐三彩黑釉陶马。国家博物馆藏。（动脉影　摄）

非常刚直，瞧不起王毛仲。王毛仲嫁女儿时，玄宗问他嫁女儿有什么需求，王毛仲表示非常希望宋璟能来参加。

> 毛仲顿首对曰："臣万事已备，但未得客。"上曰："张说、源乾曜辈岂不可呼邪？"对曰："此则得之。"上曰："知汝所不能致者一人耳，必宋璟也。"对曰："然。"上笑曰："朕明日为汝召客。"明日，上谓宰相："朕奴毛仲有婚事，卿等宜与诸达官悉诣其第。"①

玄宗命宋璟去参加王毛仲女儿婚宴，客人们都在等着宋璟，到日中都不敢动筷子。宋璟到了后先执酒西向拜谢，酒还没喝到一半，就借口

---

① 《资治通鉴》卷 212《唐纪二十八》，第 6768—6769 页。

肚子痛逃走了。

王毛仲在做了十几年的禁军将领之后，飞扬跋扈，终于在开元十七年（729）遭遇了信任危机。这一场危机最终导致禁军的指挥权从王毛仲这一批家奴手里转移到了宦官手里。王毛仲与龙武将军葛福顺是亲家，而且当时王毛仲为玄宗所信任，玄宗对他言无不从，因此北门禁军大多依附于他，行动只听他的指挥，经常仗势欺人。

> 吏部侍郎齐澣乘间言于上曰："福顺典禁兵，不宜与毛仲为婚。毛仲小人，宠过则生奸；不早为之所，恐成后患。"上悦曰："知卿忠诚，朕徐思其宜。"澣曰："君不密则失臣，愿陛下密之。"①

后来齐澣自己把进谏的内容泄露给了大理丞麻察，玄宗大怒，斥责他说："你怀疑我不能保密，自己却告诉麻察，这样做就是保密了吗？何况麻察素来没有德行，你难道不知道吗？"两人均被贬官。但是这件事让玄宗和王毛仲之间产生了嫌隙。

王毛仲要求担任兵部尚书，玄宗拒绝了他。王毛仲为此快快不乐，把情绪都写在脸上，惹得玄宗也很不高兴。王毛仲还看不起杨思勖、高力士这些宦官。

> 毛仲虽有赐庄宅，奴婢、驼马、钱帛不可胜纪，常于闲厩侧内宅住。每入侍宴赏，与诸王、姜皎等御幄前连榻而坐。玄宗或时不见，则悄然如有所失。见之则欢洽连宵，有至日晏。其妻已邑号国夫人。赐妻李氏又为国夫人。每入内朝谒，二夫人同承赐赍，生男，孩稚已授五品，与皇太子同

---

① 《资治通鉴》卷 213《唐纪二十九》，第 6785 页。

游，故中官杨思勖、高力士等常避畏之。①

《资治通鉴》评价道："毛仲视宦官贵近者若无人；甚卑品者，小忤意，辄詈辱如僮仆。力士等皆害其宠而未敢言。"②高力士等人忌惮其风头正盛，敢怒而不敢言，却也在伺机报复。

王毛仲妻产子后，玄宗派高力士给他送去了各种美食珍酿、黄金丝绸，并授予他才出生的儿子五品官。高力士回来后，玄宗问："王毛仲高兴吗？"高力士回答："王毛仲抱其襁褓中的儿子给臣看，说：'此儿难道配不上三品官吗！'"玄宗大怒说："之前诛杀韦氏时，此贼就有二心，我不想说他。现在竟敢借小孩儿埋怨我了！"高力士抓住机会进言："北门奴官气焰太盛，互相勾结一心，不早除之，必生大患！"③此言正中玄宗下怀，他也担心"北门奴官"（北门禁军将领）形成小团体会引发叛变，于是下定决心要铲除他们。

开元十九年（731），玄宗下制，说王毛仲对皇帝不忠而且对皇帝的决定心存抱怨，贬为瀼州别驾，葛福顺、唐地文、李守德、王景耀、高广济等禁军将领皆贬为远州别驾，王毛仲四子皆贬为远州参军，另有十几人受到牵连。王毛仲行至永州时被赐死。

宦官势力在与"北门奴官"的争斗中取胜，由此以宦官为首领的飞龙厩获得极大发展，日益取代龙武军的地位成为贴身护卫皇帝的主要军力，自是宦官权势益盛。高力士虽然小心恭恪，但自他之后的宦官李辅国、程元振等权力越来越大，对中晚唐的政治产生了非常大的影响。

---

① 《旧唐书》卷 106《王毛仲传》，第 3253—3254 页。

② 《资治通鉴》卷 213《唐纪二十九》，第 6792—6793 页。

③ 《资治通鉴》卷 213《唐纪二十九》，第 6793 页。

多说一点

阴阳谶纬学说对唐朝政治的影响力

从汉代到隋唐，存在一个绵延近千年的儒家的神学主义时代。纬学为经学的重要组成部分，当时许多其他的知识体系，比如天文、气象、音律、历法、祥瑞灾异、阴阳五行，乃至许多信仰体系如佛教、道教，无不与其紧密相关。这些知识和信仰系统，共同构成了中古时代的知识世界和信仰世界，并随之诞生了一批纬书、图谶。如果强用西方术语比附的话，正如李学勤所论："基督教的《圣经》，于《旧约》《新约》之外，还有所谓伪经（Apocrypha），其中不乏富于史料或文学价值的篇章。"①纬书更接近于伪经，而谶则是预言（prophecy）。这些文献可谓"神文"，近乎"sacred texts"（圣典）。所谓"神文"含义有二：谶言往往"诡为隐语，预决吉凶"，即用隐秘的语词对未来做出预测；谶书"立言于前，有征于后"。谶的知识和思想多来源于纬书，因此纬书也带有强烈的神学色彩。

但纬书又与谶不同，不拘性质如何，其目的总归是要解经。虽然羼入谶的内容，但从汉代到唐代，纬书都被视为经学不可或缺的一部分。《四库全书总目提要》云：

---

① 安居香山、中村璋八辑：《纬书集成》，李学勤序，石家庄：河北人民出版社，1994 年，第 2 页。

案儒者多称"谶纬"，其实谶自谶，纬自纬，非一类也。谶者诡为隐语，预决吉凶。……纬者经之支流，衍及旁义。盖秦汉以来，去圣日远，儒者推阐论说，各自成书，与经原不相比附。如伏生《尚书大传》、董仲舒《春秋》阴阳，核其文体，即是纬书，特以显有主名，故不能托诸孔子。其他私相撰述，渐杂以术数之言，既不知作者为谁，因附会以神其说。迨弥传弥失，又益以妖妄之词，遂与谶合而为一。

这也正是唐代禁谶不禁纬的根本原因。从汉代到唐代，虽然学术与思想几经变革，但是就政治论述而言，总归不脱神文主义的总体架构。纬书所代表的思想传统在中古时代政治生活中的地位，被严重低估了。

第七章　开元之治宰相群相

玄宗时期的宰相制度中，中书省的中书令（资历浅的为中书侍郎）和门下省的侍中（资历浅的为黄门侍郎）是真宰相，尚书省的左右仆射（后称尚书左丞相、右丞相）仅仅是荣誉虚职。一般被罢免的资历较深的宰相会被任命为尚书左丞相、右丞相，属于退居二线了。

　　玄宗在位四十四年，在他执政的中前期有非常多有名的宰相，为开元盛世的出现做出了巨大贡献。这些宰相大体分为三种：首先是以文学进，比如苏颋、张说、张九龄，都非常擅长写政治性的文章；其次是以军功进，比如王晙、萧嵩；另外还有财臣，比如宇文融、裴耀卿。姚崇与宋璟都属于另类，很难说他们都基于何种才能，如姚崇长期担任兵部尚书，当然有军事上的贡献，但是很少带兵打仗。姚崇和宋璟长期在中央和地方工作，积累了大量的行政经验。史官评价："上即位以来，所用之相，姚崇尚通、宋璟尚法、张嘉贞尚吏，张说尚文、李元纮、杜暹尚俭，韩休、张九龄尚直，各其所长也。"①

---

① 《资治通鉴》卷 214《唐纪三十》，第 6825 页。

一、宋璟、苏颋：盛世的开端

宋璟非常博学，文笔也很好，年纪很小就中了进士，一路做到凤阁舍人，因为性格耿直，有高尚的节操，做官后也很公正不阿，很受武则天重视。面对武则天晚年宠幸的二张兄弟，宋璟也一直坚守原则。张易之试图诬陷御史大夫魏元忠，贿赂凤阁舍人张说做伪证。张说即将面圣，非常紧张害怕，宋璟对他说："名义至重，神道难欺，必不可党邪陷正，以求苟免。若缘犯颜流贬，芬芳多矣。或至不测，吾必叩阁救子，将与子同死。努力，万代瞻仰，在此举也。"[①] 经宋璟的直言奉劝，张说最终没有作证，魏元忠免去一死。

宋璟曾在朝堂侍宴，当时张易之兄弟官位三品，宋璟官阶在六品，按官阶应坐在下座。张易之一直很敬畏宋璟，想要取悦他，便空出座位，并对宋璟作揖道："您是德才等各方面最佳的人，为何要坐在下座？"宋璟回道："我才劣品卑，张卿为何认为我是最佳？"当时众官员皆因二张受宠，为了巴结他们，不称官名，而叫张易之为"五郎"，张昌宗为"六郎"。吏部侍郎郑善果问宋璟："中丞您为何称五郎为卿？"宋璟答道："以官职言，他正当为卿；若是他的亲人，当呼他排行张五。足下不是张易之的家奴，哪里来的什么'郎'？郑善果你怎么这么懦弱呀！"

---

① 《旧唐书》卷 96《宋璟传》，第 3029 页。

睿宗上台后，宋璟担任吏部尚书、同中书门下三品。当时太平公主图谋不利于玄宗，姚崇和宋璟上奏睿宗，希望把太平公主迁到东都洛阳，但没有成功。玄宗害怕波及自己，上表说姚崇和宋璟挑拨离间，宋璟被贬为楚州刺史，又历任魏、兖、冀三州刺史，河北按察使；再迁幽州都督，兼御史大夫，不久又出任国子祭酒兼东都留守。过了一年多，宋璟回到首都，转京兆尹，复拜御史大夫，但是又因获罪出任睦州（今浙江淳安）刺史，转广州都督，担任五府经略使。"广州旧俗，皆以竹茅为屋，屡有火灾。璟教人烧瓦，改造店肆，自是无复延烧之患，人皆怀惠，立颂以纪其政。"① 在广州，他教当地老百姓用瓦建造房子，改变了以前用竹茅建造房屋的传统。广州老百姓感念宋璟，为他立了一座遗爱碑。宋璟上言："臣在州无他异迹，今以臣光宠，成彼谄谀；欲革此风，望自臣始，请敕下禁止。"②

　　开元四年（716），姚崇亲信赵诲接受胡人的贿赂被告发，玄宗亲自审问，判处赵诲死刑。姚崇为其求情，惹得玄宗很不高兴。这时正好遇上大赦京城罪犯，玄宗特意在敕书中标出赵诲的名字，下令将其杖责一百，流放岭南。姚崇忧惧会祸及自身，便多次上书请求辞去自己的宰相职务，并推荐当时还是广州都督的宋璟代替自己担任宰相。玄宗遂下令，宰相姚崇罢为开府仪同三司（文官最高荣誉虚衔，无实权），宰相源乾曜罢为京兆尹（首都市长），宋璟任吏部尚书兼侍中（门下省长官，即实际上的宰相），中书侍郎苏颋同平章事（全称为"同中书门下平章事"，即实际上的宰相）。宋璟致力于选拔人才，根据各人的才能授予相应的官职，使文武百官各称其职；他行赏施罚不徇私情，对皇帝也敢于当面直谏。玄宗也非常怕宋璟，有时候宋璟提的建议虽不合他的意，但还是强迫自己接受。开元八年（720），宋璟

---

① 《旧唐书》卷 96《宋璟传》，第 3032 页。

② 《资治通鉴》卷 212《唐纪二十八》，第 6731 页。

认为朝集使（进京述职的地方官员）之间已经形成了一种坏风气：进京时携带大量财物，贿赂京城高官，这样大部分人在春季返回任地前就能获得升迁。宋璟便奏请遣还朝集使，杜绝此类腐败之风。此外，宋璟还请求禁止私自铸造品质低劣的铜钱，还派遣使者分道检查销毁。这引来了很多人的不满。不久宋璟也和姚崇一样罢相，授开府仪同三司，苏颋亦罢为礼部尚书，京兆尹源乾曜升为黄门侍郎，并州长史张嘉贞担任中书侍郎，并同平章事。

姚崇善于随机应变，宋璟则刚正不阿、坚持原则。例如对待边境问题，姚崇熟悉军务，因此坚持布防，以防敌人来犯；宋璟则主张抑制边境将领邀功，以防穷兵黩武。史书评价此二人：

> 姚、宋相继为相，崇善应变成务，璟善守法持正；二人志操不同，然协心辅佐，使赋役宽平，刑罚清省，百姓富庶。唐世贤相，前称房、杜，后称姚、宋，他人莫得比焉。[1]

姚、宋二人虽性格不同，各有所长，但都尽心辅佐玄宗，因此开元初年赋税、徭役都很宽大公正，刑罚得当，百姓富庶。姚崇、宋璟也因此被后人与房玄龄、杜如晦并举，称四大名相。玄宗对姚崇、宋璟也极为尊敬，两人每次进见，玄宗都要起身迎接，两人离开的时候，也会一直送到门口。李林甫为相时，虽然恩宠过于姚、宋，但再也没有如此待遇。宋璟执政到开元八年（720），但一直活到开元二十五年（737），去世时年七十五，追赠太尉，谥曰文贞。

唐代的宰相经常内斗，但是宋璟跟苏颋相处得很好。宋璟比苏颋长一辈，跟苏颋的父亲苏瓌是同事。苏颋遇事多让着宋璟，宋璟提出

---

① 《资治通鉴》卷 211《唐纪二十七》，第 6725 页。

的建议都会得到苏颋的支持。宋璟对苏颋的评价也很高："吾与苏氏父子皆同居相府，仆射宽厚，诚为国器，然献可替否，吏事精敏，则黄门过其父矣。"[1]

宋璟的儿子们与正直的父亲完全不同。长子宋昇于天宝初担任太仆少卿，次子宋尚担任汉东太守，三子宋浑和右相李林甫关系好，被引为谏议大夫、平原太守、御史中丞、东京采访使，四子宋恕担任都官郎中、剑南采访判官，依倚权势，颇为贪暴。其中三子、四子最为顽劣。宋浑在平原郡任职时，多收了一年的庸调。担任东畿采访使的时候，宋浑又私下请河南尉杨朝宗做媒，纳薛稷貌美且守寡的外孙女郑氏为妾，并因此奏请杨朝宗升任赤尉。宋恕在剑南时，看上了表兄、雒县令崔珪美丽的妻子，便引诱她私通，还贬了崔珪的官职。宋恕甚至还养了一名叫李晏的刺客。天宝九载（750），这两人的恶行被揭发，每人私藏赃款数万贯，宋浑被流放岭南高要郡，宋恕被流放海康郡。史官评价道："广平（宋璟曾被封为广平郡公）之风教，无复存矣。"[2]

苏颋是苏瑰之子，从小就聪悟过人，一天能背诵上千言，虽然记览如神，但父亲苏瑰仍然对他严厉至极，常常让他穿着黑色短袄趴在床具之下，露出小腿，承受木棍的抽打。苏颋长大后，文学才能冠于一时，但是性格散漫，喜欢喝酒。玄宗结束了唐隆政变后，要起草制书，一时找不到可用之人，就问苏瑰："你想想有谁可以起草诏书呀？"苏瑰说："臣不知道其他人，臣的儿子苏颋文思敏捷，可以听从您的指示。但是他喜欢喝酒，如果现在恰好没有喝醉，完全可以胜任。"苏颋被召到宫里的时候还没醒酒，只草草行了个礼，甚至吐在了大殿上。玄宗命太监扶他躺下，并亲自为他盖上被子。苏颋清醒后

---

[1] 《资治通鉴》卷 211《唐纪二十七》，第 6724—6725 页。

[2] 《旧唐书》卷 96《宋璟传》，第 3036 页。

下笔千言，整篇诏书才情横溢，辞藻华丽，用典周备，玄宗抚着他的背赞叹："知子莫如父，就是你们这样吧！"[1]

苏颋草拟诏书时，随口述说，让书吏记录，不仅速度很快，而且言辞恰当。书吏多次对他道："请您口述得稍慢一些，我们记不过来，恐怕会把手腕累坏。"宰相李峤叹道："苏舍人思如泉涌，我比不上。"

苏颋继承了父亲的爵位，号小许公，又因为擅长写文章，与燕国公张说并称"燕许大手笔"。苏颋廉洁节俭，所得俸禄都给了弟弟们，或分给亲族，家中都没有存款。开元十五年（727）卒，年五十八。苏颋在洛阳任县令时政绩良好，调离后，当地百姓因思念他，就凑钱请工匠依照他的形象在龙门山雕成一尊等身观世音石像。张说在《龙门西龛苏合宫等身观世音菩萨像颂》一文中记有其事。

---

[1] 郑处诲撰，田廷柱点校：《明皇杂录》卷上，北京：中华书局，1994 年，第 12—13 页。

二、张说：有武功的文臣

张说（667—730），祖籍范阳（今河北涿州），代居河东，后来迁到洛阳。张说以科举入仕，一开始为太子校书，累转右补阙。武后时期二张兄弟撰修《三教珠英》，张说参与其中并获得升迁，擢拜凤阁舍人（即中书舍人）。后张易之、昌宗构陷御史大夫魏元忠，称其谋反，让张说作伪证。张说听从了宋璟等人的劝告，没有回答武则天的问题，夹在魏元忠和二张兄弟中间左右为难，武则天觉得他出尔反尔，将其流放钦州。中宗即位，召拜张说为兵部员外郎，累转工部侍郎、兵部侍郎，加弘文馆学士。这时张说所做的工作开始跟军事有关，但同时他的文才也得到重视，被授弘文馆学士。

睿宗即位，张说第一次被拔擢到宰相的位置，然而他仕途多舛，在宰相位置上经历了三起三落。在玄宗和太平公主的斗争中，张说选择了支持玄宗。太平公主拔擢了窦怀贞等，把张说挤出京城，令其任东都留司。张说知太平公主等阴怀异计，便从洛阳派人向玄宗献上一把佩刀，暗示玄宗尽快做出决断，率先讨伐太平公主一党，玄宗深以为然，采纳了他的建议。事成之后，张说因有功再次成为宰相，拜中书令，封燕国公。

后来张说开始了与死对头姚崇的斗争。开元五年（717），张说被姚崇构陷与岐王勾结，出为相州（今河南安阳）刺史，又左转岳州（今湖南岳阳）刺史。此次罢相很难说是因为姚张二人的政治理念不同。张说本就因姚崇拜相对其有所忌恨，而姚崇又素来看不上张说这类只会舞文弄墨的投机之辈，此时正值玄宗清洗政变功臣、任用姚崇改革之际，张说宰相之位被罢免可以说是必然。张说知道自己为姚崇、宋璟所不容，心里非常忧惧，但他是非常有点子的人。张说与苏瑰有些交情，其作《五君咏》中有一首正是为纪念苏瑰而作。当时苏瑰之子苏颋为宰相，张说特意等到苏瑰忌日将此诗献给苏颋。苏颋览诗呜咽，见到玄宗便说张说的好话，说他忠謇有勋，不宜把他赶到那么远的地方。在苏颋的劝说下，张说迎来转机，迁右羽林将军兼检校幽州都督，开元七年（719）又被任命为代理并州大都督府长史，兼天兵军大使，摄御史大夫，还让他负责监修国史，特许他带着文稿随军编撰。

开元八年（720），朔方军大使王晙杀了河曲降虏阿布思等一千余人，这让当时散居在并州大同、横野等军附近的九姓同罗、拔曳固等部落感到非常害怕，准备造反。张说率轻骑二十人，拿着旌节（使者的凭证）直接来到他们的部落中，想要安抚诸位酋长。副使李宪认为夷虏人心难测，只带了这么一点人，到他们的地盘上去很危险，但张说反驳道："吾肉非黄羊，必不畏吃；血非野马，必不畏刺。士见危致命，是吾效死之秋也。"[1]张说以黄羊、野马自拟，表明了以死效命的决心。那些部落酋长都为张说的气节所感动，张说很快就稳定了局势。

开元九年（721）四月，粟特人康待宾举兵造反，占据了长泉县（今山西垣曲），自称叶护（突厥、回纥等汗国的官名，地位仅次于可汗），又攻下了兰池（今内蒙古自治区内）等六州，声势浩大。王晙奉命率兵征讨，朝廷仍令张说共同筹谋。康待宾与党项连结，为了争夺粮食攻陷了银城、连谷，张说率领一万骑兵、步兵出合河关袭击叛

---

① 《新唐书》卷 125《张说传》，第 4408 页。

军，大获全胜。张说的军队一直追着叛军来到了骆驼堰，没想到这时叛军与党项发生了内讧，开始自相残杀。叛军趁着夜色向西逃入了铁建山，余党四处逃散。张说招集党项人，打算恢复他们的住所和产业。副使史献认为应该借机诛灭党项，以绝后患，这时张说表现出了他身为儒家知识分子的一面，认为此举不符合天道，根据先王之道就应该扶持这些即将衰亡的弱小国家，其曰："先王之道，推亡固存，如尽诛之，是逆天道也。"[1]

这一年，张说的死对头姚崇去世。数日后，玄宗任命张说为兵部尚书、同中书门下三品，又兼朔方军节度使。这是张说第三次为相。

张说在改革军事制度上有很多建树。唐朝的府兵制是一种义务兵制。府兵由壮丁充任，从二十一岁入军，到六十岁免役，兵役长达四十年。他们平时在家乡进行农业生产，农闲时受军事训练，其主要任务之一是轮番到京城宿卫，谓之番上。遇有战事发生，府兵要应征作战；战事结束，即解甲归农。但是府兵制也慢慢出现了一些问题。唐朝的对外战争愈发频繁，戍边士兵的需求暴涨，边境一度屯积了六十万士兵，国家财政也非常吃紧。张说上奏建议减少边防兵，缩减军队的规模，将边防兵从六十余万减少到四十万，让二十万人归农。玄宗很怀疑这种做法，张说以全家百口人的性命做担保，劝谏玄宗："臣在边境工作过一段时间，对那里的情况了如指掌，（边防兵数量这么多）不过是将帅拥兵自重、以公谋私的手段罢了。若是为了御敌制胜，根本用不到这么多士兵，如此反而还会耽误农务。"此外由于既要负担农业生产和各项徭役，又要随时应征奔赴战场，府兵逐渐积贫积弱，开始大量逃亡。于是张说又向玄宗提议实行募兵制，即召募壮丁代替原先的府兵，免去应募者各种徭役，再制定一些优待政策，这样逃兵也会主动前来应召。玄宗采纳了他的建议，

---

[1] 《旧唐书》卷97《张说传》，第3053页。

十天内就招到了十三万精兵，他们被编入十二卫，轮番值班。唐代兵、农分离就此开启。募兵制不是从张说开始，但张说是非常重要的推行者。从此以后，军队在唐朝政治里的分量越来越重，大量职业军人长期驻屯于边镇，易脱离中央的掌控，对唐朝的命运影响愈发深远。

此后张说开始了与另一个死对头宰相张嘉贞的争斗。张嘉贞是蒲州猗氏（今山西临猗）人，先后担任过秦州都督、并州长史，为政严肃，百姓和官吏都很害怕他。开元六年（718），有人举报张嘉贞在军中花费逾矩，有贪污受贿之嫌，后经审查，此事不实，玄宗要治举报者诬告罪，被张嘉贞以"塞言者之路，则天下之事无由上达"为由劝住。玄宗因此事认为张嘉贞非常忠诚。张嘉贞又上奏玄宗，毛遂自荐担任宰相："今志力方壮，是效命之秋，更三数年，即衰老无能为也。惟陛下早垂任使，死且不惮。"[1]两年后，宋璟、苏颋退下宰相之位，张嘉贞升任中书侍郎、同中书门下平章事。张嘉贞断决敏速，善于陈奏，但性格强势急躁、刚愎自用，容不得别人说他一点不好，颇为时论所讥。

玄宗对王皇后有诸多不满，私下和秘书监姜皎计划以无子为由废掉王皇后。不料姜皎泄露了此事，并被王皇后的妹夫上奏玄宗。玄宗大怒，张嘉贞迎合上意，立刻奏请杖之，姜皎挨了六十大板后被流放钦州，后死于途中。姜皎本是李隆基的朋友，这件事其实影响很不好。之后广州都督裴伷先下狱，张嘉贞又请杖之。张说搬出姜皎的事，认为姜皎官居三品，也有微功，其罪当死就应马上诛杀，该流放就应马上流放，不应该受到当庭杖刑的侮辱。这次玄宗当然是站在张说一边了，没有再杖刑裴伷先。张嘉贞不悦，对张说抱怨："你为什么要把事情说得这么严重？"张说回答："宰相这个职位，时机到了

---

① 《旧唐书》卷 99《张嘉贞传》，第 3091 页。

才能担任，怎么可能被某一人长期占据？如果身居高位的臣子都可以被处以杖刑，那我们迟早也会受到此刑罚。我说这话不是为裴仙先出头，而是为了天下的士君子。"

张说与张嘉贞在人情上也有些过节。张嘉贞任兵部员外郎时，张说为侍郎，官阶在张嘉贞之上；等到张嘉贞做了宰相，张说位在其下，且张嘉贞为人傲慢，对张说一点也不礼貌，惹得张说不快。张说因此借裴仙先之事折损了张嘉贞的颜面，两人关系进一步恶化。等到张嘉贞之弟金吾将军张嘉祐贪污案被人告发，张说劝张嘉贞身穿素服，在宫外等待惩处，不要进宫朝见皇帝。最后张嘉贞被贬为幽州刺史，张说代任中书令。张嘉贞因此心怀怨恨，对人说："中书令幸有二员，何相迫之甚也！"[1] 过了一年，张嘉贞复拜户部尚书，兼益州长史判都督事。玄宗敕令张嘉贞去中书省与宰相会宴，张嘉贞怨恨张说排挤自己，在酒席上捋起袖子大骂张说，其他宰相源乾曜、王晙在一旁劝架。开元十七年（729），张嘉贞因病请求去东都洛阳治疗，同年秋天就去世了，年六十四，死后被追赠益州大都督。

张说是个浸染儒家传统理念的人。自武则天末年，农历十二月会有泼寒胡戏的表演，中宗尝登楼以观之。玄宗时期，因蕃夷入朝，又作此戏。张说上疏劝谏说："泼寒胡未闻典故，裸体跳足，盛德何观；挥水投泥，失容斯甚。法殊鲁礼，亵比齐优，恐非干羽柔远之义，樽俎折冲之礼。"[2] 张说认为泼寒胡戏裸体跳足，非常不雅观，非常不符合儒家礼仪。自此以后，泼寒胡戏绝。张说以儒家知识分子自居，对文化、礼仪、文学非常重视。他建议玄宗仿照太宗之政，开设丽正书院（中国最早的官办书院，后改称集贤殿书院），聚集了很多文学之士。玄宗让张说任修书使并主持全部工作，书院招纳了秘书监徐

---

① 《旧唐书》卷 99《张嘉贞传》，第 3092 页。

② 《旧唐书》卷 97《张说传》，第 3051 页。

图34　唐宰相张说墓志。洛阳博物馆藏。

坚、太常博士贺知章、监察御史赵冬曦等，平时或修书，或给玄宗讲课，给他们的待遇非常优渥。中书舍人陆坚认为这种做法是白花钱，对国家全无益处，请玄宗将这些人全都罢免。张说认为自古以来，帝王都喜欢在安定时期大兴土木，沉迷声色，如今玄宗反其道行之，大力推行文化艺术，对国家非常有益，副作用很小，玄宗对此非常赞同。

开元十一年（723），张说奏请将政事堂改名为"中书门下"，在其下设立吏房、枢机房、兵房、户房、刑礼房分管日常政务。之前政事堂只是宰相会议之处，改名之后进一步制度化，机构也更加完善。

开元十二年（724）唐朝的国力处于鼎盛期，张说建议玄宗去泰山封禅。在中国传统的政治文化里，只有天子统治得特别好，才可以进行封禅。宰相源乾曜不同意，最后玄宗听从了张说的建议。张说被任命为封禅大使。张说推荐很多亲信代理供奉官和主事随行登山，其余官员大多不让上山。封禅之后，这些人被破格提拔到五品，其他随从士兵只获得了加勋，没有得到赏赐，这引起了很多人不满。唐人

《酉阳杂俎》记："明皇封禅泰山，张说为封禅使。说女婿郑镒，本九品官。旧例，封禅后，自三公以下皆迁转一级。惟郑镒因说骤迁五品，兼赐绯服。因大脯次，玄宗见镒官位腾跃，怪而问之，镒无词以对。黄幡绰曰：'此乃泰山之力也。'"[1]

文章草草皆千古，仕宦匆匆只十年。张说的倒台是非常突然的。张说爱钱，脾气也不好，会当面指责百官陈奏时不合他心意的地方，有时甚至会呵斥下属，所以和很多官员的关系都不好。比如他不喜欢宇文融，又担心宇文融的权力渐长会压过自己，因此对宇文融提出的奏请，张说大多都持反对意见。中书舍人张九龄劝他：宇文融正受宠，又善弄权术，要多加防备。张说不听，由此带来了祸患。不久，崔隐甫、宇文融及御史中丞李林甫联合起来控诉张说，说他"引术士占星，徇私僭侈，受纳贿赂"，玄宗令宰相源乾曜、刑部尚书韦抗、大理少卿胡珪、御史大夫崔隐甫在尚书省审讯张说。两天后，玄宗派高力士前去探听进度，高力士回来说张说坐在草垫上用瓦罐吃饭，蓬头垢面，自己惩罚自己，心里非常害怕，又为张说求情。玄宗听了心生怜悯，只下令罢免了他的相位，第二年就让张说退休，回家修撰国史。开元十八年（730），张说得病，玄宗每日令太监前去问候，并亲手写药方赐给他。当年十二月张说就去世了，时年六十四。玄宗对张说的去世非常伤感，听到消息匆忙在光顺门举哀，取消了开元十九年大年初一的朝会。张说死后安葬于洛阳，墓志为张九龄所撰。

张说前后三秉大政，掌文学之任凡三十年。唐有天下三百年，文章三变。高祖、太宗时代，沿袭江左余风，讲究言辞华丽；玄宗时代，稍稍厌弃雕琢言辞，文风转向雄浑，即以张说、苏颋为代表；大历年间，韩愈、柳宗元提倡文以载道，又有一变。《旧唐书》评张

---

[1] 段成式撰，许逸民校笺：《酉阳杂俎校笺》卷12，第916页。

说曰:

为文俊丽, 用思精密, 朝廷大手笔, 皆特承中旨撰述, 天下词人, 咸讽诵之。尤长于碑文、墓志, 当代无能及者。喜延纳后进, 善用己长, 引文儒之士, 佐佑王化, 当承平岁久, 志在粉饰盛时。其封泰山, 祠雕上, 谒五陵, 开集贤, 修太宗之政, 皆说为倡首。而又敦气义, 重然诺, 于君臣朋友之际, 大义甚笃。[1]

---

[1] 《旧唐书》卷 97《张说传》, 第 3057 页。

三、宇文融：财臣的改革与玄宗的钱袋

8 世纪 20 年代初是玄宗执政的转折时期：军事上的胜利助长了他对外扩张的野心，同时他又放弃了早期的俭朴和克制。宇文融作为财臣登上政治舞台，像汉代的桑弘羊、宋代的王安石、明代的张居正一样，虽然在财政上有所作为，但是也成为了传统儒家士人指责的对象。

开边、敛财逐渐成为玄宗关注的重要问题。要打仗必须有钱。当时唐朝面临着复杂的财政问题。唐朝本来施行均田制。这是一种土地国有制，每户分配一定土地，老百姓上交租庸调。但是随着时代的发展，逃户的问题日趋严重，一些人为了逃避纳税和劳役而离乡背井，藏匿在权贵地主的庄园或者寺院，没有登记户口，所以未予课税，全国的户口大大减少，严重影响了唐朝廷的财税收入。宇文融看到了这一社会积弊，也悉知玄宗正为此所困扰，于是在开元九年（721）正月二十八日上书建议检括逃户，增加租赋收入。

宇文融是北周皇室的后裔，祖父宇文节曾任高宗朝宰相，他得以通过恩荫而非科举进入仕途。提出括户（即登记户口）建议的时候，宇文融正在宰相源乾曜的庇护下，担任监察御史。开元九年（721），玄宗下制规定未登记的定居者须在百日内向官府投案，或是重返故里，或是在所居地重新登记；未投案者将被发配到边远州县。宇文融任劝农使，查获了很多假冒功勋和四处逃亡的人员，玄宗很满意，封

他为兵部员外郎，兼任侍御史。宇文融又奏请设置数名劝农判官，负责巡视全国各地，同时免除新编入户人员六年的赋调。然而这一措施并未得到合理地执行。劝农判官为了争功，施政急切又严苛，而各州县官员为了讨好他们甚至虚报户口——将已登记在册的户民充作新增定居户上报，闹得百姓不堪其扰。阳翟县尉皇甫憬向玄宗反映了这一情况，然而此时朝廷正需用钱，玄宗又正信任宇文融，宰相源乾曜、中书舍人陆坚也非常支持宇文融的工作，所以皇甫憬的上疏并未被重视，他本人反被贬职。

最后不少于八十万户人口及相应数量的漏登土地列入了簿册。这些家庭约占开元十四年（726）登记总人口（7 069 565 户）的 12%。当时规定，农忙季节各州县要免去一切劳役，让农民专力收获农作物；对于逃亡又重新回归原籍的流民，地方官府要派员去安抚，给他们提供从事生产的条件等。这些对推动农业生产都起到了积极的作用。

开元十二年（724），宇文融又拟订一个新方案。六月，玄宗下令：允许没有登记户籍的人员自首，国家会开辟出闲置的土地让他们耕种，各地官员需根据当地的具体情况征收赋税，不允许征派这些自首人员服徭役，并免除他们的一切租庸。宇文融再次被任命为劝农使去各地巡视，与当地官民协商赋役之数。这一方案似乎取得很大的成功，宇文融每到一个地方，就会将百姓聚集起来，当众宣读皇帝的命令，百姓都很感动，玄宗自己后来在诏书中亦称"老幼欣跃，惟令是从"[1]。与此同时，宇文融也独揽大权，各地事务不论大小都要先报告给宇文融，再告知中书省，中书省的官员需等到宇文融的指示后才能进行决断。开元十三年（725），宇文融升任户部侍郎，并开始在朝廷起重要的作用。

---

① 《旧唐书》卷 105《宇文融传》，第 3219 页。

宇文融的括户方案对朝廷有明显的好处，增加了国家赋税，同时也维护了自耕农的利益，但这必然会打击庶族地主的利益——他们依靠大量收买土地和吸引被迫离乡背井的家庭为他们劳动，获取巨大利润。争论也有政治原因：当时的宰相张说素来讨厌宇文融，宇文融每每提出某一政策，张说总会在朝堂之上跟他激烈争论。宇文融主张用务实的制度来解决朝廷的重大财政问题，而张说力主"导之以德、齐之以礼"的政策。

　　这个时期，张说和源乾曜的斗争也越来越激烈，宇文融当然选择支持源乾曜。开元十二年（724），张说开始占据上风，他劝说玄宗到东岳泰山进行封禅，虽然源乾曜反对，但最终玄宗接受了张说的建议，并让张说负责设计封禅仪式。此次封禅盛典取得了巨大成功，这也是张说的胜利，但是他也因此得罪了大量的官员。开元十四年（726）初，张说反对玄宗任用崔隐甫为御史大夫，认为他缺乏文才，遭到了玄宗的严词拒绝。御史大夫崔隐甫和御史中丞宇文融都成为了张说的死对头，而当时御史台另一位中丞李林甫正是通过宇文融的荐举才获得了在御史台的官职。如此，整个御史台都站在了张说的对立面。张九龄力促张说采取措施自卫，但张说显然没把这些人放在眼里，他答复道："鼠辈何能为！"[1] 同年，张说就被崔隐甫、宇文融和李林甫弹劾，宰相源乾曜负责审理，结论肯定是罪名确凿。张说因此被免除了宰相之职。

　　张说的位置被李元纮取代。李元纮是关陇贵族后裔，以廉洁和善于理财著称。他也是宇文融的支持者，主张推行新的财政政策。至此，源乾曜和李元纮担任宰相控制朝廷，宇文融、李林甫等人控制着御史台，让括户政策得以顺利推行。

　　但是很快，玄宗任命杜暹为第三个宰相。杜暹从开元四年（716）

---

① 《资治通鉴》卷 213《唐纪二十九》，第 6771 页。

起在西域经营，成功地抵御了反叛的突骑施部和于阗国对安西都护府的侵袭，取得源乾曜和李元纮不可能获得的战功。很明显，玄宗不愿意宰相班子内部只有一个声音，结果也却如他所愿——杜暹和李元纮经常意见相左，互相攻击。

在此期间，张说在朝廷仍有影响，凡有重大问题，玄宗都会与他商议，所以宇文融和崔隐甫经常担心他会东山再起。开元十四年（726），玄宗拟封武惠妃为后，有人上书说："您与武氏有不共戴天之仇，惠妃怎么能当一国之母呢？民间都在说张说想依靠扶持新后上位，再度出任宰相。更何况太子不是惠妃所出，惠妃又有自己的儿子，如果惠妃成了皇后，太子要怎么办呀？"玄宗遂打消了这一念头。开元十五年（727），宇文融和崔隐甫担心张说会再次被启用，多次上书诋毁他。在不断的冲突中，玄宗对双方都感到不耐烦，就命张说退隐，命崔隐甫回故里照顾老母，并任命宇文融为魏州（今河北、山东交界一带）刺史，负责那里的治涝和开垦计划。

开元十七年（729），玄宗罢免源乾曜、李元纮和杜暹，以裴光庭、萧嵩和宇文融为新的宰相。这班内阁都是世家贵族出身：裴光庭是裴行俭之子，夫人为武三思之女；萧嵩是贞观宰相萧瑀的后人；宇文融为北周皇室后裔。裴光庭最为大家批评的，就是他的"循资格"的选官制度——不管能力如何，只论资排辈。他反对破格提升官僚集团中的精英人才，封闭了他们的跃升之路。与之相反，宇文融选拔人才很有眼光。他推荐宋璟为右丞相，裴耀卿为户部侍郎，许景先为工部侍郎。但宇文融性格急躁，非常自负，自称"使吾执政得数月久，天下定矣"[1]，跟人交往的过程中很少示弱。宇文融对官僚机构最大的威胁，不是他推行括户，而是他喜欢结党营私，挑起朋党之争。

---

[1]《新唐书》卷134《宇文融传》，第4559页。

图35 唐姚州金铤。西安博物院藏。（松松发文物资料君 摄）

例如，宇文融和信安王李祎发生了激烈冲突。李祎是唐太宗的曾孙，长期担任朔方节度使，先后与吐蕃和契丹作战，均取得重大胜利。宇文融畏其权，让侍御史李宙劾奏李祎。李祎私下得知他们的计划，就通过玉真公主、高力士提前告知玄宗此事。第二天，李宙果然上朝弹劾李祎，玄宗大怒，罢宇文融为汝州刺史。宇文融当宰相才一百天就被罢免了，而他走后政府的财政问题也无人能解决。这让玄宗又想起了宇文融，便埋怨宰相裴光庭："公等暴融恶，朕既罪之矣，国用不足，将奈何？"[1] 裴光庭不知道怎么回答，并因此开始担心玄宗会召回宇文融，便指使御史弹劾宇文融的儿子贪赃受贿。于是玄宗再次将宇文融贬职，命他任平乐县（今广西平乐县）尉。开元十八年（730），司农少卿蒋岑举劾奏宇文融在汴州时贪污官钱巨万，宇文融被流配崖州（今海南三亚）。走到广州，宇文融一直逗留，不肯再上路，被都督耿仁忠驱赶，只得在惶恐不安中踏上南下之路，最终死在了路上。玄宗感念他的功劳，追赠他为台州刺史。

传统观点，例如司马光就认为，宇文融增加财政收入，是李隆基变得奢侈的物质基础；裴光庭"循资格"选拔官员，拔擢庸吏而才俊不进，吏治腐败，这是玄宗朝走下坡路的根源。士大夫耻于谈利，《旧唐书》对于宇文融的记载略为公平，而《资治通鉴》就对宇文融大加丑化和贬损。

---

[1]《新唐书》卷 134《宇文融传》，第 4559 页。

四、萧嵩：从虚有其表到人生逆袭

"虚有其表"这个词，跟唐朝开元时期的宰相萧嵩有关。

萧嵩出身世家大族，是贞观朝宰相、宋国公萧瑀的曾侄孙。他的祖父萧钧，曾任中书舍人，有名于时。史籍记载萧嵩"美须髯，仪形伟丽"[①]，娶了会稽贺晦之女贺睿，与吴郡陆象先为僚婿（江东人呼连襟为僚婿）。陆象先是宰相之子，门望甚高，他担任洛阳县令的时候，萧嵩还没入仕。宣州人夏荣会看相，对陆象先说："陆郎十年内位极人臣，然不及萧郎一门尽贵，官位高而有寿。"[②]听到这话的人都不太相信。

神龙元年（705），萧嵩调补洺州（今河北邯郸、邢台）参军。这时侍中、扶阳王桓彦范任洺州刺史，非常欣赏萧嵩，以特殊的礼遇对待他。萧嵩的事业比陆象先起步晚了很多，到景云元年（711）才担任醴泉县尉。陆象先对这个妹夫很关照，他担任中书侍郎时，引荐萧嵩为监察御史。陆象先做了宰相后，又推荐萧嵩担任殿中侍御史。

开元初年，萧嵩进入了仕途快车道，出任中书舍人。中书舍人要负责给皇帝起草诏书，当时萧嵩的同僚崔琳、王丘、齐澣名气很

---

① 《旧唐书》卷 99《萧嵩传》，第 3093 页。

② 《旧唐书》卷 99《萧嵩传》，第 3093 页。

大，善写文章，但萧嵩没什么学问，同事们都看不起他。《明皇杂录》记载：

> 玄宗尝器重苏颋，欲倚以为相，礼遇顾问，与群臣特异。欲命相前一日，上秘密，不欲令左右知。迨夜将艾，乃令草诏，访于侍臣曰："外廷直宿谁？"遂命秉烛召来。至则中书舍人萧嵩，上即以颋姓名授嵩，令草制书。既成，其词曰"国之瑰宝"。上寻读三四，谓嵩曰："颋，瑰之子。朕不欲斥其父名，卿为刊削之。"上仍命撤帐中屏风与嵩，嵩惭惧流汗，笔不能下者久之。上以嵩抒思移时，必当精密，不觉前席以观。唯改曰"国之珍宝"，他无更易。嵩既退，上掷其草于地曰："虚有其表耳。"[①]

玄宗让萧嵩起草任命苏颋为宰相的诏书，萧嵩用了"国之瑰宝"这个词，而苏颋的父亲叫苏瑰，为了避讳，玄宗让萧嵩重拟。结果萧嵩熬了半天仅仅改成了"国之珍宝"。等萧嵩离开，玄宗说他是虚有其表。

萧嵩虽然没有文才，但有吏干。宰相姚崇认为萧嵩能办事，所以对他很是照顾。在姚崇的帮助下，萧嵩离开中央到地方担任宋州（今河南商丘）刺史，后来又进入中央，任尚书左丞、兵部侍郎——兵部是姚崇的地盘，姚崇曾长期担任兵部尚书。

直到开元十五年（727），萧嵩终于有了展示才华的机会，迎来了人生的辉煌时刻。当时吐蕃大将悉诺逻恭禄和烛龙莽布支攻陷了瓜州，杀死凉州刺史田元献和河西节度使王君㚟的父亲，毁城而去，不久王君㚟在巩笔驿被回纥诸部杀死，河、陇震骇。玄宗以萧嵩为兵部

---

① （唐）郑处诲撰，田廷柱点校：《明皇杂录》卷下，第34页。

尚书、河西节度使，管理凉州事务。萧嵩请求让裴宽、郭虚己、牛仙客做他的幕僚，又请求让建康军使、左金吾将军张守珪任瓜州刺史，修筑州城，招集百姓逐步恢复生产，慢慢稳定局势。当时悉诺逻恭禄威名远扬，萧嵩使了反间计，言其与唐朝潜通，吐蕃赞普（藏王的称号）立刻将他召回诛杀。

开元十六年（728），吐蕃再次发兵，吐蕃大将悉末朗率兵再次进攻瓜州，张守珪领军将其击退。陇右节度使、鄯州都督张志亮率兵至青海西南方的渴波谷，与吐蕃交战，一举击败吐蕃军队。萧嵩又遣副将杜宾客率弩手四千人，与吐蕃战于祁连城下，从早晨打到傍晚，吐蕃大溃，伤亡很大，唐军还临阵斩其副将一人。吐蕃军散走山谷，哭声四起。战果报到长安后，玄宗大悦，加萧嵩同中书门下三品。

开元十七年（729），玄宗对原有的宰相班子源乾曜（侍中）、杜暹（黄门侍郎）、李元纮（中书侍郎）非常不满，于是决定改组：任命萧嵩为兵部尚书兼中书令；宇文融为黄门侍郎；裴光庭为中书侍郎，并同中书门下平章事。百日后宇文融倒台，接下来的四年均由萧嵩和裴光庭执政。

从开元十四年（726）燕国公张说罢中书令后，这一职位空缺了四年，直到萧嵩上台执政。萧嵩不但担任宰相，还常常遥领河西节度使，兼任集贤殿学士、知院事，可谓尊崇无比。他的儿子萧衡娶了玄宗的女儿新昌公主，萧嵩夫人贺氏入宫觐见，玄宗称呼她为亲家母，礼仪甚盛。不久玄宗又进封他为徐国公。萧嵩很会讨玄宗欢心。他发明了索扇礼，就是在天子上朝前准备两把羽扇，遮挡住皇上的身姿，等皇上落座后才去扇，起身则又以羽扇遮蔽，以此彰显皇帝威仪。

裴光庭与萧嵩两个人也斗争得很厉害。裴光庭病死之后，玄宗委托萧嵩选择新宰相，萧嵩推荐了韩休，以为韩休性格温和、好控制。没想到韩休担任宰相后，和宋璟一样刚正不阿，丝毫不念旧情，常与萧嵩在皇帝面前争辩。宋璟都忍不住赞叹："不意韩休乃能如是！"

> 上或宫中宴乐及后苑游猎，小有过差，辄谓左右曰："韩休知否？"言终，谏疏已至。上尝临镜默然不乐，左右曰："韩休为相，陛下殊瘦于旧，何不逐之！"上叹曰："吾貌虽瘦，天下必肥。萧嵩奏事常顺指，既退，吾寝不安。韩休常力争，既退，吾寝乃安。吾用韩休，为社稷耳，非为身也。"①

开元二十一年（733），有人对玄宗说："自从韩休当了宰相，陛下都比以前瘦了，为什么不罢免他呢？"玄宗解释道："我虽然瘦了，天下百姓必定会长胖。萧嵩向我汇报工作时常会顺着我的心意，而韩休却会和我据理力争，有韩休我才能睡得安心。"玄宗的态度如此，萧嵩应该也很清楚自己争不过韩休，干脆以退为进，直接请求退休。玄宗安慰他说："朕未厌卿，何庸去乎？"萧嵩伏曰："臣待罪宰相，爵位既极，幸陛下未厌，得以乞身。有如厌臣，首领且不保，又安得自遂？"说罢痛哭流涕。玄宗也一时动容："卿言切矣，朕未能决。弟归，夕当有诏。"不一会儿高力士就来宣读诏书："朕将尔留，而君臣谊当有始有卒者。"②玄宗授萧嵩尚书右丞相，跟韩休一起被罢职。当天，荆州进贡了黄柑，玄宗用紫纷包裹好赐给了萧嵩。（此事只见于《新唐书》。宋时有"传柑"的风俗：上元夜，贵戚会赠送近臣以黄柑。《新唐书》或据此而补，暗示萧嵩仍受信任。）玄宗又拔擢其子萧华担任给事中，京兆尹裴耀卿为黄门侍郎，前中书侍郎张九龄重新担任中书侍郎（当时正为母亲服丧），并同中书门下平章事，取代韩

---

① 《资治通鉴》卷213《唐纪二十九》，第6801页。

② 《新唐书》卷101《萧嵩传》，第3954页。

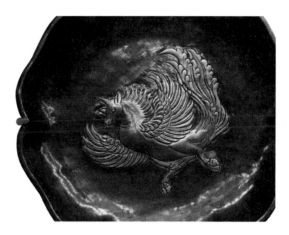

图 36　鎏金飞廉纹六曲银盘。陕西历史博物馆藏。银盘为六曲葵花形，盘心饰隐起飞
　　　廉纹，飞廉纹作鼓翼扬尾、偶蹄双足、牛首独角、鸟身凤尾的动物形象。（动
　　　脉影　摄）

休、萧嵩执政。

　　开元二十四年（737），萧嵩升任太子太师。开元二十七年（740），
幽州节度使兼御史大夫张守珪因为贿赂宦官牛仙童事发，被贬为括州
刺史。玄宗令杨思勖杖杀了牛仙童。萧嵩曾贿赂过牛仙童，李林甫这
时要当宰相了，逮到机会想要赶走萧嵩，就揭发了此事，萧嵩被贬为
青州刺史。但玄宗很快又追拜萧嵩太子太师，萧嵩还是请求退休。

　　萧嵩喜欢炼制丹药，罢相之后，在林园种各种药材，平时就靠炼
丹药来消遣。他的儿子萧华时为工部侍郎，萧衡凭借驸马的身份位居
三品，萧嵩老了以后还被儿孙们赡养了十余年，家财丰赡，衣冠华
美。天宝八载（749），萧嵩去世，年八十余，被追赠开府仪同三司。

　　相对唐朝很多大臣来说，萧嵩一生非常顺当。就像最初算命先生
说的那样"萧郎一门尽贵，官位高而有寿"，萧嵩的家族在唐朝出了
八代宰相，这在中国历史上恐怕也无二例。

　　萧嵩的儿子萧华于天宝末年转任兵部侍郎，乾元二年（759）出
任河中尹、河中晋绛节度使，继承了徐国公这一封号，后又担任中书
侍郎、同中书门下平章事。当时宦官李辅国独掌禁兵，仗着自己受宠

行事嚣张，甚至要求做宰相，怂恿宰臣裴冕等推荐自己，萧华坚决不答应，惹恼了李辅国。肃宗生病的时候，李辅国矫诏罢免了萧华相位，让他任礼部尚书，引荐元载代替萧华。肃宗死后，代宗还在服丧，元载便按照李辅国的指示，贬萧华为硖州（今湖北宜昌）员外司马，萧华最后死在了那里。萧衡的儿子萧复是德宗朝的宰相。萧华有两个儿子萧恒、萧悟，而萧恒的儿子萧俛是文宗朝宰相；萧悟的儿子萧仿是懿宗时的宰相。《新唐书》赞曰：

> 梁萧氏兴江左，实有功在民，厥终无大恶，以浸微而亡，故余祉及其后裔。自瑀逮遘，凡八叶宰相，名德相望，与唐盛衰。世家之盛，古未有也。[1]

---

[1] 《新唐书》卷 101《萧定传》，第 3963 页。

五、裴耀卿：从此不再回洛阳

裴耀卿跟宇文融一样，是一位财臣，或者叫计相。他最大的功绩是改革全国的漕运系统。

长安作为帝国首都，主要的软肋在于关中经济圈无力支撑百万人口级的都城的日常所需，而漕运成本高得惊人。所以隋唐帝国除了西京长安以外，还以洛阳为东都。一旦出现粮荒，皇帝会带着大批臣民到洛阳"就食"，甚至有"逐粮天子"的说法。但是经过裴耀卿的改革，长安的粮食供应得到了彻底解决。

裴耀卿出身官僚世家，最为官场瞩目的是他跟相王府的渊源。根据史料记载，他从小就很聪慧，小小年纪就能作文章，后来考中童子科，约二十岁时担任秘书正字，很快进入相王府工作，担任王府典签。睿宗当时非常看重裴耀卿，令他与王府掾丘悦、王府文学韦利器轮流值班，以备顾问，府中称之为学直。这一资历是他后来仕途通达的重要因素。睿宗即位之后，拜裴耀卿为国子主簿；开元初年就已升任长安令。在他任职的两年中，赏罚适宜，对待百姓刚柔并济，在他调任后，长安的百姓都十分思念他。此后裴耀卿还担任了济州、宣州、冀州刺史，皆有善政。开元十七年（729），经宇文融的荐举，裴耀卿被任命为户部侍郎，进入中央。不过宇文融很快被贬黜，裴耀卿似乎并没有到任，开元二十年（732），裴耀卿转任京兆尹。

此后裴耀卿开始崭露头角，陆续提出重要的经济政策。在他担任首都长官的时候，连绵大雨让庄稼毁于一旦，京城的粮价飞速攀升。玄宗在前往洛阳"就食"之前，单独召见裴耀卿询问救济百姓之法。裴耀卿提出了"从东都更广漕运，以实关辅"[1]的建议，他分析道：

> 臣以国家帝业，本在京师，万国朝宗，百代不易之所。但为秦中地狭，收粟不多，倘遇水旱，便即匮乏。往者贞观、永徽之际，禄廪数少，每年转运不过一二十万石，所用便足，以此车驾久得安居。今国用渐广，漕运数倍于前，支犹不给。……从都至陕，河路艰险，既用陆脚，无由广致。若能开通河漕，变陆为水，则所支有余，动盈万计。且江南租船候水始进，吴人不便河漕，由是所在停留，日月既淹，遂生隐盗。臣望沿流相次置仓。[2]

裴耀卿的解决办法非常巧妙：其核心是粮食分段运输——本地人自然更了解当地的水系详情。先由各地出力统一将粮食运到洛阳，再在河口设置粮仓，各地船只可在此卸货离开。此前由于江南人不熟悉黄河水路，于此路段长时间逗留，导致粮食被盗时有发生。接着由官府接棒，雇船沿黄河、洛水将粮食运进关中。另外，还可以开通陆路运输渠道加以配合。黄河三门峡段水流湍急且河道狭窄，完全可以在河边山上开辟车道，只需数十里便可达太原仓（今河南三门峡），再经渭水即可送入关中，如此可大大降低粮食运输时间，减少损耗。

玄宗接受了他的建议，以裴耀卿和张九龄代替韩休和萧嵩为相，裴耀卿同时还兼任江淮、河南转运使，负责改革漕运系统。在裴耀卿的统筹下，三年内共运粮七百万石，节省了三十万贯的运费。有人建

---

① 《旧唐书》卷 98《裴耀卿传》，第 3081 页。

② 《旧唐书》卷 98《裴耀卿传》，第 3081 页。

议裴耀卿将这些钱献给玄宗来换取荣宠，裴耀卿严词拒绝："此盖公卿盈缩之利耳，不可以之求宠也。"[1] 并奏请将这笔钱用于和籴（政府低价收购粮食贮存，以备饥荒等灾祸）。开元二十四年（736），朝廷从洛阳迁回长安，此时关中的粮食储备达到了前所未有的富足，从此以后唐朝皇帝再也没有出现过去洛阳就食的情况。

裴耀卿出身贵族，又是宇文融特别欣赏和推荐的财政官员，且较之更为务实、刚正。张九龄则是张说的"继承人"，强调文学、礼仪和道德伦理。但是他们两人并没有如宇文融和张说那般成为敌人——张九龄的死对头是更加显眼的李林甫。

---

[1] 《旧唐书》卷 98《裴耀卿传》，第 3081 页。

六、张九龄：诗人的才干与才华

即便没有听过张九龄，你也肯定会知道那首望月诗，其中一句为"海上生明月，天涯共此时"。很多人说张九龄是岭南第一宰相。张九龄（673—740），字子寿，一名博物。曾祖张君政当过韶州（今广东韶关）别驾，留在了当地，成为曲江人。张九龄小的时候就非常聪敏，很会写文章，十三岁的时候写了封信给当时的广州刺史王方庆，王方庆大为赞赏，说："此子必能致远。"[1] 之后张九龄进士及第，考中道侔伊吕科（吏治类科目）乙等，拜校书郎。玄宗在东宫挑选天下文藻之士，亲自出题，张九龄的答辩非常优秀，升职为右拾遗。

张九龄以文学见长，对儒家经典很熟悉，先后负责过多次吏部选拔人才的工作，所有人都觉得他做事公平。开元十年（722），张九龄三迁司勋员外郎（属吏部，主要负责审定功绩、授予官员告身等）。当时张说为中书令，很欣赏张九龄，因为两人同姓，就干脆根据族谱和张九龄认了亲戚。张九龄常对人说张说"后来词人称首也"[2]。张九龄视张说为自己事业上的楷模，在各方面都追随张说，但两人性格完全不同。张说趁玄宗封禅泰山破格提拔自己人，以及处处针对宇文融时，张九龄都曾劝其小心行事，然而张说不予理会。开元十一年

---

[1] 《旧唐书》卷 99《张九龄传》，第 3097 页。

[2] 《旧唐书》卷 99《张九龄传》，第 3098 页。

（723），张九龄为中书舍人。不久张说罢相，张九龄亦被贬为太常少卿，很快出为冀州刺史。张九龄以母老在乡，而河北路途辽远为由，上疏请求将任所换到江南，希望可以常回家看望母亲，玄宗对他大加称赞并答应了这一请求，改命他为洪州都督，很快又转任桂州都督，仍充岭南道按察使。玄宗也任命张九龄的弟弟张九章、张九皋为岭南道刺史，让他们在节日之时，都能回去看望母亲。

张说虽然被罢相，但影响力还在，尤其在文学方面。张说任集贤院学士的时候，曾推荐张九龄为学士；张说去世后，玄宗就召拜张九龄接替这一职务。张九龄经常会在私底下向皇上陈述己见，建议多被采纳。不久张九龄因母亲去世而去职丁忧，开元二十一年（733）十二月，服丧还未结束就被召回，复拜中书侍郎、同中书门下平章事。

开元二十二年（734），张九龄升任中书令，裴耀卿升任侍中，这意味着他们相位的稳固。但是同时玄宗又增加一个新的宰相李林甫，他的官职是礼部尚书、同中书门下三品。从资历上说，他比张九龄和裴耀卿要低一点。李林甫得到了宇文融、裴光庭、韩休的支持。在史书中，李林甫被反复抹黑，说他得到相位，是因为托了武惠妃的关系，甚至说他跟裴光庭的妻子有私情等。但是毫无疑问，李林甫的才干几乎得到了前任宰相群体的一致认可。

在这个三人宰相班子中，张九龄和李林甫围绕着很多问题都发生了冲突。裴耀卿专心漕运，有时候支持张九龄，有时候支持李林甫。在施政方面，张九龄强调道德、礼仪、文学，在选拔官员上，倾向于有文学造诣和学术成就的官员；李林甫擅长吏治，对行政运作和制度建设有自己的一套。在个人品性上，张九龄固执、难以相处，李林甫则是有名的口蜜腹剑。

即便张九龄跟李林甫之间经常发生冲突，但是在任内还是积极尝试了很多重要改革。比如通货膨胀问题。因为钱币短缺，张九龄建议玄宗准许私人铸造钱币。这一建议遭到了众多大臣以及两位宰相李林甫、裴耀卿的反对，他们认为铸币权不能开放，否则会造成劣质钱币泛滥，导致一部分对皇权有威慑力的人同时拥有经济实力，削弱皇帝对国家的掌控力，张九龄最终只好放弃。再如改进地方管理。开元二十一年（733），唐朝将全国的区域划分由原先的十道改为十五道，对江南道、山南道等较难管理的地区进行更细致地划分。次年年初，张九龄就上书建议废除凭资历升职的旧制，延袭之前十道按察使之例，设置十五道采访使，并对其具体职能做出了更详细的规定，方便中央政府更有效掌控地方，如核查户籍、管理农田、教化百姓、救荒、监督地方官员工作等①。李林甫则针对财政制度提出了改革。开元二十四年（736），时任户部尚书的李林甫发现各项税收的申报流程、文书极其繁琐，核实起来非常困难，其中还存在大量贪污腐败的现象，因此呈送玄宗《长行旨符》，对原有的财政制度进行简化。如此一来，全国各地均按照此规定办事，而户部每年只要将各地的税额呈报给皇上，获得批准后再向各地颁布具体的数额及措施，各地可根据自身情况更合理地安排纳税工作。在三人宰相班子任期内，还进行了科举制度改革。开元七年（719），玄宗下诏准许各州学校中二十五岁以下的学生，以及八品以下官员的孩子和未满二十一岁的百姓，不管是通一经还是不通经，只要聪慧有文采、懂史学，都可以进入国子监四门学就读。开元二十四年（736），有一名进士侮辱主考官考功员外郎李昂，舆论认为员外郎的职位太低，不能服众。不久玄宗就下敕，让礼部侍郎负责科举考试，从此科举考试脱离了吏部的选拔程序。这两项变革使得考试更加的公平合理。

但张九龄跟李林甫的冲突也越来越激烈。主要集中在下面的事

① 参看《旧唐书》卷 38《地理志一》，第 1385 页；《新唐书》卷 126《张九龄传》，第 4428 页；《资治通鉴》卷 213《唐纪二十九》，第 6803—6804 页；《唐会要》卷 78《诸使中》，第 1420 页。

件上：

第一，杨万顷被杀案。

开元二十三年（735），洛阳发生了一件骇人听闻的杀人案——一对年幼的兄弟杀了监察御史杨万顷。这对兄弟的父亲是原嶲州（今四川西昌市）都督张审素。张审素一直驻守边疆，于开元十七年（729）"攻破蛮，拔昆明城及盐城，杀万人"①。开元十九年（731），张审素被举报冒领战功、私下佣兵。玄宗知道后便派监察御史杨汪前去审查。杨汪还在路上的时候，被张审素的总管董堂礼带领七百名士兵包围，董堂礼先杀了举报人，又胁迫杨汪为张审素申冤："善奏审素则生，不然则死。"很快周边军队赶来杀了董堂礼及其党羽，杨汪逃到益州（今四川成都）后上奏张审素谋反，很快张审素就被抄家处斩。依照当时的法律，谋反者家中十六岁以上的儿子应处以绞刑，而张审素的两个儿子张瑝、张琇因为年纪尚小，被流放到岭外。

两个孩子没多久就逃了回来，隐匿了踪迹。杨汪则逐渐升迁为殿中侍御史，并改名为杨万顷。开元二十三年（735），十三岁的张瑝和十一岁的张琇在长安城内杀了杨万顷。张瑝虽然年长，但谋划、动手全由张琇一人包办。两人在斧头上挂了一份表状，说是为父报仇的状纸，然后奔向江南，还想杀了和杨万顷共同构陷其父的人，逃到汜水（今山东曹县北）时被抓获。

此案的焦点主要是情理和法令哪个为先。张九龄认为张氏兄弟犯罪是情有可原，应被宽大处理；裴耀卿、李林甫则持反对意见，在他们看来宽恕杀人犯就是破坏国法。玄宗也认同裴耀卿、李林甫的建议，他对张九龄说："孝子之情，义不顾死；然杀人而赦之，此涂不可启也。"②由此可见，张九龄偏重儒家礼仪伦理，与李林甫更重制

① 《旧唐书》卷8《玄宗本纪》，第193页。

② 《资治通鉴》卷214《唐纪三十》，第6811页。

度、法律的观念完全不同。

第二，皇位继承人问题。

武惠妃虽然没能被立为皇后，但享受的是皇后的待遇。她的儿子寿王深受玄宗宠爱，甚至超过了太子。武惠妃希望自己的儿子能取代太子成为皇位继承人，她很快就得到了政治嗅觉灵敏的李林甫的支持。玄宗在潜邸时的宠妃赵丽妃、皇甫德仪与刘才人，分别生下太子李瑛、鄂王李瑶、光王李琚。三妃因武惠妃得宠相继失宠，而太子又因母亲失宠心怀怨恨，和另外两位皇子私下喝酒时大发牢骚。武惠妃之女咸宜公主的驸马杨洄一直暗中关注着太子，听说三位皇子酒后失言，立刻报告岳母。武惠妃借机状告太子结党，玄宗闻言大怒，立即召宰相商议废太子之事。张九龄以"太子天下本，不可轻摇"为由劝说玄宗打消这一念头，玄宗听了很不高兴。李林甫当面不言，退朝后却和玄宗宠幸的侍从宦官们说："家事何须谋及于人？"武惠妃事后私下派人传话给张九龄，希望能获得他的支持。但是张九龄拒绝了武惠妃的建议，并且向玄宗做了举报，玄宗很感动，在张九龄罢相前都未再提起此事。

在继承人问题上，张九龄貌似占了上风，但是他性格刚直，不像李林甫一般圆滑，多次直谏冒犯玄宗，逐渐失去了玄宗的信任。此后李林甫抓住机会时常在玄宗面前揭其短处，玄宗逐渐疏远了张九龄，最终还是自断"家事"，下定决心铲除了原先的太子。

第三，功臣入相问题。

张九龄认为施政权应保留在像他那样的士大夫手中。他既反对从胥吏出身的人中选拔官员，更反对任命立下大功的军事将领为宰相。其实出将入相是玄宗时代的规矩，除了代表道德文学礼仪的宰相、代表行政财政实务的宰相，宰相队伍中通常还有战功卓著的将领，比如薛讷、王晙、萧嵩等。这是朝廷和边防军保持密切联系的重要手段。也因为这个政治传统，现任宰相对立下大功的将领往往保持警惕，张九龄是其中最具代表性的一位。比如张守珪在对吐蕃和契丹的战争中功勋卓著，玄宗想任命他为宰相，张九龄谏曰："宰相者，代天理物，非赏功之官也。"玄宗说："假以其名而不使任其职，可乎？"张九龄回答："不可。惟名与器不可以假人，君之所司也。且守珪才破契丹，陛下即以为宰相；若尽灭奚、厥，将以何官赏之？"[1]玄宗于是作罢。

开元二十四年（736），玄宗又开始赏识朔方节度使牛仙客。牛仙客在节度使任上功勋卓著，军政都做得很好。李林甫觉得自己没有学问，张九龄的文采比自己好，心颇忌之，乃引牛仙客知政事。玄宗派人核查后，发现牛仙客的功绩属实，非常高兴，决定任牛仙客为尚书。张九龄坚决反对，认为唐朝旧制，尚书"惟旧相及扬历中外有德望者乃为之"，而牛仙客只不过是一介边将；玄宗退一步，要给牛仙客加实封，张九龄又说不可，觉得牛仙客所谓"实仓库，修器械"的功绩只是分内之事，给一些金帛赏赐即可，不应该给予他尚书这么高的职位。玄宗听了没有说话，李林甫很懂玄宗的心理，趁机劝说："牛仙客有当宰相的才能，当个尚书又有何难！张九龄不过是个书生，不识大体。"玄宗很高兴，坚持要给牛仙客加实封，张九龄固执如初。玄宗大为光火，认为张九龄屡次以牛仙客出身低微为由反对此事非常虚伪，随即讽刺张九龄也不是出身高门："卿嫌仙客寒微，如卿有何阀阅？"张九龄直接表露出自己对没有文化的将士的不屑："仙客边隅小吏，目不识书。"[2]李林甫退朝后说："苟有才识，何必辞学（写文章）！天子用人，有何不可！"[3]

和擅长投机的李林甫完全不同，张九龄极其遵守内心的原则，且拥有身为文人的自尊和骄傲。他其实和牛仙客本人没有私仇，只是看

---

[1] 《资治通鉴》卷 214《唐纪三十》，第 6811 页。

[2] 《资治通鉴》卷 214《唐纪三十》，第 6822—6823 页。

[3] 《资治通鉴》卷 214《唐纪三十》，第 6823 页。

不起其低微的边吏身份。他还曾给牛仙客的父亲撰写过墓志，并在文中盛赞牛仙客。

开元二十四年（736），朝廷因关中粮食问题而暂迁洛阳。玄宗本打算明年初返回长安，恰好此时宫中"有怪"，玄宗立刻召来宰相商议提前回京。张九龄和裴耀卿表示反对，认为此时回京会影响粮食收获，李林甫猜中了玄宗的心思，私下表示东西两京就是玄宗的宫殿，来去不用挑时间。如果担心妨碍收获粮食，可以免除所经之地的赋税，最后玄宗接受了李林甫的建议，当年就返回了长安。紧接着就发生了严挺之事件，李林甫集团和张九龄集团发生正面冲突。

李林甫引亲信萧炅为户部侍郎。萧炅文化程度不高，曾对中书侍郎严挺之读"伏腊"为"伏猎"。严挺之对张九龄吐槽："省中岂容有'伏猎侍郎'！"由是萧炅被赶出京城担任岐州刺史，李林甫因此记恨严挺之。张九龄与严挺之关系好，想要推荐严挺之当宰相，私下里对严挺之说："李尚书方承恩，足下宜一造门，与之款昵。"[1] 希望严挺之能跟李林甫搞好关系，争取其支持。严挺之鄙薄李林甫的为人，不愿去拜访，李林甫恨之益深。严挺之离婚后，前妻改嫁蔚州刺史王元琰。王元琰因贪污被三司拘押审问，严挺之为他求情。李林甫趁机派人进宫向玄宗告发。玄宗问宰相们："为什么严挺之要为罪人求情？"张九龄回答："元琰之妻是严挺之的前妻，中间并没有什么私情。"玄宗说："就算离婚了还是有关系的。"玄宗又想起之前的事情，认为裴耀卿、张九龄结党蒙蔽自己，于是让裴耀卿为左丞相，张九龄为右丞相，二人一起罢政事；又让李林甫兼中书令；牛仙客为工部尚书、同中书门下三品，领朔方节度如故。严挺之则被贬为洺州刺史，王元琰流放至岭南。

张九龄虽然被罢宰相，地位还是很崇高。他是文学之士，非常

---

[1] 《资治通鉴》卷 214《唐纪三十》，第 6825 页。

有风度，玄宗对他念念不忘。之后宰相每次推荐官员时，玄宗必问："风度得如九龄否？"[1]张九龄当宰相时，引荐过长安尉周子谅为监察御史。周子谅因弹劾牛仙客时引用图谶，惹恼了玄宗，在朝堂上就令人暴打周子谅，等他从昏迷中苏醒后，又施以杖刑，后流放到瀼州（今广西上思），走到蓝田时就去世了。李林甫上书说周子谅为张九龄所荐，于是张九龄被贬官为荆州长史，很快就病死了，年六十八，赠荆州大都督，谥曰文献。

张九龄曾告诫过玄宗安禄山有狼子野心，在历史叙述中，一度被视为很有远见。范阳节度使张守珪的副将安禄山在讨伐奚、契丹的战争中因冒进而战败。张守珪本已奏请斩杀安禄山，但行刑前被安禄山一句"不欲灭奚、契丹邪"劝住，又很惋惜安禄山的骁勇，就将安禄山押送回京，请朝廷审理。张九龄奏曰："穰苴出军，必诛庄贾；孙武教战，亦斩宫嫔。守珪军令必行，禄山不宜免死。"可见，张九龄支持诛杀安禄山，是出于维护将领威严、稳定军心的考虑。但玄宗要特赦安禄山，张九龄又说："禄山狼子野心，面有逆相，臣请因罪戮之，冀绝后患。"玄宗说："卿勿以王夷甫知石勒故事，误害忠良。"[2]最后还是放了安禄山。如果从倒放电影的角度来看，张九龄确实很有远见，但此时距安禄山造反至少还有二三十年，坚持将安禄山处死只是张九龄的一贯作风。

---

① 《旧唐书》卷 99《张九龄传》，第 3099 页。

② 《旧唐书》卷 99《张九龄传》，第 3099 页。

多说一点

纵观开元时期的宰相，共 19 位，平均任期不过三年，其中任职时间最长的是源乾曜和李林甫，前者在位共九年九个月，后者则掌权长达十八年之久。

为什么开元朝大部分宰相都干不太长久呢？黄永年先生提出了两点原因：一是开元前期，新政权初建，有志之士喷涌而出，多方竞争的关系中很难出现一家独大的局面，因此直到中后期才出现了李林甫这样的人物；二是玄宗登基时正值壮年，经历过多次政变，既熟悉朝廷人物关系，也有精力处理复杂的政事，宰相们之间的竞争关系让他们将彼此的弱点统统暴露在玄宗的眼皮之下，这对于当时的玄宗来说，是一个巩固大权、掌控政局的好时机[1]。

---

[1] 参看黄永年：《六至九世纪中国政治史》，上海书店出版社，2004 年，第 250 页。

第八章　唐朝开边与周边政权

唐朝在开元天宝时期，国力达到鼎盛：经济、文化、科技、宗教在亚欧大陆东部占据主导地位、在对突厥、吐蕃、中亚的经略上也取得极大进展。当时人甚至认为玄宗有并吞四夷之志。长年的对外战争让军队在国家政治权力结构中变得越来越重要，强大的职业军队和不均衡的政治、经济结构逐步将朝廷拖入危机。

一、吐蕃的崛起

唐朝面临的外患跟其他朝代有所不同。其他朝代很多时候面临的重要威胁来自北亚草原，唐朝则在西部边疆遭到了位于青藏高原地区的吐蕃的威胁。按《旧唐书》的说法，"自汉、魏已来，西戎之盛，未之有也"[1]。对吐蕃的战争消耗了大量国力，也是唐朝走向衰落的原因之一。

吐蕃的崛起经历了漫长的过程。隋代的时候，吐蕃分为很多部落，互相攻战，并没有形成统一政权。六、七世纪之交，以今天拉萨地区为中心崛起了一个政权，其首领论赞索统一了吐蕃的中南部，论赞索的儿子松赞干布巩固和扩大了吐蕃的统一。吐蕃的君主称为"赞普"，宰相称为"大论""小论"，负责统理国政。吐蕃虽有官，但没有固定机构，只是临时统领。吐蕃人以金箭征兵，敌寇来了就点燃烽火，每一百里设有一亭。吐蕃人的刑罚非常严苛残忍，只是犯了小罪就要被挖眼、割鼻、用皮鞭抽打，具体怎么惩罚全看心情，没有一定的法规。吐蕃的监狱是深数丈的地牢，囚犯被关进去后，一般要两三年后才能被放出来。吐蕃人宴请外国尊贵的宾客时一定会赶牦牛出来，让客人亲自射猎，再做成食物。赞普和他的臣子一年一小盟，三年一大盟。其国都城号为逻些城，也就是拉萨。藏族信仰佛教要比汉族晚很

---

[1] 《旧唐书》卷196《吐蕃传》，第5181页。

多，当时人更多信仰源祇之神、信巫觋，有苯教的色彩。平时百姓都弓剑不离身。吐蕃的军令严肃，每战，前队皆死，后队方进。士兵都以战死为荣，以病死为耻。如果累代战殁，是很荣耀的事。临阵败北者，头上会被挂上狐狸尾巴，受到众人嘲笑，表示像狐狸一样胆小。

吐蕃的崛起，在某种程度上得益于隋唐中原王朝对青海吐谷浑政权的打击。吐谷浑是吐蕃化的鲜卑族，王族姓慕容。隋末中原内乱，吐谷浑恢复元气，侵扰西北边境。吐谷浑可汗慕容伏允站在李唐一边，攻击西北的割据势力李轨，作为回报，李渊把慕容伏允在长安做人质的儿子送回了吐谷浑。双方的友好关系一直保持到 634 年。唐太宗勒令吐谷浑可汗慕容伏允前往长安，遭到了拒绝，于是取消了唐朝公主和吐谷浑王子的婚约，吐谷浑以侵扰唐朝西北边境作为报复。唐太宗大怒，派李靖和侯君集率唐军进攻吐谷浑，俘获大量俘虏和牲畜。伏允可汗穿过沙漠逃往于阗并在那里死去，其子慕容伏顺继位，举国投降唐朝。伏顺曾在中原做人质，高度汉化，得不到吐谷浑本地贵族支持，于 635 年被杀。太宗多次派军队进入吐谷浑稳定政局，都没有成效。

吐谷浑被唐朝削弱的同时，吐蕃开始蚕食吐谷浑领地，逐渐成为直面唐朝的强权。唐初，吐蕃领土得到极大扩张，其影响从克什米尔辐射到今四川边缘。吐蕃赞普松赞干布骁勇英武，太宗遣使者冯德遐前去抚慰。松赞干布见冯德遐，大悦。他听闻突厥及吐谷浑都娶了唐朝的公主，便遣使随冯德遐入朝，带了很多金宝，奉表求婚，太宗没有答应。吐蕃使者回去后对松赞干布说：“初至大国，待我甚厚，许嫁公主。会吐谷浑王入朝，有相离间，由是礼薄，遂不许嫁。”[①]松赞干布大怒，发兵吐谷浑。吐谷浑已经遭受唐朝的攻击，无力再战，遁于青海之上，其国民和牲畜均为吐蕃所掠。松赞干布又进兵攻破党项及白兰诸羌，率其众二十余万停留在了松州西境。此时吐蕃变得更

① 《旧唐书》卷 196《吐蕃传》，第 5221 页。

加强大，又遣使贡金帛，表示想要迎娶公主。松赞干布对其属下曰："若大国不嫁公主与我，即当入寇。"[①]遂进攻松州，都督韩威率轻骑前去察探敌情，反而被击败，边境的居民大乱。太宗遣吏部尚书侯君集为当弥道（自今通天河至今青海玉树）行军大总管，右领军大将军执失思力为白兰道（横穿白兰国，连接青藏高原和川西地区）行军总管，左武卫将军牛进达为阔水道（黄河贵德段）行军总管，右领军将军刘兰为洮河道（自今甘肃岷县至今青海泽库）行军总管，率步骑五万以击之。牛进达自松州夜袭吐蕃军营，斩杀千余人。松赞干布大惧，引兵而退，遣使谢罪，再一次请婚，这次太宗答应了。

松赞干布遣宰相禄东赞进献黄金五千两，另有珍宝数百件，前来求婚。贞观十五年（641），太宗以文成公主嫁给松赞干布，令礼部尚书、江夏郡王李道宗主婚并护送公主入吐蕃。松赞干布率军驻扎在柏海（今青海札陵湖），亲自去河源迎接公主。松赞干布对待李道宗非常恭敬有礼，像对待自己的岳父一样，并赞叹大国服饰礼仪之美，一举一动间带有羞惭沮丧之色。与公主归国后，松赞干布又对亲信们说："我父祖未有通婚上国者，今我得尚大唐公主，为幸实多。当为公主筑一城，以夸示后代。"[②]于是给公主筑城邑，立栋宇作为居住的地方。这次和亲为唐朝和吐蕃带来了近二十年的和平关系。吐蕃在此时期逐渐巩固了吐蕃文化区，并发展成一个强大的政权，但是唐朝似乎还没意识到西部边疆发生了重要的战略性变化——高宗时期的唐朝重点关注地区仍在东北亚，集结重兵针对朝鲜半岛。

贞观二十二年（734），右卫率府长史王玄策出使西域，为中天竺所掠。吐蕃发精兵与王玄策联手进攻天竺，大破之，遣使向太宗献捷。所谓王玄策一人灭一国，其实主要是依靠吐蕃的势力，吐蕃也有

---

① 《旧唐书》卷 196《吐蕃传》，第 5221 页。

② 《旧唐书》卷 196《吐蕃传》，第 5221—5222 页。

将势力往喜马拉雅山南部渗透的意图。

高宗即位后，授松赞干布驸马都尉，封西海郡王，松赞干布致书于司徒长孙无忌等表示感谢："天子初即位，若臣下有不忠之心者，当勒兵以赴国除讨。"[1]并献金银珠宝十五种，请求安置在太宗灵座之前。高宗很高兴，又进封他为賨王，吐蕃趁机提出希望唐朝能送来一些懂蚕种及造酒、碾、硙、纸、墨的工匠，高宗也同意了。

松赞干布只活了33岁，但是在位期间，奠定了吐蕃王朝的根基：迁都逻些，统一西藏，制定文字，颁行法令，创设行政制度和军事制度，设置官职品阶，统一度量衡和课税制度，并且从唐朝和天竺引入佛教。当时吐蕃人绝大部分信奉苯教，即所谓"好咒誓、诳鬼神"，还没有多少人出家为僧。直到赤德祖赞赞普时代（704—755），佛教才逐渐在吐蕃境内传播开来。"举凡吐蕃之一切纯良风俗，贤明政事，均为此赤松赞王时出现也。一切民庶感此王之恩德，乃上尊号曰'松赞干布'。"[2]

贞观十二年（638），松赞干布向泥婆罗求婚，鸯输伐摩国王把女儿尺尊公主嫁给了松赞干布。贞观十五年（641），松赞干布迎娶唐朝文成公主。敦煌吐蕃文献、吐蕃金石铭刻等吐蕃史料以及汉人史料里，都记有松赞干布娶文成公主，却都没有松赞干布娶泥婆罗尺尊公主的记载。松赞干布和文成公主、尺尊公主没有后代，只与蒙氏妃生一子，称为贡松贡赞（又名贡日贡赞）。贡松贡赞早逝，松赞干布殁后由其子芒松芒赞继任赞普。文成公主在吐蕃生活三十余年，于永隆元年（680）因身患天花去世。文成公主深受唐朝与吐蕃两国人民的爱戴，在藏传佛教中被认为是绿度母的化身；唐人陈陶亦有"自从贵主和亲后，一半胡风似汉家"的赞叹[3]。

---

[1] 《旧唐书》卷196《吐蕃传》，第5222页。

[2] 王尧辑：《敦煌古藏文历史文书》，西宁：青海民族学院，1979年，第63页。

[3] 《全唐诗》卷746《陇西行四首》，第8492页。

二、暂时的和平

在唐朝把战略重心放在高句丽、百济和突厥的时候，吐蕃开始大举进攻吐谷浑。龙朔三年（663），吐蕃与吐谷浑相互进攻，又轮番向唐朝表奏求援，各论曲直，唐朝希望保持平衡，并未给予任何裁决。吐谷浑的大臣素和贵叛逃吐蕃，将自己所知的情报一五一十地向吐蕃报告。于是吐蕃成功击溃吐谷浑，占领了青海的肥沃牧场，可以自由出入甘肃边境和塔里木盆地。河源王慕容诺曷钵及弘化公主（太宗之女，唐朝首位和亲的公主）脱身走投凉州（今甘肃武威），遣使向高宗请求留在唐朝境内。吐谷浑的溃败导致唐朝和吐蕃之间没有了缓冲区，两国势必产生直接冲突。高宗立即下令在凉州、鄯州（今青海西宁）屯兵严防吐蕃，又命苏定方任安集大使，节度诸军，作为吐谷浑的后援。吐蕃上表数落了吐谷浑的种种罪行，又恳请迎娶唐朝公主，遭到了高宗的拒绝和责备。

麟德二年（665），吐蕃派使者觐见高宗，请求和吐谷浑重归于好，并提出将赤水归还给吐谷浑放牧，高宗没有答应。疏勒（西域三十六国之一，今新疆喀什）和弓月（西突厥部落，今新疆伊犁附近）引吐蕃进攻于阗，切断了通过塔里木盆地的南部通道。咸亨元年（670），在于阗国王的援助下，吐蕃向北进攻，占据了唐朝安西都护府所在地龟兹以及焉耆。唐朝因此被迫从吐鲁番以西的大部分塔里木盆地撤退，并放弃了安西都护府和控制着塔里木诸国的安西四镇（即龟兹、于阗、焉耆、疏勒四镇）。但是吐蕃对塔里木盆地的控制并不十分稳定。调露元年（679），裴行俭借口送波斯王子回国，于途中突袭西突厥，俘虏其可汗并进军碎叶，并在碎叶筑城设防。同年，吐蕃被赶出塔里木盆地，安西四镇（此时四镇为碎叶、龟兹、于阗、疏勒）暂时重回唐朝的羽翼之下。

高宗诏以右威卫大将军薛仁贵为逻娑道行军大总管，左卫员外大将军阿史那道真、右卫将军郭待封为副，率众十余万远征吐蕃，援送吐谷浑回归故地。此后便发生了著名的大非川之战。唐军为吐蕃大将论钦陵所败，几乎全军覆没，薛仁贵等被除名。吐谷浑全国尽数为吐蕃吞并，咸亨三年（672），慕容诺曷钵及其亲信迁移到灵州（今宁夏吴忠）。从此吐蕃连年进犯唐朝边境，当州（今四川黑水）、悉州（今四川茂县）等诸多羌人部落纷纷倒戈，吐蕃终于成为唐朝的心腹大患。

上元三年（676），进寇鄯、廓等州，杀掠人吏，高宗命尚书左仆射刘仁轨往洮河军镇守以御之。仪凤三年（678），又命中书令李敬玄兼鄯州都督，往代仁轨于洮河镇守。仍召募关内、河东及诸州骁勇，以为猛士，不简色役，亦有尝任文武官者，召入殿庭赐宴，遣往击之。又令益州长史李孝逸、巂州都督拓王奉等发剑南、山南兵募以防御之。其年秋，敬玄与工部尚书刘审礼率兵与吐蕃战于青海，官军败绩，审礼没于阵，敬玄按军不敢救。俄而收军却出，顿于承风岭，阻泥沟不能动，贼屯于高冈以压之。偏将左领军员外将军黑齿常之率敢死之士五百人，夜斫贼营，贼遂溃乱，自相蹂践，死者三百余人。[1]

---

[1] 《旧唐书》卷196《吐蕃传》，第5223—5224页。

吐蕃不断挑衅唐朝边境州县，杀掠当地的百姓和官吏，高宗遂招募各地勇士，命中书令李敬玄领兵攻打吐蕃。李敬玄与工部尚书刘审礼与吐蕃战于青海，结果大败，刘审礼被吐蕃俘虏，李敬玄不敢前去营救，反而撤退，驻扎在承风岭，企图利用泥沟防卫，然而吐蕃屯兵高岗将其包围。幸好黑齿常之夜袭吐蕃军营，使得吐蕃军内部大乱，自相践踏。李敬玄趁机退回鄯州，之后又去剑南募兵，在茂州西南部修筑安戎城，以期阻断吐蕃的入侵之路。但在调露二年（680），当地人给吐蕃做向导，安戎城被攻陷，唐兵陷入被动局面。这时吐蕃占据了包括羊同、党项在内的所有羌人住地，东面与唐朝的凉州、松州、茂州、嶲州等相接，南面打到了印度，西面安西四镇仍处于其威慑之下，北面直达突厥，占地万余里，变成了威胁中原的超级强权。

李敬玄、刘审礼战败后，高宗对吐蕃的战争已经遭受了两次挫折，便召侍臣商议绥御之策，众人都赞同防守之策。唐朝从进攻转入防御，开始采用筑堡垒的策略，在战略要地上屯营扎寨。之后黑齿常之于良非川大破吐蕃大将赞婆及素和贵，吐蕃遂退兵。高宗就下诏任黑齿常之为河源军使，以防吐蕃进攻。此后在西北防范吐蕃而驻屯的大量军队成为了唐朝沉重的负担。

武则天时期，讨伐吐蕃又被提上了日程。西突厥自兴昔亡、继往绝可汗死后，一直处于群龙无首的状态。武则天于垂拱元年（685）、垂拱二年（686）分别任命兴昔亡、继往绝可汗的儿子为左右玉铃卫将军，主管五咄陆和五弩失毕部落（今楚河附近）。碎叶镇落入西突厥的掌控。面对虎视眈眈的突厥与吐蕃，武则天于永

图37 唐铜鎏金凤鸟。青海省都兰热水墓群出土。（动脉影 摄）

昌元年（689）命文昌右相韦待价为安息道大总管，安西大都护阎温古为副总管，率兵往征吐蕃。韦待价进军至寅识迦河，大败于吐蕃。韦待价没什么军事才能，兵败后士卒多因挨冻受饿而死，只得撤兵返回。武则天大怒，将韦待价流放到绣州，阎温古处斩。第二年，武则天又命文昌右相岑长倩为武威道行军大总管讨伐吐蕃，军队行至半程时就撤兵打道回府了。如意元年（692），吐蕃大首领曷苏率其所属以及贵川部落投降唐朝，武则天令右玉钤卫大将军张玄遇率两万精兵前去迎接。没承想走到大渡水的时候，曷苏因投降一事泄露，被吐蕃所擒。长寿元年（692），武威军总管王孝杰大破吐蕃，收复龟兹、于阗、疏勒、碎叶等四镇，于是武则天在龟兹置安西都护府，发兵镇守。万岁登封元年（695），王孝杰再次被任命为肃边道大总管，率副总管娄师德与吐蕃将论钦陵、赞婆战于素罗汗山。此次唐军大败，王孝杰被贬为平民，娄师德被降职为原州员外司马。万岁通天元年（697），吐蕃四万士兵悄悄杀到凉州城下，都督许钦明竟然没有察觉，仓促之间率军与吐蕃对战，最后战败被杀。这时吐蕃派遣使者请求与唐朝重归于好，武则天派郭元振前去查探虚实。吐蕃将领论钦陵提出，希望唐朝能撤去安西四镇的守军，并将之前赐给十姓突厥的土地分给他们。郭元振认为不能直接拒绝论钦陵的要求，以免激怒他，可以提出让吐蕃归还吐谷浑各部以及青海故地作为交换条件，既能堵住他的嘴，又能稳住局面，武则天听从了他的建议。郭元振随后又提出：

> 吐蕃百姓疲于徭戍，早愿和亲；钦陵利于统兵专制，独不欲归款。若国家岁发和亲使，而钦陵常不从命，则彼国之人怨钦陵日深，望国恩日甚，设欲大举其徒，固亦难矣。斯亦离间之渐，可使其上下猜阻，祸乱内兴矣。[1]

---

[1] 《资治通鉴》卷 205《唐纪二十一》，第 6509 页。

武则天时代最大的机会实际上是吐蕃的内乱。吐蕃在松赞干布之后，由禄东赞家族掌权。他的几个儿子，尤其是钦陵和赞婆，不单掌管朝政，还掌管军队。每次对外打仗的时候，钦陵待在中央，他的弟弟们带兵出去打仗；赞婆专门负责东境的对唐作战，三十余年中为吐蕃立下了很多功劳。久而久之，他们的家族遭到吐蕃王室的猜忌。圣历二年（699），赞普器弩悉弄与亲信大臣密谋铲除钦陵兄弟，借口要外出打猎，召集兵众斩杀钦陵亲党二千余人，随后又派使者召回钦陵、赞婆等。钦陵举兵不受召，赞普亲自率兵讨伐他们，钦陵未战而溃，遂自杀。赞婆率部众千余人及其侄子莽布支等投奔唐朝，武则天遣羽林飞骑迎接他们，授赞婆辅国大将军、行右卫大将军，封归德郡王，赏赐甚厚，随即令赞婆领其部下前往洪源谷（今甘肃古浪内）攻击吐蕃军。但很快赞婆就死了，武则天追赠赞婆为特进、安西大都护。

久视元年（700），吐蕃派将军麹莽布支侵扰凉州，围逼昌松县（今甘肃古浪）。陇右诸军州大使唐休璟与麹莽布支于洪源谷开战，唐休璟见他们兵器、盔甲华丽且明亮，就对手下们说："吐蕃之前的大小宰相都已经被杀，麹莽布支是第一次领兵打仗，还不熟悉军事。吐蕃军虽然看起来精锐，但实际上很容易对付，让我先给他们当头一击。"于是唐休璟披挂上阵，率先攻破麹莽布支军队的防线，六战皆胜，共斩杀二千五百余人，还俘获了麹莽布支的两名副将。长安二年（702），吐蕃赞普率领一万多人马进攻悉州（今四川茂州），四次交战均以失败告终，于是遣使者论弥萨等来到唐朝求和。唐朝与吐蕃迎来了暂时的和平。

睿宗即位，代理监察御史李知古上言："姚州诸蛮，先属吐蕃，请发兵击之。"[1] 云南洱海一带为唐朝与吐蕃的西南战场，高宗时即设

---

[1] 《旧唐书》卷196《吐蕃传》，第5228页。

图 38　唐李邕墓壁画马球图。陕西考古研究所藏。李邕为唐高祖李渊第十五子虢王李凤嫡孙。

置姚州都督府 ①。景龙元年（707），唐九徵就已击败过姚州反叛的蛮族，斩杀三千余人。李知古大获胜利，各蛮族部落很快又归降唐朝。然而李知古不加收敛，再次上书请求在姚州筑城加强防守，并和其他州县一样征收赋税。黄门侍郎徐坚认为姚州为羁縻州，照搬一般州县的制度恐怕会适得其反。睿宗没有采纳徐坚的建议，令李知古于剑南征兵前往姚州修城池。李知古企图借机诛杀一批蛮族豪杰，掠走他们的子女做奴婢。群蛮怨怒，其中一位酋长傍名与吐蕃联合，杀死了李知古，还用他的尸体祭天。姚州蛮族再次溃叛，西南通往内地的要道就此断绝。当时张玄表为安西都护，与吐蕃相邻，互相攻掠，吐蕃虽然颇有怨言，但对外还是表露出友好，同意和亲，以此为借口贿赂鄯州都督杨矩，使其奏请朝廷将河西九曲之地赐给金城公主作为汤沐邑（贵族功臣用来收取赋税的私人封地）。河西九曲的战略地位非常重要，不仅土地肥沃，适合屯兵畜牧，又靠近唐朝的边境线，于是吐蕃再次叛乱。

① 参看《资治通鉴》卷 201《唐纪十七》，第 6340 页；《通典》卷 187《边防三》，第 5062 页。

开元二年（714）秋，唐蕃战争再次爆发。吐蕃十余万军攻破临洮，驻军兰州，还闯入渭源肆意掠夺战马、牛羊。消息传来，杨矩对自己的所作所为又悔又惧，饮药自杀。就在上个月，薛仁贵长子薛讷进攻契丹惨遭失败，不仅被契丹人嘲笑为"薛婆"（老怯如婆），还被削官为民。玄宗令薛讷以布衣之身摄左羽林将军，任陇右防御使，与太仆少卿王晙共同抵抗吐蕃，并下诏表示自己将大举亲征。薛讷与吐蕃军交战于渭源之武阶驿（今甘肃临洮），二十里外的大来谷就是吐蕃的大本营。王晙率部下两千精兵极速奔袭至大来谷，准备与薛讷两头夹击。吐蕃大将率兵回营，王晙让七百名士兵换上吐蕃军服，夜袭吐蕃营，又在后方安排军人击鼓吹角，造成声势浩大之象。吐蕃误以为唐朝大军来袭，惊慌之下开始自相残杀。薛讷、王晙配合默契，追杀吐蕃余众至洮水边，于长城堡再战再捷。吐蕃余兵伤亡惨重，此前所掠羊马被悉数收回。唐军亦有伤亡，丰安军使王海宾身死。捷报传来，玄宗遂罢亲征，命紫微舍人倪若水前去确认消息虚实，并吊祭王海宾，又将王海宾九岁的儿子接到宫中生活，任命其为朝散大夫、尚辇奉御。这个孩子就是王忠嗣。

战败后，吐蕃转攻为守，主动向唐朝请和，遭到了玄宗的拒绝。唐王朝开始逐步战略反攻，最迟在开元十五年（727）之前，已收复了积石军，夺回了大部分的河西九曲之地。唐朝以和戎城、河源军、积石军由北至南，形成一条坚固防线。

开元十四年（726）的冬天，吐蕃大将悉诺逻进攻大斗谷，又移攻甘州，大肆烧杀抢掠后离去。河西、陇右节度使王君㚟认为此时吐蕃兵疲，有机可乘，就点兵马悄悄跟在他们后面。正好天降大雪，吐蕃军冻死很多人，就取道积石军（今青海贵德）西路而还。王君㚟先令人潜入吐蕃境内，烧光他们归途上的野草。悉诺逻军行至大非川，本打算让将士和马在此处休整，但没有野草，导致战马死了大半。王君㚟与秦州都督张景顺等率众追击，当时青海湖正好结了冰，将士便乘冰而渡，在青海湖西边追上了悉诺逻的军队。可惜悉诺逻大军已离开大非川，只留下落在后方的辎重兵及疲兵尚在青海湖之侧，王君㚟就带兵攻击了辎重部队，取得了非常大的胜利。

开元十五年（727）九月，吐蕃大将悉诺逻恭禄及烛龙莽布支攻陷瓜州城，抓了刺史田元献及王君㚟之父王寿，尽取城中军资及仓粮，毁其城而去；又进攻玉门军及常乐县，并将被掳走的僧人放回凉州，传话给王君㚟说："将军常以忠勇许国，何不一战？"王君㚟望着西边哭泣，却迟迟不敢出兵。而县令贾师顺坚守八十日，直至吐蕃军精疲力尽而撤退。凉州附近早先聚集了回纥等部落，他们看不起初来乍到的王君㚟，等到王君㚟任河西节度使后，屡屡以法制约束他们，回纥便怀恨在心，多次陷害王君㚟，双方积怨颇深，正好吐蕃来袭，不久王君㚟被回纥所杀。玄宗任命兵部尚书萧嵩为河西节度使，以建康军使、左金吾将军张守珪为瓜州刺史，修筑州城，招辑百姓，令其复业。当时悉诺逻恭禄威名甚振，萧嵩使反间计，说他秘通大唐，借吐蕃赞普之手除掉了这一威胁。

开元十六年（728）秋，吐蕃大将悉末朗又率兵攻打瓜州，被张守珪出兵击退。陇右节度使、鄯州都督张忠亮引兵至青海西南渴波谷，大破吐蕃。不久积石、莫门两军兵马与张忠亮合势追讨，攻破吐蕃大莫门城，生擒千余人，获马一千匹、牦牛五百头，还有很多武器、物资，又烧了吐蕃的骆驼桥才回去。八月，萧嵩又遣副将杜宾客率四千弓箭手与吐蕃战于祁连城下，从白天打到晚上，吐蕃军大溃，散走投山，哭声四合。玄宗对这场战役非常自信，当他听闻吐蕃又来边境侵扰，对侍臣说："吐蕃骄暴，恃力而来。朕今按地图，审利害，亲指授将帅，破之必矣！"[1]

开元十七年（729），朔方大总管信安王李祎率兵赴陇右，攻陷吐蕃石堡城，又于石堡城置振武军。夺取石堡城，意味着吐蕃如果再向北出

---

[1] 《旧唐书》卷 196《吐蕃传》，第 5230 页。

祁连山，很可能遭到被切断后路的风险。至此，河西九曲之地全部收复。而唐朝的战线则继续推进，直插吐蕃腹心。这一阶段的唐吐战争以唐王朝大获全胜告终，而李隆基也得空解决北面契丹和后突厥的问题。

吐蕃在战争中遭到重挫，希望能赶紧与唐朝恢复和平。忠王友（官名，忠王的僚属）皇甫惟明向玄宗奏陈言和之利，玄宗便令皇甫惟明及内侍张元方出使吐蕃了解情况。皇甫惟明、张元方向赞普和金城公主宣达了玄宗的意旨，赞普大喜，把贞观以来获得的敕书都找出来给皇甫惟明等看，并令其重臣名悉猎随皇甫惟明入朝，上表曰：

> 外甥是先皇帝舅宿亲，又蒙降金城公主，遂和同为一家，天下百姓，普皆安乐。中间为张玄表、李知古等东西两处先动兵马，侵抄吐蕃，边将所以互相征讨，迄至今日，遂成衅隙。外甥以先代文成公主、今金城公主之故，深识尊卑，岂敢失礼！又缘年小，枉被边将谗构斗乱，令舅致怪。外甥蕃中已处分边将，不许抄掠，若有汉人来投，便令却送。伏望皇帝舅远察赤心，许依旧好，长令百姓快乐。如蒙圣恩，千年万岁，外甥终不敢先违盟誓。谨奉金胡瓶一、金盘一、金碗一、马脑杯一、零羊衫段一，谨充微国之礼。[①]

开元十八年（730）十月，名悉猎等至京师，玄宗在宣政殿，列羽林仗接见名悉猎。名悉猎很了解唐朝文化，之前还被派到长安迎接金城公主，当时满朝大臣都称赞他的才辩。玄宗赐给他紫袍金带及鱼袋、时服、缯彩、银盘、胡瓶，别馆还准备了丰厚的供给。名悉猎收下了紫袍金带和其他器物，却辞谢了鱼袋，表示吐蕃没有此类章服，不敢接受如此殊礼，玄宗对他赞赏有加。

---

① 《旧唐书》卷 196《吐蕃传》，第 5231 页。

开元十九年（731），御史大夫崔琳任使者回访吐蕃，吐蕃又上奏："（金城）公主请《毛诗》《礼记》《左传》《文选》各一部。"[1]玄宗下令让秘书省抄写，交由使者带回去。这件事情在朝臣内部形成分歧，正字于休烈上疏请曰："今西戎，国之寇雠，岂可赆经典之事！"[2]最后这些经典还是随使者传入吐蕃。同年吐蕃宰相来长安拜见玄宗，请求在赤岭与唐朝进行贸易往来，玄宗同意了。二十一年（733），金城公主请求在赤岭建碑，作为两国的边境线。二十二年（734），遣将军李佺于赤岭与吐蕃分界立碑。

开元二十四年（736），吐蕃攻击勃律，勃律向唐朝求救，玄宗遣使令吐蕃立刻停战，吐蕃不予理会，击破勃律，玄宗大怒。这时散骑常侍崔希逸为河西节度使，于凉州镇守。崔希逸对吐蕃将乞力徐说："两国和好，为什么还要设置守捉使，妨碍百姓耕种。请将之罢除，成为一家人，不好吗？"乞力徐回答说："常侍忠厚，必是诚言。但恐朝廷未必皆相信任。万一有人交搆，掩吾不备，后悔无益也。"[3]崔希逸很坚持，还派使者与乞力徐杀白狗为盟，各自撤去守备，于是吐蕃饲养的牛马遍及草原。这件事很快就被有心之人利用。崔希逸与随从孙诲入朝奏事，孙诲想要立功，上奏说"吐蕃无备，若发兵掩之，必克捷"[4]。玄宗派遣内给事赵惠琮与孙诲赶回去察看情况。赵惠琮等至凉州后，矫诏令崔希逸去攻打吐蕃，崔希逸不得已大破吐蕃于青海之上，杀获甚众，乞力徐只身逃走。赵惠琮、孙诲获得了丰厚的赏赐，但吐蕃自此后不再朝贡。崔希逸因为失信郁郁寡欢，在军中不得志，之后迁为河南尹，走到长安时，与赵惠琮都看见白狗作祟，相次而死。孙诲也因罪被杀。

---

① 《旧唐书》卷 196《吐蕃传》，第 5232 页。

② 《旧唐书》卷 196《吐蕃传》，第 5232 页。

③ 《旧唐书》卷 196《吐蕃传》，第 5233 页。

④ 《旧唐书》卷 196《吐蕃传》，第 5233 页。

开元二十六年（738），玄宗派岐州刺史萧炅为户部侍郎判凉州事，代崔希逸为河西节度使，鄯州都督杜希望为陇右节度使，太仆卿王昱为益州长史、剑南节度使，分道以讨吐蕃；并命人毁掉了分界之碑。杜希望率众攻吐蕃新城，吐蕃战败，唐以其城为威戎军，发兵一千来镇守。杜希望又从鄯州发兵夺吐蕃河桥，在河东筑盐泉城。吐蕃派三万人跟唐军决战，杜希望率兵又将之击破，之后在盐泉城置镇西军。唐军在西北方向上取得了进展，西南方向却不太顺利。当时王昱率剑南招募的士兵攻打吐蕃的安戎城。先于安戎城左右筑两城，作为攻拒之所，屯兵于蓬婆岭下，又从剑南道运来粮食准备守城。之后吐蕃发动精兵来救安戎城，唐军大败，所筑两城全被吐蕃攻陷，王昱自己逃走，将士以下数万人及军粮资仗等全都被吐蕃俘获。安戎城实际上是吐蕃经营西南方向的重镇，王昱因此被降职为括州刺史。

开元二十八年（740）春，唐朝大将章仇兼琼与安戎城中吐蕃翟都局及维州别驾董承宴等通谋。翟都局归顺唐军，又引唐军入城，尽杀吐蕃将士。玄宗非常高兴，派监察御史许远率兵镇守。

开元二十九年（741）春，金城公主薨逝，吐蕃遣使告哀，并再次请和，玄宗依然拒绝。使者到京城数月之后，玄宗才于光顺门外为公主举哀，并辍朝三日。十二月，吐蕃又袭石堡城，节度使盖嘉运没能守住，玄宗很恼火。天宝初，皇甫惟明、王忠嗣被提拔为陇右节度，皆未能攻克。天宝七载（748），哥舒翰为陇右节度使，才终于破城，后改石堡城为神武军。

在此之后，在唐朝对吐蕃的战争中，唐朝一直处于主动，吐蕃节节败退。天宝十四载（755），赞普赤德祖赞死，大臣立其子为赞普。玄宗遣京兆少尹崔光远兼御史中丞，持节赍国信册命去吊祭，回来时安禄山已窃据洛阳。内政与外交的连环性也因之后急转直下的局势而被演绎得格外生动，让人忍不住幻想，如果没有后来的安史之乱，不出意外，唐朝将在对吐蕃战争中取得完胜。

三、诡异的阙特勤碑——突厥的复兴与衰灭

贞观年间唐太宗击败东突厥汗国，原来的西突厥帝国也瓦解为弩失毕和咄陆两大部落，太宗不断在两个部落之间制造矛盾，加速西突厥的崩溃。唐朝将塔里木盆地诸国，如疏勒、于阗与莎车纳入麾下，势力的触手伸入帕米尔地区。太宗时期，唐朝对突厥的威望达到最高，在征讨焉耆、高昌时立功赫赫的阿史那社尔就是力证，这位突厥王子一生都对太宗忠心耿耿，甚至在太宗去世后主动提出要为他殉葬。高宗时期，阿史那贺鲁短暂地统摄西突厥弩失毕、咄陆两部，自封为沙钵罗可汗，企图反攻唐朝。唐军与回纥（突厥铁勒部的一个分支）合作，在苏定方的带领下诛杀了阿史那贺鲁，任命忠诚于唐朝的突厥贵族担任两部可汗。然而高宗末年，弩失毕和咄陆再次造反，另一边吐蕃攻占安西四镇，唐朝再次失去对西域的掌控。武则天时期，被灭掉的东突厥汗国在王室后裔骨咄禄（东突厥末代可汗颉利可汗的旁支）的带领下复国，有学者称之为突厥第二帝国，或后突厥汗国。

就这样，突厥在亡国半个世纪以后，不断掀起反叛。阿史那骨咄禄很有才能，他将一些流散的突厥人召集起来，到处抢掠九姓铁勒的牛羊，逐渐强盛起来。他还有一个精明的"中原通"助手暾欲谷，提供了很多有用的中原地区的情报。永淳元年（682），突厥阿史那骨咄禄开始一系列反唐作战，踏平妫州（今河北涿鹿、怀来）后，不断侵扰山西西北及河北部分州县（如蔚州、丰州、朔州等），此后在总材

山（一说在杭爱山，一说在阴山）占山为王，自立为可汗，任命其弟默啜为杀（突厥官名）。骨咄禄死时，儿子尚年幼，默啜便篡其位，自立为可汗。圣历元年（698），默啜上表请求认武则天为母亲——这种关系比称臣要轻一些——还表示自己有女儿，请求和亲。高宗咸亨年间，归降的突厥诸部落多被安置在丰、胜、灵、夏、朔、代六州，称为降户。默啜又上表索求六州降户及单于都护府（今内蒙古和林格尔）之地，并请赐农器、种子。武则天拒绝了，默啜非常怨怒，言辞轻慢，扣留了唐朝使臣田归道。当时朝廷畏惧突厥兵势，纳言姚璹、鸾台侍郎杨再思都建议和亲，不希望打仗。这种绥靖政策造成的后果是，六州的数千家突厥降户，及四万余硕种子、三千件农器交至默啜手中，默啜势力更加强大。

同年，武则天令魏王武承嗣之子淮阳王武延秀迎娶突厥默啜可汗之女，又遣右豹韬卫大将军阎知微摄春官尚书，右武威卫郎将杨齐庄摄司宾卿，携带大量金帛去向默啜可汗提亲。使臣到达黑沙南庭（后突厥的王庭）后，默啜却翻脸了，对阎知微等说："我女拟嫁与李家天子儿，你今将武家儿来，此是天子儿否？我突厥积代已来，降附李家，今闻李家天子种末总尽，唯有两儿在，我今将兵助立。"[1] 默啜将武延秀一行人抓起来，并胁迫大臣阎知微建立了伪政权，带领十余万部队侵扰静难军（方镇名，即邠宁军，主辖今甘肃东部及陕西西南地区）、平狄军（方镇名，即大同军，主辖今山西地区）、清夷军（主辖今河北怀来）等。

默啜打着复兴李唐的旗号，先后侵犯了妫州（今河北怀来）、檀州（今北京密云）、蔚州（今河北蔚县）、定州、赵州，唐东北边境处于突厥的威胁之下，核心统治地区陷入唇亡齿寒的危机。武周政权面临着非常严重的外患，武则天被迫立李显为皇太子，任河北道行军大

---

① 《旧唐书》卷 194《突厥传》，第 5169 页。

元帅。然而唐朝大军还未出发，默啜已经从五回道打道回府了。唐将沙吒忠义及李多祚等虽然都手持重兵，却不敢作战，只眼睁睁地看着默啜带着战利品跑回去。河北道元帅纳言狄仁杰领兵十万前去追击，也没能追上。

因为唐军久无战果，突厥俨然复兴，默啜用暴力手段暂时制服了咄陆部和弩失毕部，以及企图反抗的突骑施部，后突厥势力范围东至唐朝东部边境，西至西部河中地区，控弦四十万，自颉利可汗之后最为强盛。默啜成为该地区各突厥部落的唯一首领，自恃兵威，虐用其众。默啜年老后，部落渐多逃散。开元四年（716），默啜北讨九姓铁勒之一的拔曳固，战于独乐河（今蒙古国图拉河），拔曳固大败。默啜因为获胜没有防备，在柳林中遭到拔曳固游兵散将的突袭，被颉质略斩首，默啜的首级被送到洛阳。骨咄禄之子、默啜的侄子阙特勤鸠合旧部，将默啜的儿子小可汗和其他兄弟、亲信统统杀死，在开元四年（716）拥立自己的哥哥左贤王默棘连继位，是为毗伽可汗。

毗伽可汗原本的称号是小杀（杀即设，意为掌兵马官），他性格仁慈和善，认为自己能当上可汗都是阙特勤之功，所以要将汗位让给弟弟。阙特勤拒不接受，毗伽可汗便任命他为左贤王，专掌兵马，又召暾欲谷为谋主。暾欲谷时年已七十余，突厥人对他非常敬伏。在这二人的带领下，突厥内部形势很快稳固下来，势力大增。

开元十三年（725），玄宗封禅泰山前，中书令张说认为毗伽可汗仁而爱人，深得人心，阙特勤骁武善战，暾欲谷深沉有谋，老而益智，如果知道玄宗东巡封禅，很可能会趁机偷袭，建议增加边境军备。兵部郎中裴光庭则认为此时突然发兵会破坏封禅的氛围，请求玄宗让突厥的大臣扈从封禅，这样突厥不敢不从命，便很难出兵偷袭。张说派遣中书直省袁振摄鸿胪卿出使突厥，毗伽可汗及阙特勤、暾欲谷等人设宴接待他，表示吐蕃、奚、契丹这等"狗种"都能和唐朝结亲，况且唐朝用以和亲的公主也不是皇帝的亲女儿，唐朝屡屡不答应后突厥的和亲请求实在是折损后突厥的颜面。谈判之后，袁振上奏突厥的和亲请求，毗伽可汗派遣其颉利发（突厥高官名，可世袭）阿史德朝贡，并跟随玄宗去封禅。

开元十九年（731），阙特勤去世，玄宗诏令金吾将军张去逸、都官郎中吕向携带玺书入突厥吊祭，并为之立碑。开元二十二年（734），毗伽可汗被大臣梅录啜下毒，在毒发前斩杀梅录啜，尽灭其党。毗伽可汗的暴毙带来的是后突厥的一系列内乱，突厥三大部落拔悉密部、回鹘部和葛逻禄部很快反叛，后突厥就此瓦解。

研究后突厥汗国非常重要的材料"突厥三大碑"，正是后突厥"铁三角"毗伽可汗、阙特勤和暾欲谷的墓碑。阙特勤碑于19世纪末在今蒙古国呼舒柴达木湖畔被一位俄国学者发现。"阙"是人名，"特勤"是突厥贵族子弟的称号。石碑上刻有用突厥语和汉语写就的两种铭文。汉语铭文刻在石碑背面，为玄宗亲自撰写的悼文。在文中，玄宗强调后突厥和唐朝结为父子后，两国间的友谊开启全新的篇章："爰逮朕躬，结为父子，使寇虐不作，弓矢载櫜，尔无我虞，我无尔诈。"① 其余三面均为突厥文，是以毗伽可汗的口气写的祭文："如阙特勤弗在，汝等悉成战场上的白骨矣。今朕弟阙

图39　阙特勤碑。

---

① 陈尚君辑校：《全唐文补编》卷25《故阙特勤碑》，第312页。

特勤已死，朕极悲恸。朕眼虽能视，已同盲目，虽能思想，已如无意识。"

诡异的是，突厥语碑文所表达的内容与汉语碑文截然相反。一块碑用两种文字表达了两种视角实属罕见。在汉文的部分，玄宗代表了唐朝的利益，他将阙特勤视为亲子，通篇的深情正是基于对忠诚的属国领袖去世的悲痛；在突厥文的部分，突厥的贵族花费大量篇幅警告其臣民警惕唐朝，警惕危险的汉人，比如以下段落：

> 汉人的话语始终甜蜜，汉人的物品始终精美。利用甜蜜的话语和精美的物品进行欺骗，汉人便以这种方式令远方的民族接近他们。当一个部落如此接近他们居住之后，汉人便萌生恶意。汉人不让真正聪明的人和真正勇敢的人获得发展。如若有人犯了错误，汉人决不赦免任何他人，从其直系亲属，直到氏族、部落。你们这些突厥人啊，曾因受其甜蜜话语和精美物品之惑，大批人遭到杀害。啊，突厥人，你们将要死亡！如果你们试图移居到南方的总材山区及吐葛尔统平原，突厥人啊，你们便将死亡！那些恶意的人会作这样有害的劝说："人们如若远离（汉人）而居，便只供给粗劣物品；人们如若靠近（汉人）而居，则会供给珍贵物品。"这些恶意之人作出了这种有害的劝说。听了这些话后，愚蠢的人便去接近（汉人），因而遭到大量杀害。如果你们前赴这些地方，突厥人啊，你们便将死亡！如果你们留在于都斤山地区，从此派遣队商，你们便将无忧无虑。如果你们留在于都斤山，便能主宰着诸部，永远生活下去！
>
> 汉人的诡谲奸诈，由于他们狡猾地制造了弟兄们之间的分裂，导致了伯克和大众的相互纷争，突厥人遂使他们先前建立的国家走向毁灭，使他们先前拥戴的可汗趋于垮台。原

来的老爷成了汉人的奴仆，原来的太太成了汉人的婢女。突厥的伯克们放弃了其突厥官衔。在汉人那里的伯克们拥有了汉人的官衔，并听从于汉人可汗，为他服务五十年之久。为了汉人的利益，他们向东，即日出之处，一直征战到莫利可汗之地；向西则远抵铁门。为了汉人可汗的利益，他们征服了许多国家。然后，突厥的普通民众如此清楚地说道："我们曾是一个拥有独立国家的民族，但如今我们自己的国家在哪里？我们是在为谁的利益征服这些地方？""我们曾是一个拥有自己可汗的民族，但如今我们自己的可汗在哪里？我们现在在为哪个可汗效劳？"他们这样交谈以后，就又成为汉人可汗的敌人。①

突厥语的阙特勤碑文追溯了从贞观年间东西突厥灭亡之后，突厥人在唐朝的种种遭遇。太宗朝伊始，唐朝启用突厥将领，在征服高句丽和吐蕃的战事中有很多突厥军官的身影。在唐朝人看来，他们是因为仰慕唐朝的文化，才参与到唐朝开疆拓土的大业中。然而冰冷的突厥语铭文却在动情地呐喊，这些突厥人加入唐朝的军队，从日出之地打到日落之地，消灭诸多民族，却找不到自我认同。他们不知道为何而战，更不知道为谁而战，生命就这样无谓地消逝在异国他乡。

大多数时候，我们无法在正史中读到多元的声音，很幸运，阙特勤碑保留下一些原生态的历史图景。

---

① 芮传明著：《古突厥碑铭研究》（增订本），北京：商务印书馆，2017年，第177—180页。

四、高仙芝远征中亚

自唐兴盛之后，对外作战基本都是主动进攻。边帅多为忠厚名臣，且不久任，不遥领，不兼统，在外带兵打仗立下了战功，就有资格进入中央担任宰相。唐朝有很多非汉族的将领，突厥人阿史那社尔、契苾何力都是一代名将，但是他们都不会长期带兵在边关作战，朝廷往往会派出大臣对他们进行管制，基本上没有造成将领尾大不掉，中央无法驾驭的情况。但是到了开元中，玄宗频繁发动对外战争，很多守边将领十几年都不调任，和士兵形成紧密的关系；皇子如庆王、忠王，宰相如萧嵩、牛仙客，开始遥领边将之职；盖嘉运、王忠嗣等边将兼统数道之兵。李林甫为了杜绝高级将领进入中央与他抗衡，开始举荐一些文化程度不高的胡人，奏言："文臣为将，怯当矢石，不若用寒畯胡人；胡人则勇决习战，寒族则孤立无党，陛下诚以恩洽其心，彼必能为朝廷尽死。"[1] 如安禄山、哥舒翰、高仙芝等蕃将得到了晋升的机会。

高仙芝（？—756），本高句丽人，史籍描述高仙芝外表俊美，善骑射，果敢而勇猛。他的父亲高舍鸡在高句丽亡国后加入河西军，战功赫赫，做到了四镇十将、诸卫将军。高仙芝少年起就追随父亲来到安西四镇，沾了父亲的光，二十多岁就被授予游击将军，跟他父亲差

---

① 《资治通鉴》卷 216《唐纪三十二》，第 6888—6889 页。

不多平级。夫蒙灵察担任河西节度使后屡次拔擢他，开元末时高仙芝已经升至安西副都护、四镇都知兵马使。

吐蕃起初和后突厥汗国及突骑施等（主要是和后者）联盟，与唐军争夺的重点在安西四镇及北庭一带。随着后突厥及突骑施的衰落，唐蕃争夺的重点逐渐转移到葱岭（今帕米尔高原）以南地区。

此后吐蕃调转方向向西入侵小勃律（今克什米尔的吉尔吉特）。大勃律（今克什米尔的巴尔提斯坦）和小勃律对唐朝来说具有非常重要的战略意义，是唐朝通往南亚的要道，因此自武后时期起大小勃律就是唐朝的朝贡国。倘若大小勃律落入吐蕃人的掌控，突骑施部或阿拉伯人便有机会与之勾结，从而威胁唐朝在中亚的地位。吐蕃人以假道伐虢之计，穿过小勃律进攻唐朝安西四镇，再反过头来攻下小勃律九城。吐蕃赞普为了夺取这一战略要地，把自己的公主嫁给了小勃律王，双方结成了同盟，小勃律西北二十余国皆为吐蕃所制，无法再向唐朝进贡。其后节度使田仁琬、盖嘉运、夫蒙灵察连番讨伐，都没有取得成功。

图 40　吉尔吉斯出土唐代兵符。龟符上还刻有十五个小字："左豹韬卫翊府，右郎将员外置，石沙陁。"

天宝六载（747），玄宗特敕高仙芝"以马步万人为行营节度使"去征讨小勃律。《旧唐书》称"时步军皆有私马"，意思是说步兵会自备马匹，行军时骑行而在打仗的时候下马作战，而骑兵本就有国家分配的马匹，如此军队的机动性大大提高，这也是高仙芝远征成功的先决条件。

《旧唐书》对于远征过程的记载宛如详细的行军日志：

自安西行十五日至拨换城（今新疆阿克苏）

又十余日至握瑟德（今新疆巴楚）

又十余日至疏勒（今新疆喀什）

又二十余日至葱岭守捉（今新疆塔什库尔干，守捉为唐时边境驻军机构）

又行二十余日至播密川（今阿富汗瓦罕附近）

又二十余日至特勒满川，即五识匿国也（今瓦罕河）

相比之下，《新唐书》的记载则像是文字地图：

> 自疏勒西南入剑末谷、青山岭、青岭、不忍岭，六百里至葱岭守捉，故羯盘陀国，开元中置守捉，安西极边之戍。

这是高仙芝远征的第一阶段。唐军自安西都护府，即龟兹国（今新疆库车）出发，大致沿西南方向前进，进入剑末谷，翻过三个山口——喀什卡苏达坂（即青山岭，海拔 3 898 米）、托里亚特山口（即青岭，海拔 4 000 米左右）、齐奇克里克山口（即不忍岭，海拔 4 600 米左右），其艰难程度可想而知，故而唐军耗费了二十余日才走完这六百里（约 280 千米），踏上葱岭。葱岭守捉原来是《大唐西域记》中的"羯盘陀国"，开元年间成为唐朝最西边的边境驻军机构。

唐军自此沿兴都库什山北麓西行至播密川（今阿富汗瓦罕附近）——玄奘称之为"波谜罗川"，继续行至特勒满川（今阿富汗、塔吉克斯坦交界处）。这一阶段唐军行军共花费一百余天。

第二阶段，高仙芝乃将全军一分为三：

> 使疏勒守捉使赵崇玼统三千骑趣吐蕃连云堡，自北谷入。
> 使拨换守捉使贾崇瓘自赤佛堂路入。
> 仙芝与中使边令诚自护密国入。
> 约七月十三日辰时（7至9时）会于吐蕃连云堡。

三军实际上是从三个方向进入瓦罕河谷，会师连云堡：赵崇玼翻越巴罗吉尔山口，自北面进入；贾崇瓘自贾帕尔桑河谷进入；高仙芝与边令诚自喷赤河谷进入。连云堡是唐蕃必争的战略要地。堡中有一千余名吐蕃士兵，在城南十五里处依山势设有后援营垒，其中还有八九千吐蕃兵驻守，城下还有婆勒川，整体形成了一道坚固的防御圈。斯坦因认为，连云堡应该在瓦罕走廊最东面的萨尔哈特附近，高仙芝翻过巴罗吉尔和达尔科特这两个山口，顺着亚辛河谷一直走到它位于吉尔吉特河主河道的出口，从西面进入小勃律国[①]。

高仙芝以三牲祭河，命诸将挑选兵马，每人带上三日干粮，一早聚集在河边。河流汹涌难渡，还要提防吐蕃的突袭，将士们都很害怕。然而唐军并没有遭到预想的截击，渡河很顺利，高仙芝高兴地对边令诚说："如果吐蕃在我们渡河的时候攻击，我们一定会失败；现

---

① 据姚大力考证，"婆勒"为巴罗吉尔的音译，正因为位于巴罗吉尔山北坡故而山水同名，或以今瓦罕河当之，恐无确证。连云堡环水而建，亦可以叫"婆勒城"，是守卫巴罗吉尔山口的城堡，《唐会要》将其记为"布路犍"。《旧唐书·李嗣业传》将连云堡记作《娑勒城》，《资治通鉴》胡三省注则以讹乱真，据李传改婆勒川为娑勒川。参看姚大力：《高仙芝南逾葱岭的行迹》，上海《文汇报》，2017年3月24日。

在我们顺利渡河，严阵以待，这是上天在助我成功呀！"

高仙芝副将李嗣业的传记中记载了更多细节。天宝七载（748），安西都知兵马使高仙芝奉诏总军，专征勃律，选李嗣业与郎将田珍为左右陌刀将。高仙芝在晚上带兵渡河，摸到连云堡下准备突袭。高仙芝对李嗣业与田珍说："不午时须破此贼。"[①]李嗣业负责带领步军持长刀作战，他独自一人拿着军旗率先登上山崖，诸将跟在其后。吐蕃人没料到唐军突然进攻，立刻崩溃，有摔死的，有投水溺死的，高仙芝又连夜奔逐，斩杀五千多人，生擒上千人，吐蕃余众纷纷逃散。此战唐军缴获一千多匹战马，军资器械不可胜数，唐军大获全胜。

高仙芝并不满足于战果，还想继续领兵深入，但边令诚对此有些担心，高仙芝便让他带着三千战斗力不强的士兵留在连云堡，自己带着军队出发。经过三天，高仙芝翻过了坦驹岭（今巴控克什米尔北部的达尔科特山口），下岭就是阿弩越城（今亚辛城）。坦驹岭长四十里，极其险峻，山口沿途冰雪密布，寸步难行。高仙芝担心士兵们害怕危险不敢前进，暗地里派二十名骑兵换上阿弩越胡服，绕道假装来迎唐军，自己则先对部下们说："阿弩越胡来迎接我们的话，就没什么好担心的了。"等到了山顶，士兵们果然因为害怕不敢下山，这时那二十名骑兵到了，对高仙芝说："阿努越胡来迎，娑夷桥已经被斩断了。"[②]高仙芝假装很高兴，立刻命令士兵们下山。娑夷河（今吉尔吉特河）对面就是大勃律，于河上架桥是通过此处最便捷的方法，高仙芝派人假扮阿努越人说桥被斩断，也是在告诉士兵们不必再担心大勃律的援军偷袭。三天后阿努越胡真的来迎接唐军，到阿弩越城后，高仙芝遣将军席元庆率领一千精兵打前站，对小勃律王喊话："我们不是来打你的，只是借道去大勃律而已。"城中的大酋领都是吐蕃心

---

① 《旧唐书》卷 109《李嗣业传》，第 3298 页。

② 《新唐书》卷 135《高仙芝传》，第 4577 页。

腹，高仙芝密令席元庆："如果这些酋领有人逃跑，你就拿出诏书假装要赏赐精美的丝绸，把他们留住，绑起来等我来处理。"席元庆按照计划行事，高仙芝来了后就把这些酋领全斩杀了。小勃律王和王后逃入山中，没有抓到，高仙芝以玄宗的名义进行招抚，小勃律王等才现身归降。高仙芝又急忙命席元庆斩断娑夷桥，当天晚上大勃律的援军大部队果然赶到了桥边，可惜已无法渡河。这座桥很短，箭都可以射过来，修了一年才成。八月，高仙芝带着小勃律王及王后回到连云堡，与边令诚会师。

这次远征是一次军事奇迹，历时半年之久，灭亡了小勃律，给吐蕃以沉重的打击。中亚诸国为之震动，于是拂菻、大食诸胡七十二国全都震慑降附唐朝。

取得如此战功的高仙芝却在回去的路上遇到了麻烦。大军回到播密川时，高仙芝就令刘单写告捷书，遣中使判官王廷芳先回京告捷。

> 仙芝军还至河西，夫蒙灵察都不使人迎劳，骂仙芝曰："啖狗肠高丽奴！啖狗屎高丽奴！于阗使谁与汝奏得？"仙芝曰："中丞。""焉耆镇守使谁边得？"曰："中丞。""安西副都护使谁边得？"曰："中丞。""安西都知兵马使谁边得？"曰："中丞。"灵察曰："此既皆我所奏，安得不待我处分悬奏捷书！据高丽奴此罪，合当斩，但缘新立大功，不欲处置。"又谓刘单曰："闻尔能作捷书。"单恐惧请罪。[1]

夫蒙灵察骂高仙芝，告捷书怎么能没经过他就上报中央。随行的大太监、监军边令诚将这些都看在眼里，向玄宗上奏："仙芝立奇功，

---

① 《旧唐书》卷 104《高仙芝传》，第 3205 页。

今将忧死。"① 其年六月，玄宗就任命高仙芝为鸿胪卿、摄御史中丞，代替夫蒙灵察出任四镇节度使，征夫蒙灵察入朝。夫蒙灵察的下属们曾在夫蒙灵察面前诽谤过高仙芝，都心不自安。高仙芝却非常大度，担任节度使后三言两语便稳定了军心。

天宝八载（749），高仙芝入朝，加特进，兼左金吾卫大将军同正员，为了表示尊崇，玄宗封他为密云郡公。同年十一月，吐火罗（在今阿富汗北部）叶护失里伽罗上表唐廷，揭师国（在今巴基斯坦北部奇特拉尔）王亲附吐蕃，请求唐朝调发安西兵助战。由于有了第一次远征的经验，高仙芝这次准备得更加充分，加上形势对唐军有利，这次行军非常顺利。天宝九载（750）二月，高仙芝击败了揭师国的军队，俘虏了揭师王勃特没。三月十二日，唐廷册立勃特没的哥哥素迦为揭师王。此时唐朝已在对吐蕃的战争中全面占据上风：青海方向，大将哥舒翰打得吐蕃不敢再犯；四川方向，吐蕃丧失了安戎城；中亚方向，高仙芝又给予了吐蕃沉重一击。

但是新的敌人又出现了，那就是阿拉伯帝国。

高宗年间，东、西突厥汗国先后被唐朝所灭，伊吾（哈密）、鄯善、高昌、焉耆、龟兹、疏勒、于阗等西域小国在此后的几十年中或被迫投降唐朝、或被武力灭国。唐朝从此建立了以安西四镇——龟兹（今新疆库车）、疏勒（今新疆喀什）、于阗（今新疆和田西南）、焉耆（今新疆焉耆西南）为核心的西域统治体系，直到开元、天宝年间，这一带始终处于中华文化圈之内，受中国文化影响。安西地区成为中国文化的前哨。

几乎在同一时期，中东的阿拉伯人也在迅速崛起。自穆罕默德和四大哈里发以来，阿拉伯人已经控制了亚述人、波斯人和罗马人想都没敢想过的辽阔版图，从阿拉伯半岛上的几个部落经过宗教战争扩张

---

① 《旧唐书》卷 104《高仙芝传》，第 3205 页。

成一个横跨欧亚非三大洲的空前大帝国，向西占领了整个北非和西班牙，向东则吞并了整个西亚和大半个中亚，控制了地中海南岸的整个地区，并潜移默化地影响被占领地区的信仰和文化。阿拉伯帝国成为唐、吐蕃之外影响西域的另一强权。

8世纪初，阿拉伯帝国在东方的最高长官哈贾吉·本·优素福应许他的两个大将——穆罕默德和古太白·伊本·穆斯林，谁首先踏上中国的领土，就任命谁做中国的长官。于是前者征服了印度的边疆地区，屠杀、赶走了大量非穆斯林，后者征服了塔立甘、舒曼、塔哈斯坦、布哈拉等中亚大片地区，但谁都没能跨过唐的国界。开元三年和五年，突骑施联合吐蕃、阿拉伯兵向安西四镇发动过两次战争，均被击退。

阿拉伯帝国利用地理上的巨大优势，进一步扩大影响力。西域诸国原本大多信奉佛教、祆教等或自己的传统宗教，对伊斯兰文化的东进感到不安，更畏惧彪悍的穆斯林战士，于是不少国家向唐朝求援。但唐朝这个时期正在青海与吐蕃国大打出手，无暇顾及西域，也并没有意识到阿拉伯威胁的严重，逐渐在中亚地区失去了人心。

阿拉伯帝国则在伊斯兰教的加持下对中亚发起冲击，中亚诸国损失惨重，其中之一便是石国。石国（昭武九姓之一，都城柘折城，即今塔什干）地处丝绸之路，农业发达，居民善于经商，可谓富甲西方。据《册府元龟》记载，石国对唐朝一直朝贡不断：天宝二年（743），石国王遣女婿康国大首领康染颠献方物；天宝五载（746）遣使献骏马十五匹，石国副王伊捺吐屯屈也遣使献方物；天宝六载（747），遣使献马；天宝八载（749），还派王太子远恩入关朝觐[1]。石国国王那俱车鼻施继位之后，曾被玄宗册封为怀化王，并赐铁券。可

---

[1] （宋）王钦若等编，周勋初等校订：《册府元龟》卷971《外臣部·朝贡》，第11243—11244页。

见石国与唐朝关系本来不错。

然而就在这样的形势下，高仙芝于天宝九载（750）以石国"无蕃臣礼"，领兵前去讨伐。国王车鼻施投降，高仙芝把他抓到长安，玄宗下令将其斩首。《旧唐书》说高仙芝有些贪财，从石国掠夺了十余石大块的瑟瑟（绿宝石）、五六骆驼的黄金、若干名马宝玉等。因此石国王子逃去西域后，四处宣扬高仙芝欺诱贪暴，引起了胡人们的不满。更糟糕的是，高仙芝在从石国回军的途中，又攻打了突骑施部，俘虏了移拨可汗。以我们现在的眼光来看，高仙芝当时应该联合中亚的势力来对抗阿拉伯帝国。果然西域诸胡被此举激怒，偷偷联系阿拉伯，打算进攻唐朝的安西四镇。

高仙芝决定先发制人。天宝十载（751）四月，高仙芝亲率三万蕃、汉士兵，深入阿拉伯境内七百余里，到达怛罗斯城（今哈萨克斯坦东南部江布尔城）。高仙芝攻城五天不克，旗下葛逻禄部叛变，与阿拉伯军夹攻唐军，高仙芝大败，损失惨重，所余不过数千人。右威卫将军李嗣业劝高仙芝趁天黑逃跑。然而撤军之路狭窄，拔汗那部军在前，人畜塞路，还是李嗣业前去开路，挥棍打死了很多人马，高仙芝才得以通过。

阿拉伯史书《肇始与历史》为我们提供了另一视角：

> 于是中国人出动了，发兵十万余人。赛义德·本·侯梅德在怛罗斯城加固城防，艾布·穆斯林则在撒马尔罕的军营中镇守。大批将领和招募来的兵士聚集在赛义德那里。他们分几次将他们（中国人）各个击败，共杀死四万五千人，俘获两万五千人，其余纷纷败逃。穆斯林们占领了他们的军事要地，进军布哈拉，降服河外地区的国王和首领们，将他们斩首，并虏走他们的子孙，抢去他们的全部财产。他们不止一次将俘虏五万人五万人地渡过河去。

艾布·穆斯林决意进攻中国，并为此做好了准备。但接下来发生的一件事使他改变了这一计划——齐亚德向他展示了一封无法证实其真实性的、来自艾布·阿拔斯的信，信上说委任他为呼罗珊的总督。艾布·穆斯林开始施展计谋，最终将齐亚德杀死，并派人把他的首级送到艾布·阿拔斯那里。①

　　在怛罗斯之战开始前，艾布·阿拔斯（即阿蒲罗拔）才将将建立阿拔斯朝不过三年，国内的布哈拉城爆发起义，艾布·阿拔斯派齐亚德·本·萨利赫（《册府元龟》中记为"谢多诃密"，是怛罗斯之战中与高仙芝交锋的阿拉伯帝国将军）等人前去镇压，在收复了布哈拉和粟特这两处失地后，继续向中亚方向挺近直至怛罗斯城。这一举动引起了中国人的警觉，于是发兵防御后被阿拉伯人击败。

　　阿拉伯史籍的记载不可尽信，比如中国派兵十万是绝对不可能的。怛罗斯之战中，唐朝主将高仙芝、副将李嗣业、别将段秀实，兵力为安西都护府二万汉军，外加盟军拔汗那以及葛逻禄部一万人。高仙芝时代全国边镇兵总数四十九万，安西节度兵才二万四千。但阿拉伯人的记录也解释了为何阿拉伯帝国没有乘胜追击、继续入侵唐朝。艾布·穆斯林的确有进攻中国的计划，但因与齐亚德产生矛盾，陷入内斗，遂放弃。

　　在这场战争中，一个叫杜环的唐朝士兵被阿拉伯军队俘虏，在中东、非洲游历十余年后著成《经行记》，记载自己在国外的见闻，很可惜这本书没有完全保留下来，不然能为我们提供关于中阿战争的更多视角。

---

① 葛铁鹰：《阿拉伯古籍中的中国（十四）》，《阿拉伯世界》2005 年第 1 期（总第 96 期），第 54—55 页。

怛罗斯之战只是唐朝跟阿拉伯的一次偶然的遭遇，不能高估这场战争对唐朝和阿拉伯的影响。要知道当时的唐军无论在装备、素质、士气还是将帅能力上，都达到了冷兵器时代的一个高峰。唐军野战常用的阵形之一是"锋矢阵"，冲在最前面的是手执陌刀（一种双刃的长柄大刀）、勇猛无畏的轻装步兵，接着是步、骑兵突击，后列则有弓弩手仰射，直到完全击溃对方。陌刀的攻击力极为可怕，列阵时"如墙而进"，肉搏时威力不减，李嗣业便是一员善使陌刀的猛将。唐代还改进了冶炼技术，灌钢法取代了百炼法，使铁制战刀更加锋锐。骑兵方面则是轻重骑兵结合，一般使用马槊和横刀。

战后，唐朝在西域的影响力并未受到动摇，西域唐军迅速恢复。仅仅过了两年，升任安西节度使的封常清于天宝十二载（753）再次进攻吐蕃控制的大勃律，大破敌军，征服当地。封常清率领唐军继续扩张，直到安史之乱才停止。天宝十三载（754），唐朝在西域、中亚的势力达到极盛。从长安安远门西行至唐境西陲，远达 1.2 万里。陇右作为东西交流的咽喉要地，成为唐朝最为富庶的地方之一。

五、哥舒夜带刀

《全唐诗》收录有一首《哥舒歌》：

> 北斗七星高，哥舒夜带刀。
>
> 至今窥牧马，不敢过临洮。[1]

《哥舒歌》可能有多个版本，收入《全唐诗》的这首比较典雅，早期作"北斗七星高，哥舒夜带刀。吐蕃总杀却，更筑两重壕"。不管是哪个版本，主旨都是在歌颂安西节度使哥舒翰夺回唐朝被吐蕃侵占的广袤领地，取得了杰出的军事成就。哥舒翰在开元盛世可以说是大唐的英雄，受到万民仰慕。天宝十二载（753），哥舒翰率军夺回了被吐蕃侵占的九曲地区，彻底清除了边境威胁，给当地带来了安稳和繁荣。杜甫作有《投哥舒开府翰二十韵》，诗的一开头就对哥舒翰称赞备至："今代麒麟阁，何人第一功。君王自神武，驾驭必英雄。开府当朝杰，论兵迈古风。"[2]

哥舒翰（？—757），突骑施首领哥舒部落之裔，胡人多以部落名为姓，因此姓哥舒。祖哥舒沮，曾任左清道率。父亲哥舒道元也是一

---

[1] 《全唐诗》卷 784《哥舒歌》，第 8850 页。

[2] （唐）杜甫撰，（清）仇兆鳌注：《杜诗详注》，第 188 页。

代名将，曾担任安西副都护，世居安西。哥舒翰家里很有钱，为人豪迈、慷慨有担当，还喜欢赌博饮酒。在他四十岁的时候父亲去世，此后在长安客居三年，长安县尉瞧不起他，哥舒翰觉得自己受到了侮辱，仗剑走河西，希望能立下战功。

开始哥舒翰跟着节度使王倕，王倕攻新城（原为唐威戎军，后被吐蕃攻占，位于今青海门源），让哥舒翰负责筹谋，三军无不震慑。哥舒翰初出茅庐，就崭露头角，后来节度使王忠嗣让他做了衙将。哥舒翰虽为武将，但喜欢读《左传》和《汉书》，仗义疏财，士兵都拥护他。天宝五载（746），王忠嗣管控河西陇右两军镇后，安禄山的堂兄安思顺升为大斗军使，哥舒翰被提拔为安思顺的副使。其后吐蕃来犯，哥舒翰与之大战于苦拔海（今甘肃㲿海湖）。吐蕃军分三拨儿，从山上接连而下，哥舒翰长枪都折断了，靠着半段枪冲锋陷阵，最后吐蕃军大败。哥舒翰由是威名远播。

天宝六载（747），哥舒翰被提拔为右武卫员外将军，充任陇西节度副使、都知关西兵马使、河源军使。吐蕃军习惯在每年麦子成熟的时候去积石军（今青海贵德附近）抢麦子，当时人们都把积石军称为"吐蕃麦庄"，没有人敢去阻止。哥舒翰想了个办法，派王难得、杨景晖等暗地里带兵埋伏在积石军，等到吐蕃骑兵到达后，哥舒翰先率精锐部队从正面进攻，吐蕃骑兵被杀得所剩无几，逃脱的残兵又在半途遇上伏兵，最终吐蕃军连匹马都没能活下来。

哥舒翰不仅指挥作战，而且自己冲锋陷阵，他的武力值很高。哥舒翰善使枪，每当追上敌人时，就把长枪搭在敌人肩上，随即大喝一声，趁敌人回头时一枪穿喉，再将对方挑高三五尺重摔到地上，敌人必死无疑。他有个家奴叫左车，十五六岁时就已气力过人。左车经常会在这个时候配合哥舒翰，跳下马来将敌人斩首。

同年冬天，玄宗搬去了华清宫，跟王忠嗣说想让他率兵攻打被吐蕃占领的石堡城（振武军，今青海湟源附近）。王忠嗣认为石堡城易

图41　彩绘舞马俑（局部）。洛阳博物馆藏。（动脉影　摄）

守难攻，强攻将会折损上万士兵的性命，有些得不偿失，拒绝了玄宗的要求。将军董延光为了讨好玄宗，主动请求率兵攻打石堡城，玄宗就命王忠嗣协助作战。王忠嗣不得已只好奉命出兵，但完全不听董延光的指挥，董延光对他怀恨在心。董延光久攻不下石堡城，眼看着无法交差，就甩锅给王忠嗣，上书称王忠嗣阻挠军计。李林甫趁机煽风点火，说王忠嗣自幼长在宫中，与太子十分亲密，恐怕是想拥兵辅佐太子上位。王忠嗣因此遭到玄宗的猜忌，被召回长安，交给三司会审。

玄宗听说过哥舒翰的名声，就将他召来谈话，言谈间对哥舒翰极为欣赏，很快就封他为鸿胪卿，兼西平郡太守，摄御史中丞，代替王忠嗣为陇右节度支使。因为王忠嗣对哥舒翰有知遇之恩，是他的老上司，现在却身陷囹圄，前途未卜，哥舒翰便苦苦哀求玄宗宽恕王忠嗣。玄宗不耐烦要走，他就跟在玄宗身后一步一叩头，言词慷慨，声泪俱下，玄宗大为感动，最后没有处死王忠嗣，只是将他贬为汉阳太守。朝廷上下都觉得哥舒翰非常讲义气。

天宝七载（748），哥舒翰正式主持唐军在河西方向对吐蕃的战争。他一开始在青海湖边修筑神威军，因为地点选得不好，很快就被吐蕃人攻破；接着筑城于青海湖上的龙驹岛，据说这里出现了白龙，就将此城命名为应龙城，这次地点选得很好，易守难攻，此后吐蕃人不敢再接近青海湖，转而将石堡城作为防守的大本营。因为石堡城路远而险，哥舒翰一直无法攻占。玄宗一直对石堡城耿耿于怀，而此时王忠嗣已经因与玄宗有战略分歧被免职，这个任务最终落在了哥舒翰的头上。

天宝八载（749），玄宗任命哥舒翰统领陇右、河西、朔方、河东四镇兵六万余人进攻石堡城。石堡城三面都是险峻的悬崖，只有一条路可上，因此吐蕃留在石堡城里的守军不过几百人，然而唐军进攻数天，仍然不能攻克。吐蕃为了守住石堡城又出动了大批军队前来救援，这场战争实际上已升级为围绕石堡城展开的一次大规模会战。唐朝军队不只要攻陷石堡城，还要击退前来救援的吐蕃大军。哥舒翰无奈之下召来副将高秀岩、张守瑜问罪，扬言要处死他们。二人请求再宽限三天一定破城，三日后真的攻下了石堡城。此战哥舒翰俘获四百吐蕃兵，包括一名将领，而唐军果然如王忠嗣所言死了数万人。但是玄宗对这个战果十分满意，封哥舒翰为特进、鸿胪员外卿，加摄御史大夫，又赐给他一千匹丝绸、一所庄园和一栋住宅，他的一个儿子也被封为五品官；天宝十一载（752）又加开府仪同三司。

李白曾在《答王十二寒夜独酌有怀》中提及此事："人生飘忽百年内，且须酣畅万古情。君不能狸膏金距学斗鸡，坐令鼻息吹虹霓。君不能学哥舒，横行青海夜带刀，西屠石堡取紫袍。吟诗作赋北窗里，万言不直一杯水。"[1]

这一时期，唐朝最重要的军队有三支，分别是北方的朔方军，东北方向属安禄山统辖的范阳、卢龙、河东三军，以及西北方向哥舒翰麾下的河西、陇右军。河西、陇右军的总兵力在十五万人左右，都是精兵良将，这也引起了玄宗的不安。安禄山和哥舒翰一直不和，玄宗

---

① （唐）李白著，（清）王琦注：《李太白全集》，第911页。

乐于在两方之间维持微妙的平衡。天宝十一载（752）冬，安禄山、安思顺、哥舒翰一同来朝，玄宗设宴款待，两人在宴会上又起了冲突。哥舒翰的母亲尉迟氏是于阗人，安禄山揪住这点突然发难："我的父亲是胡人，母亲是突厥人；您的父亲是突厥人，母亲是胡人。我和您族类相同，为什么不能彼此亲近一些呢？"哥舒翰回答道："古人说野狐狸向洞穴嚎叫不吉利，因为这是忘本的表现。您要亲近我，我怎么敢不尽心呢！"安禄山文化水平不高，以为哥舒翰在嘲讽自己是胡人，大怒，骂哥舒翰："突厥人竟敢这样！"哥舒翰本想回骂，被高力士使眼色制止，就借口醉酒离席，二人不欢而散，此后积怨更深。

天宝十二载（753），哥舒翰攻破吐蕃，拔洪济、大漠门等城，九曲部落全被收复，"是时中国盛强，自安远门西尽唐境凡万二千里，闾阎相望，桑麻翳野，天下称富庶者无如陇右"[①]。而哥舒翰每次派入朝的使者常骑着白骆驼，据说一天能走五百里。当时杨国忠跟安禄山关系恶化，频奏安禄山谋反，并想与哥舒翰结盟，就请玄宗任命哥舒翰为河西节度使。同年，哥舒翰进封凉国公，食实封三百户，加河西节度使，寻封西平郡王；而安禄山已在三年前赐爵东平郡王，玄宗平衡之意甚明。

然而人算不如天算，哥舒翰因为平素嗜酒好色，某天在土门军洗澡的时候突然中风，晕倒很久才苏醒，最后只能返回长安在家养病，此后不到两年，安史之乱爆发。哥舒翰的命运非常令人叹息：在安史之乱之前他是唐朝的英雄；在安史之乱之中一败涂地，变成了人人唾弃的败军之将。人的命运有的时候真的很难说，哥舒翰如果早死两年，形象恐怕会非常完美。

---

① 《资治通鉴》卷 216《唐纪三十二》，第 6919 页。

多说一点

突厥最后的归宿

暾欲谷碑、阙特勤碑和毗伽可汗碑这三大碑共同构成了近代欧亚学研究中突厥学的基础。这三大碑代表了后突厥最后的辉煌。

开元二十二年（734），毗伽可汗被大臣毒杀。唐玄宗派宗正卿李佺前往吊奠，并为立庙和碑，命史官起居舍人李融撰写碑文，这就是毗伽可汗碑。毗伽可汗的继承人登利可汗年幼，他的母亲婆匐开始干预政事，国人不服，内乱频繁。天宝元年（742），朔方节度使王忠嗣动员拔悉密、回纥、葛逻禄进攻后突厥，后突厥西叶护阿布思、西杀葛腊哆、默啜之孙勃德支、伊然可汗小妻余塞匐、毗伽可汗女大洛公主、登利可汗女余烛公主等率领部众千余帐，先后降唐。天宝三载（744），后突厥残部立鹘陇匐白眉特勤继位，是为白眉可汗。次年，回纥首领骨力裴罗击杀白眉可汗，送其首级全长安。后突厥毗伽可汗的妻子骨咄禄婆匐可敦率众归唐。玄宗封她为宾国夫人，每年供给她"粉直"二十万。至此，存在了半个多世纪的后突厥宣告灭亡，这也是唐玄宗武功的顶点。

此后，后突厥人逐渐融入唐朝和回纥，中国文献对"突厥"的记载迅速减少。元代诗人陈宜甫《和林城北唐阙特勒坟》云："大唐碑碣秋风里，犹是开元二十年。"

第九章　世界主义的信仰世界

唐朝是一个文化多元的时代，信仰世界也丰富多彩。佛教是唐文明的核心内容之一。佛教经唐朝向周边传教，唐朝成为日本和朝鲜半岛佛教的母国。除了佛教之外，景教、摩尼教和琐罗亚斯德教相关内容的传入，也给唐文明增添了丰富的色彩。丝绸之路上的贸易担当粟特人，进入中国、融入中国，在中国文明发展脉络中留下了深刻的印迹。

一、长安城的十字架

早在唐太宗时期，基督教的一个教派就到了长安。这个教派叫聂斯托利派（Nestorianism），在唐代被叫做景教。

聂斯托利派的开创者是叙利亚人聂斯托利（Nestorius）。428年，聂斯托利出任君士坦丁堡牧首，遭到亚历山大宗主教区利罗（Cyrillus）的猛烈抨击。431年，以弗所公会议召开后，聂斯托利被裁定为异端，被革除主教职务，驱逐出教会。四年后，他更被东罗马帝国皇帝逐出国境，最终客死埃及。聂斯托利受到的指控有二：一是主张基督二性（神性和人性）二位说，将基督的神性与人性一分为二，其神性依附在人性上；二是认为圣母玛利亚只是生育了耶稣肉体，而非授予耶稣神性的"天主之母"（Theotokos）。1539年，宗教改革家马丁·路德在他撰写的《宗教会议及教会论》（*Von den Konzilli und Kirchen*）中为聂斯托利做了辩护。19世纪末，聂斯托利本人的著作《荷勒克拉斯的市集》（*The Bazaar of Heracleides*）被一名叙利亚教士发现，在书中聂斯托利否认了以弗所公会议给予的罪名，并为自己的观点做了解释。1994年，东方亚述教会和天主教会签署《在天主教会与东方亚述教会之间的共同基督论声明》，解除两派彼此之间的嫌隙。可以说，聂斯托利派被正统基督教会当做异端对待了一千五百年。

为了逃避罗马教会的迫害，聂斯托利派的信徒往东逃亡，在波斯境内与亚述教会结合，并于498年前后在波斯建立了独立的叙利亚教会（其信徒因大多聚居于古亚述帝国和迦尔底亚·巴比伦故地，故又称其教会为亚述教会或迦尔底亚教会），初以塞琉西亚－泰西封（Seleucia-Ctesiphon）为大主教总部，后移至巴格达城（Bagdad）。以波斯为中心，聂斯托利派继续向东传播至中亚，至六世纪末，已盛行于突厥、康居等，进而进入中国的新疆地区，今天的塔里木盆地发现了很多景教东传的证据。有学者据《洛阳伽蓝记》中"百国沙门，三千余人。西域远者，乃至大秦国"一句，指出佛教未曾传入东罗马，这里说的大秦国"沙门"应是混迹于洛阳佛寺的景教徒[①]。因此很可能，早在6世纪，聂斯托利派的教士就已经到了北魏的首都洛阳。目前对于聂斯托利教明确的中文记载，最早出现在《唐会要》。据载，唐贞观十二年（638）七月，来自波斯的聂斯托利派传教士阿罗本已在长安开始了传教事业，并被准许建大秦寺一所。

聂斯托利派传入中国，最初被称为"波斯经教""大秦教"，后定名为景教，大概是取其"日大光明"之意[②]。"聂斯托利派基督教会的活动中心在萨珊波斯帝国境内，在进入中国前已有两百多年的发展历史，拥有独立而完善的宗教传统。在制度上，坚持主教、牧师等神职人员等级分明；在教派上，突出修道院的特色；在语言上，执着于叙利亚语（Syrisch）创作；在文献上，限定叙利亚语的《新约》作为神学经典；在财产上，保证地方主教拥有绝对支配权；在建筑上，保持教堂组成一个教区的特征；在仪式上，保持全年繁多的礼拜；在行礼上，必向东方敲响木铎为号；在婚姻上，允许牧师娶妻生子而主教必

---

① 林梅村：《中国基督教史的黎明时代》，《西域文明》，北京：东方出版社，1995年，第448—461页。

② 关于景教命名缘起有多种解释。《唐会要》称初名丙教，丙者火位故名，后因避高祖父亲李昞名讳而改为景教，此说或将景教与祆教相混；日本学者佐伯好郎提出景教之名或参考了长安时兴的"大日教"与道教经典《黄帝内外景经》，以便唐人易于接受。

须独身；在祈祷时，必须唱歌咏乐赞美《诗篇》（Psalms）。"①

景教传入中国之后，在中国跌宕起伏了两百年，它的命运和唐朝的历史关系密切。明末在西安出土的《大秦景教流行中国碑》、近年出土的洛阳景教碑和20世纪初在敦煌发现的一批汉文景教文献，为世人揭开了这一古老东方基督教会的神秘面纱。

《大秦景教流行中国碑》记：

> 太宗文皇帝，光华启运，明圣临人。大秦国有上德曰阿罗本，占青云而载真经，望风律以驰艰险。贞观九祀，至于长安。帝使宰臣房公元龄，总仗西郊，宾迎入内。翻经书殿，问道禁闱。深知正真，特令传授。②

贞观九年（635），景教传教士阿罗本来到长安，太宗派房玄龄迎于西郊。太宗了解了一些景教的基本教义，允许其教授教义。阿罗本翻译了很多教内经典。如今存唐写本《序听迷诗所经》中有耶稣诞生的故事："天尊当使凉风向一童女，名为末艳，凉风即入末艳腹内，依天尊教。当即末艳怀身。末艳怀后产一男，名为移鼠，父是向凉风。"可见当时对原典中一些专名的翻译明显带有"中国特色"，如将上帝译为"天尊"，"圣灵"（Holy Spirit）译为"凉风"。甚至将"耶稣"译为"移鼠"，圣母玛利亚译为"末艳"，遣词用字间略显一丝不敬。

贞观十二年（638）秋七月，太宗关于景教专门下了道诏书，诏曰："道无常名，圣无常体，随方设教，密济群生。大秦国大德阿罗

① 葛承雍：《番僧入华来》，《胡汉中国与外来文明（宗教卷）》，北京：生活·读书·新知三联书店，2019年，第39页。

② 《全唐文》卷916《景教流行中国碑》，第9546页。

本，远将经像，来献上京，详其教旨，玄妙无为，观其元宗，生成立委。词无繁说，理有忘筌，济物利人，宜行天下。"[1] 唐太宗认为景教教义有利于人民，于是下诏颁行天下，允许景教在唐朝传教，并在长安的义宁坊造大秦寺一所，度僧二十一人。《大秦景教流行中国碑》把景教东传拔得很高，称"宗周德丧，青驾西昇。巨唐道光，景风东扇"[2]，把景教东传与老子去西方化胡相提并论。

图 42　大秦景教石经幢。2006年于洛阳市洛龙区李楼乡城角村出土，洛阳博物馆藏。其上刻有十字莲华纹等图案。（路客看见　摄）

景教的传教士非常灵活，"旋令有司将帝写真转模寺壁。天姿汎彩，英朗景门。圣迹腾祥，永辉法界"，他们将太宗的真实肖像转摹于寺壁，非常有东方特色。高宗对景教也十分推崇，下令天下各州都可以建立景教教堂，把阿罗本封为镇国大法主。当时景教在整个唐帝国境内非常流行："法流十道，国富元休；寺满百城，家殷景福"[3]，全国超过一百个城市都有景教寺。

延载元年（694），武三思与四夷酋长用铜铁在洛阳营造"大周万国颂德天枢"，立在端门之外。这根八棱铜柱直径超过三米，高三十余米，柱身围绕着蟠龙、麒麟。天枢形制应带有一些波斯风格。据墓志信息，波斯人阿罗憾、高丽人高足酉均参与了天枢的建造，应是"四夷酋长"之

---

① 《全唐文》卷916《景教流行中国碑》，第9546页。

② 《全唐文》卷916《景教流行中国碑》，第9546页。

③ 《全唐文》卷916《景教流行中国碑》，第9546页。

二。天枢由阿罗憾"召诸蕃王"建造而成[1]，为中西合作所制。开元二年（714），天枢被捣毁，我们如今已无法再见其原貌，但山西虞弘墓中八棱石柱和洛阳景教经幢的出土，或可略作参考。

景教在传教体制上的困难是，按照聂斯托利派的规矩，中国教区的主教必须由叙利亚东方教会宗主教（Patriarch）派遣，尽管有丝绸之路相连，但因战事、封关、灾难等原因而导致联络中断经常发生。例如，巴格达城宗主教哈南宁恕（Hananishu）于大历十三年（778）去世，三年后刻立的《大秦景教流行中国碑》仍然以叙利亚文和汉文两种文字提及他。其中叙利亚文意为"于众父之父卡托利科斯牧首摩哈南宁恕主事之时"，汉文则为"时法主僧宁恕知东方之景众也，显然"哈南宁恕于数月前去世的消息尚未传到长安[2]。

在唐朝，仍是佛教与道教占据主导地位，其他宗教难免会遭受些许排斥。

　　圣历年，释子用壮，腾口于东周。先天末，下士大笑，讪谤于西镐。[3]

武则天时期，有些放纵的佛教徒，如薛怀义之辈，甚至公开排挤其他教派，景教也受到了压力。一直到玄宗上台，情况也未好转。这时"有若僧首罗含，大德及烈，并金方贵绪，物外高僧，共振玄网，俱维绝纽。玄宗至道皇帝，令宁国等五王，亲临福宇，建立坛场。法栋暂桡而更崇，道石时倾而复正"[4]。为了传教，景教的传教士积极与

---

① 《全唐文补遗（第五辑）》，第 229—230，300 页。

② 参看葛承雍：《番僧入华来》，第 40 页。

③ 《全唐文》卷 916《景教流行中国碑》，第 9546 页。

④ 《全唐文》卷 916《景教流行中国碑》，第 9546—9547 页。

上层政治人物搞好关系。他们请玄宗的五位兄弟亲临景教寺院建立神坛；开元时期，还有传教士成功治愈了玄宗长兄李宪的疾患，景教逐渐得到了亲王们的加持。

"大德及烈"是当时景教主教 Gabriel，他颇有制造机械的天赋，曾于开元二年（714）与岭南市舶司周庆立一起"广造奇器异巧"[①]，之后及烈又代表波斯朝贡，于开元二十年（732）被奖赏了一件紫袈裟——紫色是三品以上官员才能穿的颜色。隋唐时期，波斯一直与唐朝保持着海上贸易，广州是波斯人进入唐朝的门户，岭南也成了唐时景教徒的主要活动地区之一。大历时期（766—779）的景教徒李素就一直生活在广州，后由于擅长天文历算被召入长安，担任皇家最高天文机构司天台首脑。景教徒继承了部分希腊文化，如及烈擅长机械制造，给高宗治病的秦鸣鹤精通医术。李素很可能十分精通西方的天文历算之学，故而在印度籍司天监瞿昙譔去世后接替了他的职位。此外，李素很可能还翻译了一些希腊波斯系天文著作[②]。

> 天宝初，令大将军高力士送五圣写真寺内安置，赐绢百
> 匹，奉庆睿图……三载（744），大秦国有僧佶和，瞻星向
> 化，望日朝尊。诏僧罗含、僧普论等一七人，与大德佶和，
> 于兴庆宫修功德。于是天题寺榜，额戴龙书。[③]

景教传教士为了与唐皇室搞好关系，还在教堂内供奉高祖、太宗、高宗、中宗、睿宗五代皇帝的肖像。主教佶和亲自率领十七名景

---

① 《唐会要》卷 62《御史台下》，第 1078 页。

② 参看荣新江：《一个入仕唐朝的波斯景教家族》，《中古中国与外来文明》，北京：生活·读书·新知三联书店，2014 年，第 210—228 页。

③ 《全唐文》卷 916《景教流行中国碑》，第 9547 页。

教士到兴庆宫为玄宗举行礼拜仪式，并请玄宗亲笔题写寺门匾额[①]。

建中年间，景教出现了一个大人物——主教伊斯（Issu），他在安史之乱中参与了平叛，是郭子仪的心腹。伊斯"远自王舍之城，聿来中夏，术高三代，艺博十全。始效节于丹庭，乃策名于玉帐。中书令汾阳郡王郭公子仪，初总戎于朔方也，肃宗俾之从迈。虽见亲于卧内，不自异于行间。为公爪牙，作军耳目。能散禄赐，不积于家"[②]。在安史之乱中，伊斯积极为郭子仪出谋划策，成为其"耳目""爪牙"，随从郭子仪四处平叛立下大功，被授予金紫光禄大夫、同朔方节度副使、试殿中监，并赐紫袈裟一件，以彰显荣耀。伊斯成为了当时最有名望的景教徒，因此由他负责雕刻的《大秦景教流行中国碑》才能立于长安。正因为伊斯在劫难之时选择效忠李唐，此后几代帝王都对景教心存感激：肃宗上台后，在灵武等五郡重立景教寺；代宗还会在生日当天给大秦寺赐天香，给景教徒赐宫廷美食，待遇与佛教徒相等。

唐代景教徒对聂斯托利派教义的翻译，大量使用儒家、道家和佛教的词汇"格义"，其中对道教概念、语言模式和经文格式的袭用尤为明显，充满了浓厚的道教色彩，但其对基督教经典的阐释是基本符合正统教会的教义的。"敦煌藏经洞发现的一批景教遗书：《序听迷诗所（诃）经》《一神论》《宣元本经》《宣元至本经》《志玄安乐经》《大圣通真归法赞》《三威蒙度赞》《尊经》等。编号为 P3847 的敦煌

---

① 段晴指出，此段碑文中将十七译作"一七"是对应了阿拉伯数字 17，保留了外来文明的痕迹。关于"修功德"，聂斯托利教的宗教仪式必唱叙利亚语的《诗篇》。"天宝三载，兴庆宫中，唐玄宗目睹的应是一场颇具规模的祈祷仪式，这仪式由莅至中国的主教佶和亲自主持，参加的人数应为 17 人。祈祷仪式上，深目高鼻的景教僧人舒喉高歌，肃雝而异样，那丰沛的异域情调必然感动了精晓音律的唐明皇，所以才会引来丰厚的赏赐。"参见段晴《唐代大秦寺与景教僧新释》，《唐代宗教信仰与社会》，上海：上海辞书出版社，2003 年，第 434—472 页。

② 《全唐文》卷 916《景教流行中国碑》，第 9547 页。

遗书《三威蒙度赞》《尊经》为法国人伯希和所获，现藏于法国国家图书馆，其余为李盛铎旧藏的敦煌景教文献，一直以来秘不示人，仅有抄录文字流传，后部分文献流入日本，现今已陆续发表，其中被称为'富冈文书'的《一神论》和'高楠文书'的《序听迷诗所经》已被学界认定为原经的精抄赝品，而'小岛文书'的《宣元至本经》和《大圣通真归法赞》则被学界认定为近人的伪作，并非景教文献。2006 年洛阳出土的唐代景教经幢，所刻《大秦景教宣元至本经》残经，可与敦煌本《宣元本经》合校，也证实了敦煌本《宣元本经》作为唐代景教文献的真实性。"[1]

景教在翻译原典时使用的佛教词汇有善缘、恶道、果报、前身、功德、具戒、受持、世尊等，道教词汇有天尊、上德、三才、至言、真宗、真经、开劫、中民、真道、元吉、无方等[2]。对比来看，景教更偏向袭用道教语词来阐释教旨，如将作为造物主的上帝译为"天尊"或者"匠帝"，将教堂泛称为"寺"，将主教比附为"大德"，将牧师统称为"僧"。《尊经》中，景教甚至如此表述对三位一体的理解："妙身皇父阿罗诃（耶和华），应身皇子弥施诃（弥赛亚），证身卢诃宁俱沙（圣灵），已上三身同归一体。"[3]

"儒家内圣之学鼓励通过修身养性，人人可以成为圣人；佛教般若学讲究'我佛一体''有心即佛'，人人可以成佛；道教老庄玄学强调'三无三忘''天人合一'，人人可以成为真人。基督教虽也注重自身赎罪，但信徒仅仅是上帝和基督的仆人、羔羊（经常是迷途的羔羊），不是人人皆可为基督，至多通过赎罪，获得上帝或外在神灵的

---

① 刘康乐：《唐代长安的景教与道教》，《周口师范学院学报》，2021 年第 1 期，第 56 页。

② 聂志军：《唐代景教文献词语研究》，长沙：湖南人民出版社，2010 年，第 255—257，266 页。

③ 张星烺编注，朱杰勤校订：《中西交通史料汇编》第一编，北京：中华书局，2003 年，第 228 页。

拯救。"① 唐人舒元舆就瞧不起摩尼教、景教、祆教，称"合天下三夷寺，不足当吾释寺一小邑之数也"②。武宗会昌灭佛时，也殃及景教，景教自此渐渐绝迹了。宋朝时的中国变得极为内向，不复有唐朝这种开放包容的气象。基督教在中国的第一期传播在此时宣告结束。基督教重新传入中国，还要等到一千年以后。

《大秦景教流行中国碑》于德宗建中二年太蔟月七日（781 年 2 月 4 日）由主教伊斯建立于大秦寺的院中。碑身正面刻着的颂文共有 1 780 个汉字和数百个叙利亚文单词。《大秦景教流行中国碑》是中国首批禁止出国（境）展览文物之一，被誉为"世界四大碑刻"之一（其它三碑为：大英博物馆的埃及罗塞塔碑、巴黎卢浮宫的米沙石碑及墨西哥国家博物馆的阿兹特克太阳历石碑）。明朝天启五年（1625），有人在西安西郊掘出这块石碑。当时西方各国传教士得知此事，争相把碑文拓片译成拉丁文寄往欧洲本国。清朝末年，碑石曝露于荒野。1891 年，总理衙门汇出一百两银子以加强对石碑的保护工作，但到陕西时只剩下五两，只能筑一瓦轮遮盖之。清朝官吏的无能助长了欧洲人的贪欲。20 世纪初，丹麦人傅里茨·何乐模（Frits Holm）打算出三千两白银买下此碑，并将其运往国外。收藏家方药雨将此事透露与罗振玉，罗氏立刻转告给时任学部尚书的荣协揆，荣协揆立刻让陕西巡抚曹鸿勋制止此事。陕西高等学堂教务长王猷君因擅长英语，被派去与何乐模协商，最后何乐模同意废除购买合同，但他获准复制一个大小相同的碑模带回伦敦。1907 年，陕西巡抚为保护石碑将《大秦景教流行中国碑》藏入西安碑林③。

① 葛承雍：《番僧入华来》，第 41 页。

② 《全唐文》卷 727《唐鄂州永兴县重岩寺碑铭》，第 7498 页。

③ 参看朱谦之：《中国景教》，上海：东方出版社，1993 年，第 96—97 页；罗振玉：《俑庐日札》甲戌重订本。

二、一直被镇压的摩尼教

摩尼教（Manichaeism）又称作牟尼教，3 世纪时由一个叫摩尼的人创立。摩尼出身一个犹太化的基督教异端厄勒克塞派^①（Elcesaites，即净洗派）家庭——这个派别相信每天在河里洗澡可以洗去罪恶，得到拯救。如今伊拉克巴士拉附近还有洗澡派（mughtasilah），他们必须居住在河边，以便在流水中举行浸礼。从源头上说，摩尼教是基督教的一种异端。后来摩尼受到天使的启示，脱离了净洗派，创立新宗教。从一开始，摩尼的路线就是世界主义的精神，希望创造一个海纳百川的宗教。他认为：

> 我已选择的宗教要比以往的任何宗教胜十筹。其一，以往的宗教局限于一个国家和一种语言，而我的宗教则不同，它将流行于每个国家，它将采用所有的语言，它将传及天涯海角。其二，以往的宗教只有当其有纯洁的领袖时才得以存在，而一旦领袖去世了，他们的宗教亦就将陷于混乱之中，其戒律及著作亦就遭到忽视。但（我的宗教）却由于有活的（经典），有传教师、主教、选民和听者，由于有智慧和著

---

① 1 世纪左右在今约旦、巴勒斯坦地区兴起。有阿拉伯学者指出，此即萨比教（Sabeens），其教徒为曼德人。"萨比"即来源于曼德语（阿拉马语）的"浸水者"一词。《古兰经》称其为"拜星教"。参见希提《阿拉伯通史》。

作，将永存到底。①

　　在西方建立教会的，其便不到东方；选择在东方建立教
会的，就没有到西方。……而我则希望既到西方，亦到东
方。东西方都将听到我的使者用各种语言发出的声音，我的
使者将在所有的城市中宣明自己的教义……我的教会则遍布
于所有的城市，我的福音将传遍每个国家。②

　　摩尼教的根本教义是"二宗三际"。"二宗"指光明与黑暗这两个
对立的基本要素（Principle）；"三际"指初际、中际、后际，即"二
宗"在过去、现在、未来三个时间段中的不同表现。这与琐罗亚斯德
教的明、暗二元说几无二致③。初际是世界诞生之前的时段，光明居上
方，黑暗居下方，两者完全对立；中际时期，光明与黑暗互相斗争、
混合，出现了现在这个可见的世界；后际是未来阶段，光明战胜了黑
暗，黑暗被永远关进了黑狱，二者再次分离。摩尼将"二宗"比作王
与猪——光明居住在符合其品性的王宫中，而黑暗就像一只在泥淖里
打滚的猪。他也常使用"树"作为"二宗"的象征符号：光明活树
（又称生命树，善树）生长在光明园中，有三根树干象征"三际"；黑
暗死树只生长在黑暗王国④。

　　"二宗三际"贯穿了摩尼教的整个创世神话。暗界之王因垂涎明
界的美妙，对明界发起进攻。为了抵御暗界的攻击，大明尊（摩尼教
主神）"唤出"善母（Mother of Live，一切正直者、一切生命之母）、
先意（Primal Man）和五明子（Five Light Elements，即气、风、光、

---

①　林悟殊：《摩尼教及其东渐》，北京：中华书局，1987 年，第 35—36 页。

②　林悟殊：《摩尼教及其东渐》，第 36 页。

③　参看芮传明：《东方摩尼教研究》，上海：上海人民出版社，2009 年，第 35 页。

④　参看林殊悟：《摩尼教及其东渐》，北京：中华书局，1987 年，第 14 页。

水、火）驱逐黑暗，结果先意不敌黑暗，在战场上失去了知觉，五明子被黑暗吞噬，与暗界的五要素（毒、旋风、暗、云、烟）混合在了一起。先意苏醒后向明界求救，大明尊又"唤出"了净风（Living Spirit）、五妙身（相、心、念、思、意）等，击败了黑暗，将杀死的暗魔改造成"十天八地"，未被黑暗吞噬的光明分子变成了太阳和月亮，稍受污染的光明分子变成了星星。为了解救所有的光明分子，大明尊第三次"唤出"了第三使（Third Messenger），第三使又"唤出"了电光佛（Maiden of Light）。这两位信使导致暗魔产生性欲，从而衍生出植物和动物；魔王为多吞噬光明分子，命令一对暗魔吞食动物的排泄物。这对暗魔后来诞下了一男一女，长相酷肖第三使和电光佛，即亚当、夏娃。亚当与夏娃的后代就是人类，而人类体内含有的光明分子变成了灵魂，而灵魂为"毒恶贪欲肉身"所束缚，因此拯救光明分子（灵魂）便成为一项长期而艰巨的工作。耶稣（摩尼经典中称其为"夷数"）便被大明尊"唤出"拯救人类。摩尼将自己称作"光明夷数"的继承人，负责帮助光明分子脱离肉身回归明界[1]。

摩尼教把信徒分为在家人和出家人两类：在家人称为"听者"（Auditor 或 Hearer），出家人称为"选民"（Elect 或 Perfect）。听者和选民的义务不同。听者的义务是供养选民；而选民要受到教规的种种约束。例如，选民不能生育，不能让光明因子继续分散；不能劳作，因为耕地会伤害到大地中的光明因子；要修身养性，提高自己的道德和业务水平，努力修炼；将自己的肠胃变成光明因子的提炼器，每天提炼光明因子一次。摩尼教倡导教徒多吃素——动植物中都含有光明分子，而植物中的含量要高于动物，尤其是多吃"瓜"，据说黄瓜及其他种类的瓜中光明分子特别多。摩尼教在高昌（吐鲁番）能够兴盛，或许也跟高昌产瓜有点关系。等光明分子提炼的差不多了，"光

---

[1] 参看芮传明：《东方摩尼教研究》，第 35—39 页。

明夷数"会再次降临。

摩尼教的核心教义脱胎于琐罗亚斯德教，体系则吸收了基督教和诺斯提派的思想材料，亦与佛教密切相关。摩尼教在向西方和东方传播的过程中，又大量吸取了基督教和佛教的成分，两大教都视其为异端和邪教。奥古斯丁是基督教历史上非常重要的理论家，他曾是个摩尼教徒，却在晚年撰写的《忏悔录》中抨击摩尼教。摩尼教的二元论体系认为，世界诞生自明尊与暗魔之主的斗争；基督教是一神教，它认为上帝至高无上，魔王也应由他创造。摩尼教认为，是暗魔之主创造了人类，目的是用肉体束缚光明因子，人类的原罪便由肉身产生，是人类自身的属性，而光明耶稣用灵知启示亚当，让他明白善恶，是为了助其摆脱黑暗束缚，走向光明。基督教认为，上帝创造了人类，人类的原罪是亚当吃了善恶树的果实，得到了智慧，违背了上帝的旨意。摩尼教也承认耶稣，但不承认基督教"三位一体"的思想，认为耶稣有三个位格：光明耶稣、弥赛亚耶稣和受难耶稣。摩尼教的这些理论从根本上触犯了基督教的核心理念，所以基督教一直以来都把摩尼教看做最危险的异端、最大的敌人。

摩尼在二十四岁的时候，宣称自己获得了神的启示，公开布教的时机已经成熟。他先向东行，一路行经马克兰（今巴基斯坦的俾路支斯坦）、图兰（Turan，南下的图兰人在北印度建立的小国）。摩尼获得了萨珊波斯国王沙普尔一世（Shapur I）的信任，在波斯及周边积极传教，并逐渐渗透进中亚地区。然而新任波斯王巴赫拉姆一世（Bahram I）公开反对摩尼教（当时波斯王室大多信仰琐罗亚斯德教），摩尼很快被下令处死，其教徒们遭到了大规模的屠杀，摩尼教在萨珊波斯境内完全崩溃。一批摩尼教徒一路东逃，越过阿姆河（Balkh）北上进入中亚河中地区（主要居民为粟特人）。河中地区小国林立，没有统一的宗教信仰，这为摩尼教的传播提供了有利条件，粟特人成为摩尼教的新一批信徒，摩尼教的中亚教团逐步成型。善于经商的粟特人又沿着丝绸之路将摩尼教带入唐朝[①]。

佛教化可以说是中亚摩尼教团的特点之一，这可能也是其早期能在唐朝快速传播的原因之一。摩尼教的轮回观念可能受到了佛教的影响，但与佛教的六道轮回不同，摩尼教的轮回概念只限于人。摩尼教认为佛陀也是慧明圣使的化身之一，其在中亚、印度的信徒还把摩尼当做弥勒佛的化身。摩尼教在中亚尤其是在唐朝的传播过程中也深化了自身的佛教色彩，比如在经典译文中大量使用佛教名词，称教主为"摩尼光佛"，在众神之译名中都加入"佛"字（如光明佛、夷数佛等），又把光耀柱翻译成"卢舍那法身"，取其光明遍照、任持世界之意，因而很快就被佛教判定为附佛外道加以攻击。

高宗和武则天时期，摩尼教逐渐在安西都护府传播；武周时期初步传入中原。《佛祖统纪》载："延载元年（694）……波斯国人拂多诞（西海大秦国人）持《二宗经》伪教来朝。"[②]这是中国历史上最早的一条对摩尼教传入的明确记录。明代何乔远《闽书》载："慕阇当高宗朝行教中国。至武则天时，慕阇高弟密乌没斯拂多诞复入见，群僧妒譖，互相击难。则天悦其说，留使课经。"[③]摩尼教传入中国应在高宗朝之前；其首次获得中国官方承认，获得于中国公开合法传教的许可，应始自武则天时代。摩尼教中的女性地位甚高，武则天可能因此对摩尼教思想产生兴趣，并利用摩尼教为自身称帝提供理论依据。玄宗开元七年（729），吐火罗国王将一位摩尼教慕阇（摩尼教高级僧侣）引荐给唐朝。《册府元龟》载：

---

① 参看芮传明：《东方摩尼教研究》，第 6—15 页；林殊悟：《摩尼教及其东渐》，第 64—65 页。

② （宋）志磐：《佛祖统纪》卷 39，《大正藏》第 49 册，第 369 页下栏至第 370 页上栏。

③ 张星烺编注，朱杰勤校订：《中西交通史料汇编》第六编，第 1109—1110 页。

其吐火罗支汗那王帝赊上表献解天文人大慕阇。其人智
慧幽深，问无不知。伏乞天恩唤取慕阇，亲问臣等事意及诸
教法，知其人有如此之艺能，望请令其供奉，并置一法堂，
依本教供养。①

这位摩尼主教精通天文，吐火罗国王支汗那（《新唐书》中作
"石汗那"或"斫汗那"）希望能得到玄宗的准许，让摩尼教在唐朝得
到更大范围的传播。然而支汗那极力突出这位主教的天文才能而非教
义精深，可见玄宗对摩尼教并不感兴趣，摩尼主教只得以科学知识换
取传教自由②。

开元十九年（731），朝野对之前武后优待摩尼教的政策产生异
议，玄宗为此下诏命摩尼教阐释自己的宗教主张，以便做出正确的决
策。拂多诞奉诏撰写《摩尼光佛教法仪略》一书，介绍了摩尼教的历
史、教义、典籍、组织架构、寺院制度、基本教义等，希望借此使
玄宗对摩尼教产生好感，获得在唐朝顺利传教的权利。然而，拂多诞
为了减小传播阻力，在书中借用佛教术语称教主摩尼为"摩尼光佛"，
而且直引佛教经文（如《摩诃摩耶经》《观佛三昧海经》等），给人一
种与佛教同宗之感③；又攀附道教，在文中将老子、佛陀和摩尼并举
为"三圣"："则老君托孕，太阳流其晶；释迦受胎，日轮叶其象。资
灵本本，三圣亦何殊？成性存存，一贯皆悟道。"④因而次年被玄宗判
定为"本是邪见，妄称佛教，诳惑黎元，宜严加禁断。以其西胡等既

---

① （宋）王钦若等编，周勋初等校订：《册府元龟》卷971《外臣部·朝贡》，第
11238页。

② 参见林悟殊：《摩尼教及其东渐》，第170页。

③ 参见林悟殊：《摩尼教及其东渐》，第70—72页。

④ 林悟殊：《摩尼教及其东渐》，第230页。

是乡法，当身自行，不须科罪者"①。此令一下，摩尼教只能在客居中原的胡人中传播。开元二十八年（740），玄宗下诏驱逐胡僧，进一步对摩尼教在华传教工作进行打击，摩尼教只能转入地下活动，其中有据点是在洛阳，洛阳是摩尼教最活跃的地方。

摩尼教再次进入中国则是在安史之乱后攀上了回鹘势力成为国教，并以回鹘的武力为后盾在中国大势扩张。广德元年（763），回鹘牟羽可汗出兵助唐平定安史之乱，由中原返回漠北时，带走了四个在洛阳传教的摩尼教僧人。此事可见于1890年在蒙古发现的《九姓回鹘毗伽可汗圣文神武碑》。原碑以粟特文、突厥文和汉文三种文字铭刻，汉文部分保存较完整，其内容证实，立碑之时回鹘已改奉摩尼教。《九姓回鹘爱登星罗汨没蜜施合毗伽可汗圣文神武碑》详细记载了牟羽可汗皈依摩尼教的经过：

> ……可汗乃顿军东都，因观风俗。败民弗师，将睿息等四僧入国，阐扬二祀，洞彻三际，况法师妙达明门，精通七部。才高海岳，辩若悬河，故能开正教于回鹘，以茹荤屏渾酪为法，立大功绩。②

安史之乱后，回鹘的皇室及贵族受到了大量来自唐朝的赏赐，大大加速了其封建化的进程，回鹘可汗急需配套升级更有力的宗教来控制子民。帮助回鹘发展经济的粟特人多信仰摩尼教，这恐怕是牟羽可汗选择摩尼教作为国教的原因之一③。此后摩尼教借助回鹘的政治实力，开始在中原地区广泛传播。代宗大历三年（768），敕准回鹘摩尼

---

① （唐）杜佑撰，王文锦等点校：《通典》卷40《职官二十二·品秩五》，第1103 页。

② 陈尚君辑校：《全唐文补编》卷63《莫贺达干》，第766 页。

③ 林悟殊：《摩尼教及其东渐》，第89—91 页。

教徒建立摩尼教寺院"大云光明寺"。大历六年（771），摩尼教进一步在荆、扬、洪（今江西南昌）、越（今浙江绍兴）等地设寺；宪宗元和二年（807），再于河南、太原建摩尼寺三所，并派专员保护。从时间、空间来看，回鹘在中原建寺的过程大致是按照由南向北的顺序。安史之乱后，唐朝经济重心南移，江淮洪越一带胡商极其活跃；这似乎可从侧面证明摩尼教徒与商业联系紧密；河南、太原距离京师较近，且为回鹘入唐的交通要道。据《新唐书·回鹘传》曰："摩尼至京师，岁往来西市，商贾颇与囊橐为奸。"[1]可见，商业确为摩尼教重要的传教依凭。漠北的摩尼教会可以通过长安的大云光明寺控制各地寺院，指派僧人，俨然在中国建立了一个教区，这也是摩尼教历史上最辉煌的一刻。

《旧唐书》记载，唐廷在元和八年（813）曾宴请归国的回鹘摩尼教徒八人，令至中书见宰相。长庆元年（821），回鹘宰相、都督、公主及摩尼教徒共五百七十三人一同入朝，迎接大唐公主。可见摩尼教徒在回鹘的地位趋近于皇室贵族，且经常伴随回鹘政要入唐、去国。此时，摩尼教已借回鹘与唐关系，逐步将势力延伸到政治层面。

由于摩尼教是借回鹘的势力强行在中原传播，一旦回鹘衰落，摩尼教就会遭到报复。武宗会昌元年（841），漠北回鹘被黠戛斯击败，国势衰落，唐廷对回鹘和摩尼教的态度立即改变，下令没收摩尼教资产与书像等物。据李德裕《会昌一品集》载，武宗会昌三年（843），回鹘从唐朝撤兵，要求唐室"安存摩尼"[2]。同年，唐军破乌介，迎回太和公主，并在十余日后下《讨回鹘制》，抄没回鹘与摩尼寺财物住宅，到四月，"令煞天下摩尼师，剃发，令着袈裟，作沙门形而煞

---

① 《新唐书》卷 217 上《回鹘传上》，第 6126 页。

② 《全唐文》卷 699《赐回鹘书意》，第 7182 页。

之"[1]，至此摩尼教在中国被正式灭绝，余众只能混入民间苟延残息。会昌年间，部分回鹘人西迁至高昌，以此为中心展开活动。摩尼教只能也迁移至高昌，这里也成了他们最后的延续之地。

阿拉伯作家奈丁（an-Nadim）在其所写的《群书类述》（Kitab al-Fihrist）中记述：迁移到撒马尔罕的摩尼教受到了萨曼王朝的艾米尔（对君主的称呼，或译为异密）纳斯尔二世的迫害。这位君主想杀掉聚集在当地的约五百名摩尼教徒。回鹘国王听到消息后，专门派特使给其带去一封信，威胁说："我国家中的穆斯林比你的国家中信仰我宗教的教徒要多得多。"回鹘可汗还向这位艾米尔发誓，如果纳斯尔

图 43　新疆吐鲁番出土摩尼与众弟子壁画残片。

---

① ［日］圆仁著，白化文等校注：《入唐求法巡礼行记校注》卷 3，北京：中华书局，2019 年，第 406 页。

二世敢杀了这些教徒中的任何一人，他都将在他们国家内所有伊斯兰教区展开屠杀，摧毁国内的清真寺，并杀光所有的穆斯林[1]。由此可见，高昌回鹘依然信奉摩尼教，不过高昌王室同时还信仰佛教，双教并行的局面似乎至十四世纪才结束[2]。

会昌法难时，大量摩尼教徒从帝国中心逃亡东南沿海，在民间秘密传教，并与其他宗教相结合，自此与下层的斗争结合起来，成为农民起义的号召旗帜之一，生命力延续至五代两宋而不绝。《宋会要辑稿》载：

> 宣和二年（1120）十一月四日臣僚言：温州等处狂悖之人，自称明教，号为行者。今来明教行者，各于所居乡村，建立屋宇，号为斋堂……聚集侍者、听者、姑婆、斋姊等人，建设道场，鼓扇愚民男女，夜聚晓散。明教之人，所念经文及绘画佛像，号曰《讫思经》……《先意佛帧》《夷数佛帧》……已上等经佛号，即于道释经藏并无明文。该载皆是妄诞妖怪之言，多引尔时明尊之事，与道释经文不同……[3]

因摩尼教崇尚光明，故而自宋人始称多其为"明教"。这也是摩尼教更加汉化的表现之一。方勺在《泊宅编》中将民间宗教异端统称为"喫菜事魔、夜聚晓散"[4]，摩尼教便是其中一种，宣和元年（1119）

---

① 译自 Bayard Dodge, *The Fihrist of Al-Na dim*, New York: Columbia University Press, 1970, pp.802–803.

② 参见林悟殊：《摩尼教及其东渐》，第 100 页。

③ （清）徐松辑：《宋会要辑稿》刑法二，北京：中华书局，1957 年，第 6535 页。

④ （宋）方勺撰，许沛藻、杨立扬点校：《泊宅编》，北京：中华书局，1983 年，第 101 页。

的方腊之乱也是这些异端中的一支。此后南宋建炎四年（1130）钟相起义，元至正十年（1351）"明王出世"的韩山童、刘福通起义，其思想中可能都混有摩尼教成分。不管怎么说，摩尼教发展至宋代，已可严重威胁到当局的统治。如陆游《条对状》载：

> 时"妖幻之人"，名目繁多，"淮南谓之二桧子，两浙谓之牟尼教，江东谓之四果，江西谓之金刚禅，福建谓之明教、揭谛斋之类。名号不一，明教尤盛。至有秀才、吏人、军兵亦相传习。其神号曰明使，又有肉佛、骨佛、血佛等号。白衣乌帽，所在成社。伪经妖像，至于刻版流布。"[①]

如今摩尼教作为世界宗教近乎灭绝，2008 年有学者在福建霞浦县发现了数量可观的摩尼教科仪文书，这也使得摩尼教以一种新形式留存在民间。

---

① （宋）陆游著，钱仲联、马亚中主编：《陆游全集校注》卷 5，杭州：浙江古籍出版社，2016 年，第 149 页。

三、粟特人与唐文明

粟特人原本生活在阿姆河和锡尔河之间的泽拉夫善河（那密河）流域，这块地方通称索格底亚那（Sogdiana），汉译为"粟特"，今属乌兹别克斯坦，部分在塔吉克斯坦和吉尔吉斯斯坦。粟特地区由大小不一的绿洲国家组成，在六世纪之前，此地先建立了康居王国，后被嚈哒、突厥占据；北魏时期的文献史料开始称这一区域为昭武九姓国，唐代又称之为九姓胡。一般认为九姓即康、史、安、曹、石、米、何、火寻（花剌子模）和戊地。这些绿洲国家虽被称为"九姓"，却一直分分合合，有的时期可能不止九个国家。其中最强大的要属康国（飒秣建，首都为撒马尔罕）和安国（捕喝，首都为布哈拉），其余还有如曹国（劫布呾那）、米国（弭秣贺）、何国（屈霜你迦）等。

粟特是一个特殊的商业民族。关于粟特人和商业，有种种有趣的记载。例如隋代韦节在《西番记》中称：

> 康国人并善贾，男年五岁则令学书，少解则遣学贾，以得利多为善。[1]

《旧唐书·康国传》记：

---

[1] （唐）杜佑撰，王文锦等点校：《通典》卷 193《边防九·西戎五·康居》，第 5257 页。

生子必以石蜜纳口中，明胶置掌内，欲其成长口常甘言，掌持钱如胶之黏物。俗习胡书，善商贾，争分铢之利。男子年二十，即远之旁国，来适中夏，利之所在，无所不到。[1]

康国人生下儿子一定会在他们的嘴里放糖块，手中放明胶（用牛羊等动物的皮熬制而成），寓意孩子长大后嘴巴像吃了蜜一样甜，手上像有胶一样不会漏钱，能在生意场上无往不利。男孩子一般五岁就开始读书写字，再长大一些就要学习商贾之道，二十岁就会被送出国经商。正是在这样的商业精神感召下，从北朝到隋唐，粟特人几乎垄断了欧亚大陆的贸易，是陆上丝路的贸易担当。粟特人深谙金融之道，还会放贷生息。《册府元龟》记载，长庆二年（822）"京师内冠子弟"多有"举诸蕃客本钱"[2]。很多贵族官僚子弟都欠了粟特人的钱，一度引起政府的关注。

图44 安菩墓出土金币。金币正面为一头戴王冠的男子头像，其两手各举一个十字架。背面为双翼胜利女神，左边缘处有铭文"VICTOPIA"。此为东罗马皇帝福克斯的金币，大约铸造于602—610年。（本图源自王军花：《梦回布哈拉：唐定远将军安菩夫妇墓出土文物特展》，第98页。）

---

[1] 《旧唐书》卷198《西戎·康国传》，第5310页。

[2] （宋）王钦若等编，周勋初等校订：《册府元龟》卷999《外臣部·互市》，第11562页。

粟特人多沿着丝绸之路迁移，最远到达过印度、越南，塔里木盆地、蒙古高原、中国北方也是他们经常出入之地。据《通典》："（何）国城楼北壁画华夏天子，西壁则画波斯、拂菻诸国王，东壁则画突厥、婆罗门诸国王。"[1]粟特"民族性也是这样，四海为家，是一个世界性国家"[2]。1965 年，苏联考古队在撒马尔罕阿夫拉西阿卜23 号遗址房间内（编号 R23/1）发掘出唐代粟特国王拂呼缦的大使厅壁画。西墙描绘的是一个大型唐朝使团，有唐人、东突厥人、高句丽人。北墙左半边画的是湖水，水面上漂着龙舟，武则天乘坐其上，正在宫女的陪伴下向水中投掷粽子；右半边描绘的是高宗在护卫的簇拥下猎豹。这很可能是唯一一件描绘盛唐端午节的唐代艺术品。

图 45　撒马尔罕阿夫拉西阿卜大使厅壁画。

---

① （唐）杜佑撰，王文锦等点校：《通典》卷 193《边防九·西戎五·何国》，第 5257 页。

② 语出荣新江在三联·哈佛燕京学术丛书二十年系列讲麈 2014 年秋季会上的讲演。

粟特人沿着丝绸之路一路东来，所到之处形成了大小不等的居留地。在凉州，粟特人和当地人结婚定居，逐渐成为当地豪族，势力庞大，影响深远。比如安兴贵、安修仁家族都深度参与了李唐的建立。大业末年，安修仁支持李轨起兵，担任割据政权的户部尚书，掌握枢密。武德二年（619），安兴贵、安修仁联合凉州粟特势力，擒拿李轨，归顺李唐。安兴贵累拜上柱国、右武侯大将军，封凉国公；安修仁授左武侯大将军、凉州都督，封申国公。安兴贵的儿子安元寿（607—683）十六岁进入秦王府，担任李世民王府的右库直，在玄武门政变中负责守卫嘉祐门，事后被提拔为右千牛备身。当年（626）八月，突厥颉利可汗率军围逼长安，兵至渭水，李世民跟颉利可汗在便桥刑白马盟誓。当时，只有安元寿一人在账内护卫——除了作为粟特人擅长翻译外，被李世民信任是更重要的因素。令人不解的是，本来政治前途一片向好的安元寿却急流勇退，很快就回到家乡凉州。这或许能说明粟特人对经营家族事业看得很重。此后，凉州安氏家族绵延百余年，中唐时期仍对政局产生重要影响。安兴贵的曾孙安重璋后改名李抱玉，随李光弼固守河阳、收复怀州，功居第一，官至河西陇右副元帅、凤翔泽潞节度使、同平章事，封凉国公。

大家更为熟悉的粟特人，是掀起安史之乱的安禄山。安禄山出身营州杂胡，郡望为会稽（瓜州常乐，不是今天的绍兴）。其父大概是康国粟特人，母亲是突厥人。安禄山继承了粟特人的特性，通多种语言，擅长做生意，最初就是在边境充当译语人。哥舒翰则与之相反，父亲是突厥人，母亲为九姓胡。《大唐再修归义寺碑》提到史思明的郡望为金陵（前凉河西地区建康郡的别称，郡治骆驼城），可能也出身粟特，其名字本身也带有琐罗亚斯德教的色彩。很多粟特人的墓志显示他们大多都曾在唐朝为官，比如石城守将康拂耽延、鸿胪卿康谦、琵琶乐师康昆仑，等等。唐朝初年，粟特部落跟随突厥归降，他们善于征战，唐朝让他们移居幽州等地，经略契丹和奚两个外族，今天的北京地区逐渐成为粟特人聚集区。安禄山和史思明二人都在与契丹和奚两族的战斗中坐大，东迁河北的粟特人许多成为安禄山麾下的将士，在安史之乱中成为叛军的主力。史思明号称"昭武皇帝"，就是昭武九姓的皇帝之意。安史之乱后，唐朝开始排斥外族，更多粟特人迁居河北，加速当地的胡化，增强割据藩镇的力量，如魏博节度使史宪诚、何进滔都是粟特人。

个人的生命史极容易湮灭在宏大历史叙事中。可以想象，多少粟特人的爱恨情仇、艰难跋涉被掩埋在丝路的黄沙之下。不过也有极为幸运的人，被保存下来一些个人的信息，让我们对千年以前的普通人的生活有所了解。1907 年，匈牙利裔的英国探险家斯坦因，在敦煌汉代长城烽燧遗址休息时，无意间发现了 8 封古粟特文信札。这些信札被折叠成标准的方块，大都 9 到 13 厘米长，2 至 3 厘米宽。纸张大小一样，大约 39 至 42 厘米长、24 到 25 厘米宽。或许说明当时丝绸之路上的邮传系统已经很标准化了，以至于连使用的信纸格式都一致。这些信装在丝质邮包里，上面用粟特文写着"寄往撒马尔罕（康国）"。这些文书极为重要，里面提到很多丝绸贸易的商品名称，包括丝线、亚麻、胡椒、樟脑、麝香，也出现了洛阳、长安、武威、酒泉、敦煌等地名——都是丝绸之路上重要的节点城市。

其中一封信是由一位在中国西部经商的粟特商人那奈·万达克所写，寄给数千里之外的撒马尔罕的两位投资人。信的开头介绍了他在中国做生意的情况，各个据点的代理人和合作伙伴信息，以及对中国的政治局势的汇报。信中提到，皇帝因为饥荒逃离了洛阳，有人放火烧了宫殿和城市，洛阳没有了，邺城也没有了。甚至在当地做生意的印度商人和粟特商人都死于饥荒。学者们一般认为，这封信反映的是 311 年羯人石勒攻破洛阳事件。对那奈·万达克来说，这封信其实是他写给投资人的遗书。他在信中说表示，自己是将死之人，嘱咐两位合伙人将自己在康国的财产留给一个名叫达克希什·万达克的孩子，等他长大后帮他娶妻。——很可能是他的小儿子或者孙子，因为他的大部分财产都以这个孩子的名义进行投资——少部分财产被分配给收件人和其他合伙人。

最让人惊奇的是 1 号和 3 号信札。这两封信都来自一个叫米娜的女人。1 号信是写给她母亲莎蒂斯的，3 号信是写给她丈夫的。在 1 号信中，米娜描述了自己被丈夫那奈德抛弃在敦煌，只能依靠当地一个祆教祀官施舍过活的悲惨经历。在 3 号信中，米娜痛斥丈夫抛弃了她："我听你的话来到敦煌，违背了母亲和兄弟的建议，受到了神的诅咒。我宁愿嫁给猪狗，也不愿嫁给你。"米娜的女儿在信末加了一个附言，解释说她和母亲被迫做了汉人的奴仆，并谴责父亲的生意伙伴携款潜逃，抛下她和母亲还债。这两封信最终没有寄到米娜的母亲和丈夫手中，而是在 1700 年后落在了斯坦因的手里。也因为这份遗憾，让我们知道许多年前还有这么一个女人，在大漠里面对负心男人嘶叫。这不免让人惊叹：普通人的心声居然也能幸免于历史长河的冲刷。有的时候我们必须承认，绝大多数人虽然在这个世界上有过喜怒哀乐，但千年之后片瓦不存。没有人知道你曾来过这个世界。

九姓由于世代经商，成为古代西亚文明、南亚文明与东亚文明的重要媒介。石国、康国的胡腾舞、胡旋舞和柘枝舞曾传入长安，为唐人所喜爱。而狮子、哈巴狗、汗血马等物种传入东土，也与九姓有关。白居易在《胡旋女》一诗中写道：

> 天宝季年时欲变，臣妾人人学圜转。
> 中有太真外禄山，二人最道能胡旋。①

---

① （唐）白居易著，谢思炜校注：《白居易诗集校注》，北京：中华书局，2017 年，第 305 页。

粟特人来到中国后，不仅中国的舞风发生了变化，九部乐在主体上也都变成了粟特人带来的西方乐。唢呐这种在中国如此接地气的乐器，其实就是粟特人从古波斯带来的，"唢呐"两字就是古波斯语Surnā的音译。还有琵琶，在古波斯被称为巴尔巴特琴（Barbat），是非常盛行的乐器之一，在南北朝时期，通过丝绸之路，由波斯经新疆传入中国。

粟特商人经商贸易的范围，从拜占庭到中国，并控制了中亚到印度河流域的南路。3世纪时，他们南下到贵霜境内的巴克特里亚和犍陀罗，4世纪初，粟特开始控制了丝绸之路的贸易，从5至8世纪，几乎垄断了陆上丝绸的国际贸易。6—7世纪时，粟特人也掌握了从拜占庭和波斯通往欧洲西北部的"毛皮之路"。他们把西方的金银、

图46　唐胡商俑。洛阳有著名的"三市"——丰都市（东市）、大同市（南市）、通远市（北市）。隋朝时西域胡商就已在洛阳做生意，多在丰都市摆摊。《旧唐书·裴矩传》中记载，大业三年（607）时，隋炀帝下令让三市的店铺都装上帷帐，摆满酒水食物，让负责接待外国人员的官员领着胡人与当地百姓谈生意，胡人去哪里就让哪里的百姓盛情款待。（本土源自王军花：《梦回布哈拉：唐定远将军安菩夫妇墓出土文物特展》，第67页）

香料、药材、奴婢、牲畜、器皿、首饰运到中国，又把中国的丝绸运到西方。为了打通到拜占庭的丝绸贸易，粟特曾出使波斯请求通商。粟特人宁肯附籍或作为客籍，也不愿成为编户，也就是利用蕃、汉有别的空隙，成为巨富。例如"长安县人史婆陀，家兴贩，资财巨富。身有勋官骑尉，其园池屋宇，衣服器玩，家僮侍妾，比王侯"。此乃敦煌出土文书《唐人判集》中的虚拟判例，已可窥见粟特人的豪富。

粟特人外出经商，往往结伙而行，少则数十人，多则数百人，并有武装自卫，沿途建立聚落，商队首领称"萨宝"。北朝和隋唐政府为了控制粟特聚落，把萨宝纳入中国的官僚体制，专门授予粟特人。唐朝把部分粟特聚落改为乡里，居民则入籍唐朝。粟特聚落往往建有祆祠，由萨宝手下的祠正和祆祝管理。

粟特文明的起落，和亚洲政治格局有密切的关系。突厥和粟特关系密切——粟特人参与突厥内部治理，突厥则保护粟特商队。631年唐太宗击败东突厥，657年高宗灭西突厥汗国。次年，撒马尔罕城主拂呼缦率其他粟特九国领袖臣服唐朝。唐在粟特地区设立羁縻州府，从此粟特各国的宗主权从突厥转归唐朝，归于安西大都护府治下。考古证据表明，在整个7世纪，粟特各大城邦繁荣兴旺，撒马尔罕在玄奘眼中风物盛极一时。7世纪后半，阿拉伯人征服萨珊波斯后，向粟特进兵。711年，撒马尔罕向大食投降，次年其布哈拉陷落。722年，片治肯特被屠城后遭付之一炬。739年，阿拉伯人与粟特缔结条约，大批粟特人归国。751年，唐安西四镇节度使高仙芝和阿拉伯军队在怛罗斯遭遇，唐军退却。到10世纪时，来华粟特人大量融入汉族，成为中华民族的一部分；而粟特地区彻底伊斯兰化，曾经高度发达的商业文明彻底消失在人类的长河之中。

四、祆教在唐朝的流传

粟特人信仰的宗教主要是琐罗亚斯德教，我国古代史籍把祆教称为"拜火教""火祆教""波斯教"等，将其崇拜的神"阿胡拉·马兹达"称为"火神""祆神""胡神"等。这是一个非常古老的宗教，早在释迦牟尼的第一批弟子中，就有琐罗亚斯德教徒。有的学者认为大迦叶就是拜火教徒。不但佛教受到琐罗亚斯德教的影响，其他宗教也从琐罗亚斯德教汲取理念。

佛教也是来华粟特人的主要信仰。比如曾剖腹救主（睿宗李旦）的安金藏，就是虔诚的佛教徒——其兄弟取汉名金藏、金刚就是最好的证明。1979年，乌兹别克斯坦的卡拉·特佩（Kara-tepe）遗址出土了带有"佛陀—玛兹达"（Buddha-Mazda）铭文的壁画。卡拉·特佩位于丝绸之路中段，也是重要的佛教遗址，地处巴克特里亚——吐火罗故地。一般认为，在2—3世纪，这里是贵霜帝国的一个重要佛教中心。在这幅壁画中，佛陀结跏趺坐，结禅定印。最令人瞩目的是，佛像的背光明显由发出的火焰组成。结合铭文中的"佛陀—玛兹达"字样，似乎可以推定这是一尊佛教的佛陀和祆教的阿胡拉玛兹达合体的佛像。或者说，是佛教吸收了祆教最高神及其拜火特征融合而成的一种艺术模式。

琐罗亚斯德教的创始人琐罗亚斯德30岁时得到神启，创建此教。其教义事神学上的一神论和哲学上的二元论；经典主要是《阿维斯

图 47   左为"法拉瓦哈",右为马自达车标。

塔》。琐罗亚斯德教认为,阿胡拉·马兹达是唯一的、最高的主神,是宇宙创造者,也是宇宙秩序和真理的化身。阿胡拉·马兹达在善恶二元论中是代表光明的善神,与代表黑暗的恶神阿赫里曼进行长期的战斗,最后获得胜利。为了战斗,阿胡拉·马兹达创造了世界和人。为拯救世人,琐罗亚斯德的第三子将在未来降生,这位救世主将彻底清除恶魔,引导人类进入光明、正义与真理之国。日本汽车品牌"马自达"的名字便来自阿胡拉·马兹达。"马兹达"(Mazda)与马自达创始人松田重次郎的姓氏"松田"的英文(Matsuda)相近,其车标则是"法拉瓦哈"(琐罗亚斯德教最为知名的标志)的简化。

祆教以火为光明之神阿胡拉的化身,故其俗以拜火为崇尚神之表现。拜火教认为火是神圣的,而凡人呼出的气体是不洁的,故在祭祀的时候,拜火教祭司(被称为"穆护"或"麻葛")需要戴上面罩防止飞沫玷污圣火。一般认为,这是目前所知人类最早的口罩。拜火教崇尚白色,故口罩也是白色的。

琐罗亚斯德教主张"行善者得善报,行恶者得恶报",相信灵魂转世。他们认为人死后灵魂会在尸体上停留四天,以检查此人一生之思、言、行,第四日进入裁判之桥,有群狗守护,如其为善者,将有少女迎接,引至天堂之路;如是恶者,迎之者为女鬼,将其引上地狱之途,永受沉沦之苦。这套学说跟佛教理论有相似之处。

祆教强调善行，善行的目的是为了厚生，即要使生活富足。而要生活富足，就必须努力农耕和畜牧，这是高尚的职业，宗教上的功德。《破邪篇》提出的理想生活是："成家立业，牲畜、妻室、子女都兴旺。旱地灌溉，洼地排水。"它反对斋戒禁食，理由是："吃不饱就不能完成宗教的艰巨任务；吃不饱就不能拼命劳动……宇宙以食而生，以不食而死。"这些理论对做生意的粟特人很有吸引力。

该教视水、火、土为神圣，故反对水葬、火葬和土葬而实行"天葬"（或称鸟葬）。教徒死后，尸体要送入"寂没之塔"。神职人员与抬尸者将尸体赤身裸体移至塔顶，听任鹰鹫啄尽尸肉，然后将骨架投入井穴。教徒死后不可用棺椁，而是放在榻上。这在中国出土的粟特人墓葬中能看到。墓主人都放在石榻上，或者叫石棺床。

祆教很早就传入了中国。2013 年，考古学家在中国新疆塔什库尔干塔吉克自治县发现了距今 2500 年的拜火教古墓葬遗址。随着信仰祆教的粟特人进入中国，祆教在南北朝隋唐时期获得了广泛的传播。北魏、北齐、北周皇帝曾信奉该教。北魏灵太后罢黜淫祠独尊祆教，率宫廷大臣及眷属几百人奉祀祆教火天神，北齐后主在首都邺城建立大量奉祀火祆的神庙，"躬自鼓儛，以事胡天"[1]。北周帝王也躬亲"拜胡天"，"从夷俗"[2]。这也反映出当时粟特人在国家政治、经济中的重要影响力。

为了管理粟特人和祆教事务，从北魏开始，北齐、北周相继在鸿胪寺中设置火祆教的祀官。唐朝在东西两京建立祆祠，洛阳有二所，长安有四所。在这些祠庙中，"商胡祈福，烹猪羊，琵琶鼓笛，酻歌醉舞"[3]，极一时之盛。安史之乱后，因为粟特人安禄山造反，祆教的

---

① 《隋书》卷 7《礼仪二》，第 163 页。

② 《隋书》卷 7《礼仪二》，第 163 页。

③ （唐）张鷟撰，赵守俨点校：《朝野佥载》，第 64 页。

传播受到有意无意的限制。唐会昌五年（845），武宗灭佛，祆教也被禁。经五代、两宋犹有残存，在汴梁、镇江等地还有祆祠。南宋以后，逐渐灭绝。

祆教不译经，不传教，限制了祆教的传播发展。丝绸之路上祆教和佛教相杂糅，模糊了自己的认同。《魏书》记载，高昌地区"俗事天神，兼信佛法"[1]。唐代韦述在《两京新记》中描述长安布政坊胡祆祠说："武德四年所立，西域胡天神，佛经所谓摩醯首罗也。"[2] 可见当时唐朝人甚至把阿胡拉·马兹达误认为是佛教的摩醯首罗。

祆教在中国风俗中也留下了不少痕迹。比如"七圣刀"，其实就是祆教的神幻术仪式。宋人孟元老的《东京梦华录》中就有记载：

> 又爆仗响，有烟火就涌出，人面不相睹，烟中有七人，皆披发文身，着青纱短后之衣，锦绣围肚看带，内一人金花小帽、执白旗，余皆头巾，执真刀，互相格斗击刺，作破面剖心之势，谓之"七圣刀"。[3]

西安面世的三件宋代陶塑，衣饰与《东京梦华录》里诸军表演"七圣刀"时的服饰基本吻合。南宋时，"七圣刀"幻戏流行于各地郡州，风俗记载较北宋更盛。如洪迈《夷坚志》记两例南宋民间七圣法事，一是"韶州东驿"记录韶州"七圣者"[4]表演破面、剖心幻术过程；另一处则是"阁山排军"陈述身为"七圣祆队"[5]上首的饶州朱

---

[1] 《魏书》卷 101《高昌传》，北京：中华书局，1974 年，第 2243 页。

[2] （唐）韦述撰，辛德勇点校：《两京新记辑校》卷 3，第 92 页。

[3] （宋）孟元老撰，伊永文笺注：《东京梦华录笺注》卷 7，北京：中华书局，2007 年，第 687 页。

[4] （宋）洪迈撰，何卓点校：《夷坚志》，北京：中华书局，2006 年，第 559 页。

[5] （宋）洪迈撰，何卓点校：《夷坚志》，第 1283 页。

三，臂股胸背皆刺纹身。

敦煌 S.367《沙州伊州地志》残卷记载：

> 火祆庙，中有素书形象无数。有祆主翟槃陀者，高昌未破以前，槃陀因朝至京，即下祆神，以利刀刺腹，左右通过，出腹外，截弃其余，以发系其本，手执刀两头，高下绞转，说国家所举百事，皆顺天心，神灵（相）助，无不征验。神没之后，僵仆而倒，气息奄，七日即平复如旧。有司奏闻，制授游击将军。[1]

唐代张鷟《朝野佥载》记载：

> 河南府立德坊及南市西坊皆有胡祆神庙。……酹神之后，募一胡为祆主，看者施钱并与之。其祆主取一横刀，利同霜雪，吹毛不过，以刀刺腹，刃出于背，仍乱扰肠肚流血。食顷，喷水咒之，平复如故。此盖西域之幻法也。凉州祆神祠，至祈祷日，祆主以铁钉从额上钉之，直洞腋下，即出门，身轻若飞，须臾数百里。至西祆神前舞一曲即却，至旧祆所乃拔钉，无所损。卧十余日，平复如故。莫知其所以然也。[2]

据《册府元龟》，高宗显庆元年（656）正月，朝廷曾下令禁断这类幻术表演。武周时期，因睿宗李旦被诬谋反，安金藏自剖心腹以明

---

① 唐耕耦、陆宏基编：《敦煌社会经济文献真迹释录》第 1 辑，北京：书目文献出版社，1986 年，第 40—41 页。

② （唐）张鷟撰，赵守俨点校：《朝野佥载》，第 64—65 页。

皇嗣不反，五脏并出，后治愈，朝野震惊。安金藏本为中亚粟特安国人，其祖父归顺唐朝，封定远将军，父安菩复为唐朝的六胡州首领，卒于长安。1981 年 4 月，洛阳龙门东山发掘出土了安菩夫妇合葬墓。安金藏居住的西市醴泉坊，因立有祆祠，更是粟特人聚集与信仰之中心，唐廷在此也为其树立烈士台。安金藏的忠心和壮烈，给玄宗留下了深刻印象，或许也是他信任安禄山的一个原因。

这种令世人惊骇的幻术至今已消亡。但是据说宝鸡市陈仓区赤沙镇保留有独特的血社火，内容恐怖血腥且十分逼真，包括刺心，剖腹，砍头等，可能是以前"七圣刀"的遗留。

祆教在中国消褪的同时，在本土也受到了打击，逐渐被伊斯兰教挤压。亚兹德是伊朗最后的祆教据点，大约还有 3 万名祆教教徒居住在这一带。不愿意皈依伊斯兰教的一批拜火教徒，在公元 10 世纪流亡到印度西海岸，在今天印度古吉拉特邦、巴基斯坦的信德省等地逐渐定居下来。他们被称为帕西人，"帕西"即"波斯"。帕西人在印度第一都市——孟买的崛起过程中做出了突出贡献，孟买也是目前帕西人的主要聚居地。帕西人被称为"印度的犹太人"。随着印度独立，许多英国资本的企业被帕西财团所收购，帕西财团在印度商界愈加举足轻重。如当今印度的第一大财团塔塔财团便是帕西人贾姆谢特吉·塔塔缔造的。

鸦片战争之前从事鸦片贸易的外国公司接近一半是由帕西人经营的。近代以来，被称为"白头夷"或"大耳窿"的帕西人在上海、广州、澳门、香港等地一度相当活跃，创办了许多洋行。上海福州路539 号曾是"白头礼拜堂"，即帕西人的火庙，现为黄浦区青少年活动中心。

多说一点

如何看待粟特人?

粟特人在中国传统史书中的形象一直不太好。两位排得上号的大反派,安禄山、石敬瑭,都是粟特人。唐代史料中出现的粟特人,也往往是狡黠、贪婪的,如在安史之乱中趁火打劫:肃宗至德二载(757),有一个跟安禄山同姓的粟特商人安门物在武威杀了河西节度使周泌,举众六万造反,并且占据了武威九城中的六城。再如安史之乱后,粟特人又在回纥跟唐朝之间充当搅屎棍:"九姓胡附回纥者,说登里(回纥可汗)以中国富饶,今乘丧伐之,可有大利",差点引发大规模战争。不仅如此,粟特人还给他们所依附的草原民族带来了厄运。比如东突厥汗国的颉利可汗就是栽在粟特人手里:"颉利又好信任诸胡而疏突厥,胡人贪冒,多反覆,兵革岁动",造成了突厥人的内部矛盾,给李世民攻灭东突厥埋下了伏笔。

现代学者岑仲勉先生在《隋唐史》一书中,把粟特人的民族性跟世界历史的脉动联系了起来:"中亚胡族自古习于贩贸,东来者多唯利是图,禄山本出身市侩,复加以玄宗不次超擢,宠任无间,遂欲效法王世充而作统治汉土之计。突厥可汗之击波斯,成吉思汗之西征,均以中亚商胡为发动原因之一。"不过,从他的表述来看,似乎还是继承了传统史书中对粟特人偏于负面的看法。

最近十多年来,随着虞弘墓、安伽墓等来华粟特人墓葬的发现,以及粟特语古文书的大量释读，使得中古粟特人的生活形态、信仰世界以及粟特文化对中国文化的影响，日益显露在我们面前。总之，曾经叱咤丝绸之路的粟特人的形象，有望被历史学家们重新描绘。如果想更深入地了解粟特人，推荐阅读荣新江《中古中国与粟特文明》一书。

第十章 安史之乱前的唐朝政局

玄宗朝后期李林甫、杨国忠先后执政，两人延续了之前宰相之间的斗争，安禄山等军队将领的加入让政局变得更加复杂。同时、杨贵妃的受宠也为当时的政局增添了一些变数。唐朝对外开拓非常顺利，国势强盛、长年对外作战导致了强大的职业军队的出现。但长久的和平也让唐朝腹地并无军事上的准备，外重内轻的局面正孕育着巨大的风险。当时的唐朝人还没有意识到，在很短的时间内，一场大规模的军事动乱将改变他们的命运。

一、消失的皇后

2004 年 5 月至 2005 年 6 月，一伙盗墓贼先后六次作案，将西安一座唐代墓葬内的文物盗窃一空，据说光打盗洞就花了 50 万。其中一件重达 27 吨的彩绘石椁被分解成 31 块，盗墓贼打好包后用起重机将其吊出墓穴，分批装箱运往广州再辗转运到香港倒卖出境。这件石椁最终以一百万美元的价格卖给一个美国的古董商人。2010 年 4 月，这一"重量级"国宝在漂泊六年之后才得以回到西安。

被盗掘的彩绘石椁面阔三间、进深两间（每四根柱子合围成一间），呈仿宫殿造型，由 31 块石材组成，包括 5 块椁顶、10 块廊柱、10 块椁板和 6 块基座，墓中汉白玉哀册残片的铭文显示，此为贞顺皇后的敬陵，墓主人是玄宗极为宠爱的武惠妃。"石椁内壁共有 10 幅画屏，刻画了 21 名宫廷女官、女侍以及宫女，除了一幅刻石有三名女性外，其余每幅都是两名女性形象，是一种新版盛唐女性图画。"[1] 宫廷女性线刻画像采用刀凿和绘画相结合的屈铁盘丝手法，每一幅肖像的女性形象都不尽相同，特别是采用西方绘画手法描绘中国女性，显得更为真实生动，与以前出土的李寿墓、永泰公主墓、薛儆墓等石椁线刻画中的女性形象不同。

---

[1] 葛承雍：《唐代宫廷女性画像与外来艺术手法——以新见唐武惠妃石椁女性线刻画为典型》，《故宫博物院院刊》2012 年第 4 期，总第 162 期，第 93 页。

图 48 武惠妃石椁内图像展开图（其
一）。(本图源自程旭，师小
群：《唐贞顺皇后敬陵石椁》，
《文物》2021 年第 5 期，第
92 页)

武惠妃石椁壁画应属于拂菻画
样，"极有可能采用了景教传教士带
来的拜占庭式-希腊文化画本，景教
士善于将宗教来自天堂的心灵安慰
施展于传教中间，这是东方基督教的
特长之一"①。比如石椁正面雕刻的人
物额头上戴有发带式或圆箍式头饰，
其实源于"拜占庭式萨珊王冠"（萨
珊波斯时期王族的标志）。

武惠妃（699—737）是武氏家
族的女儿，跟武则天一样，颇有权
术。她是恒定王武攸止之女，武攸
止死后，武惠妃因年幼，被送到皇
宫抚养。玄宗的第一任皇后王氏是
他做临淄王时迎娶的王妃。在玄宗
准备发动政变的时候，王氏非常支
持，参与了很多密谋，然而几年后
由于年老色衰且一直没有儿子，渐
渐失宠。武惠妃此时在后宫崛起，
她仗着玄宗的宠爱逐渐生出了夺取后位的心思。王皇后心中嫉恨，公
开辱骂诋毁武惠妃，玄宗为此很不开心，与姜皎密谋废后之事，后
因姜皎泄密而计划流产。据《新唐书》，王皇后失宠后曾向玄宗哭
诉："陛下独不念阿忠脱紫半臂易斗面，为生日汤饼耶？"②玄宗忆起

① 葛承雍：《唐代宫廷女性画像与外来艺术手法——以新见唐武惠妃石椁女性线刻画
为典型》，第 101 页。

② 《新唐书》卷七十六《王皇后传》，第 3491 页。

自己落难时岳父王仁皎用衣服换面为自己做生日汤饼（带汤水的面食的统称，如汤面、面疙瘩等）的事情，动了恻隐之心。再加上王皇后对下人很好，宫中无人说她的坏话，玄宗便对是否废后一事犹豫不决。

王皇后兄王守一担心妹妹的后位不稳，便找来一个僧人举行拜斗仪式，并在一块霹雳木（被雷劈过的木头）上刻下"天地"二字和玄宗的名字，让王皇后佩戴在身上，说这样可以"有子，当与则天皇后为比"。开元十二年（724），此事被玄宗发现，王皇后被废为庶人。之后玄宗便渐渐把所有的心思和情感都寄托在武惠妃身上，封她的母亲杨氏为郑国夫人，弟弟武忠任国子祭酒，武信任秘书监。

武惠妃于开元初年先后诞下二子一女，可惜都早早夭折，玄宗为此非常哀伤。她后来又产一子，玄宗担心这个儿子也会短寿，就将他送出宫，交由自己的兄长宁王抚养。宁王妃元氏对其视如己出，甚至亲自给他喂奶。这个男孩就这样在宁王府住了十余年，直到开元十三年（725）获封"寿王"后才被接回宫中。寿王由于不在宫中长大，比其他皇子更晚获得封号，因此大家就根据排行喊他"十八郎"（他是玄宗第十八子）。

玄宗应该非常看重他与武惠妃第一个活下来的儿子，从他挑选的监护人就可以看出一些端倪。宁王李宪是睿宗的嫡长子，玄宗非常尊敬且信任他。有一次玄宗在复道（连接阁楼的天桥）上瞥见有卫士把吃剩的饭菜倒进了水沟里，大怒，命人将这个卫士杖杀。宁王李宪从容说道："陛下这样做恐怕人人都不能自安了。您不喜欢这个卫士浪费粮食，是因为食物能够养活人，现在仅仅因为剩饭剩菜就杀人，这不是违背了您的本意吗？"[1]玄宗不仅听从了哥哥的建议，还解下自己的红玉带，和自己所乘的马一起赏赐给了李宪以表感谢。宁王去世

---

① （唐）郑处诲撰，田廷柱点校：《明皇杂录》，第47页。

后，玄宗特赐谥号"让皇帝"。

玄宗对武惠妃的宠爱始终不衰。尚书右丞相张说看到这种形势，想拥戴武惠妃当皇后。御史潘好礼上疏反对，认为："《礼》，父母仇，不共天。《春秋》，子不复仇，不子也。陛下欲以武氏为后，何以见天下士！"[1]他表示武惠妃身份特殊，其远房叔公武三思与远房叔父武延秀都是干纪乱常之人，世人所共恶之；而且当时玄宗立的太子李瑛不是武惠妃所生，武惠妃自己也有儿子，一旦立为皇后，她恐怕会基于私心而危及太子的储位。玄宗只好作罢。

武惠妃也仗着受宠生出了夺位之心。她借女婿杨洄之便探听到太子李瑛私下失言，立刻向玄宗哭诉太子结党营私。玄宗震怒，欲废太子，被张九龄劝住。然而张九龄的政敌李林甫揣摩出武惠妃的心意，私下向她表示"愿保护寿王"。开元二十五年（737）四月，杨洄构陷太子与另外两位皇子有异谋。武惠妃说宫中有贼，需要帮忙，诱使三王入宫。武惠妃接着又告诉玄宗："太子跟二王要谋反了！他们穿着铁甲进宫了！"玄宗派人察看，果真如此，便找宰相李林甫商议。李林甫说："这是陛下的家务事，不是臣等应该干预的。"玄宗便下定决心，废三王为庶人。不久，三王皆遇害。

太子李瑛被废，储宫虚位，李林甫进言："寿王年已成长，储位攸宜。"玄宗说："忠王仁孝，年又居长，当守器东宫。"[2]玄宗应该并不想看到一个与宰相私交甚密的太子，为了制衡，于是立忠王李亨为继承人。这件事为玄宗朝埋下一颗隐雷：李林甫所支持的寿王没有当上太子，就注定了生活在新太子的阴影之下，并始终以除掉新太子为目标。

武惠妃于开元二十五年（737）十二月去世，时年四十余岁，追

---

① 《新唐书》卷 66《贞顺武皇后传》，第 3491 页。

② 《旧唐书》卷 106《李林甫传》，第 3238 页。

赠皇后及谥号"贞顺"，葬敬陵。玄宗长子李琮请示葬礼是否需要按
照皇后丧仪来办，即皇帝所有子女都为其服丧，玄宗并没有准许，而
是沿用妃嫔丧仪，仅让武惠妃亲生子女服丧。武惠妃的墓葬也证明，
其并未使用真正的皇后葬式葬仪，甚至都未超过永泰公主、章怀太
子等皇室成员墓葬的规格。政府请示在忌日停止办公，玄宗也不许。
玄宗也没有批准武惠妃祔太庙，而是在长安昊天观（保宁坊）南面

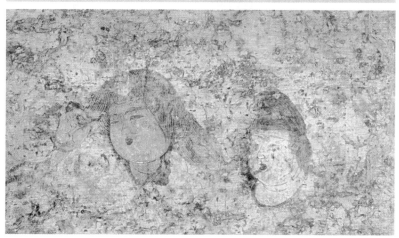

图49　唐武惠妃石椁（上）及内壁人物头像（下）。（本图源自：程旭、师小群：《唐
　　贞顺皇后敬陵石椁，第97页）

的安义坊内另立一座皇后庙。肃宗即位之后，不仅恢复了李瑛的太子名号，还废除了武惠妃的祠享；代宗又废黜了武惠妃贞顺皇后的谥号。

李隆基后来宠震天下的杨贵妃，原是武惠妃之子、寿王李琩的王妃。

根据《旧唐书》的记载，杨贵妃的父亲是蜀州司户杨玄琰。杨贵妃幼年时，父亲杨玄琰死在四川，她被叔叔河南府士曹参军杨玄璬抚养成人。武惠妃去世后，玄宗哀念不已，"后宫数千，无当意者"①。这样过了几年，有人推荐杨玄琰的女儿，说她"姿色冠代"②，又有说"杨氏之美，绝世无双"③，玄宗一见倾心。

《旧唐书》没有提到杨贵妃是寿王妃的事情，而《新唐书》和《资治通鉴》都记载，杨贵妃最初是寿王的王妃。按照唐朝惯例，女儿被封为贵妃要封赏家属。已经去世的杨玄琰被追封为兵部尚书，后来多次加封至太尉、齐国公；杨贵妃的母亲被追封为凉国夫人，健在的叔父杨玄珪被封为从三品的光禄卿，后累迁至正三品工部尚书；唯独抚养她成人的叔叔杨玄璬没有得到封赏。唐朝诏敕中提到寿王妃都说是杨玄璬的女儿，给人的印象似乎寿王妃和杨贵妃是两个人。

《资治通鉴》谓玄宗"令妃自以其意乞为女官，号太真"④，《新唐书》则说"即为自出妃意者，丐籍女官，号太真"⑤。从宗教学上说，这是一个过门仪式。杨贵妃之前的身份是寿王妃，出家为女道士即斩断了跟世俗世界的联系，再还俗时已是新的身份。武则天也是如此。

---

① 《资治通鉴》卷 215《唐纪三十一》，第 6862 页。

② 《旧唐书》卷 51《杨贵妃传》，第 2178 页。

③ 《资治通鉴》卷 215《唐纪三十一》，第 6862 页。

④ 《资治通鉴》卷 215《唐纪三十一》，第 6862 页。

⑤ 《新唐书》卷 76《杨贵妃传》，第 3493 页。

天宝四载（745），二十六岁的杨太真正式成为六十一岁玄宗的贵妃。《资治通鉴》的记载很有意思，把玄宗册封杨贵妃跟寿王再娶媳妇放在一起："秋，七月，壬午，册韦昭训女为寿王妃。八月，壬寅，册杨太真为贵妃。"[1]杨贵妃"姿质丰艳"，"善歌舞，通音律"，这正是玄宗的个人爱好，可以说两人有共同语言；而且杨贵妃智算过人，"每倩盼承迎，动移上意。宫中呼为'娘子'，礼数实同皇后"[2]。杨贵妃有三个姐姐，"皆有才貌，玄宗并封国夫人之号"[3]，分别是韩国夫人、虢国夫人、秦国夫人。她们"并承恩泽，出入宫掖，势倾天下"[4]。虢国夫人性情非常豪爽，不喜欢化妆，以素颜著称，杜甫《虢国夫人》诗云："虢国夫人承主恩，平明上马入金门。却嫌脂粉涴颜色，淡扫蛾眉朝至尊。"[5]《虢国夫人游春图》的主角就是她。杨贵妃家族的其他成员也跟着飞黄腾达。她的远方堂兄杨铦担任鸿胪卿，杨锜担任侍御史，还娶了武惠妃的女儿太华公主，获赐的高级住宅与宫殿相连。韩、虢、秦三夫人与铦、锜等五家"每有请托，府县承迎，峻如诏敕，四方赂遗，其门如市"[6]。杨氏家族一跃成为京城人人争相讨好的对象，他们的要求和皇上的敕令一样管用。

杨贵妃和玄宗也有过激烈的冲突。正史记载杨贵妃至少被送回娘家两次。第一次是 746 年，原因是"妒悍不逊"[7]，被送回杨铦宅。把杨贵妃赶走之后，到了中午，李隆基就想念得吃不下饭。高力士知道

---

① 《资治通鉴》卷 215《唐纪三十一》，第 6867 页。

② 《旧唐书》卷 51《杨贵妃传》，第 2178 页。

③ 《旧唐书》卷 51《杨贵妃传》，第 2178 页。

④ 《旧唐书》卷 51《杨贵妃传》，第 2178 页。

⑤ （唐）杜甫撰，（清）仇兆鳌注：《杜诗详注》，第 162 页。

⑥ 《旧唐书》卷 51《杨贵妃传》，第 2179 页。

⑦ 《资治通鉴》卷 215《唐纪三十一》，第 6873 页。

玄宗的心思，就请求把贵妃院里的帷帐、器玩、廪饩给贵妃送去，共装了一百多车，玄宗又分出一些御食一起送去了杨府。当天夜里，高力士伏奏请迎贵妃归院，玄宗赶紧让把宫门打开，杨贵妃下跪请罪，玄宗十分高兴，还反过来安抚她。经过这次冲突，玄宗更加专宠杨贵妃。第二次是750年，杨贵妃因忤逆玄宗的旨意，又被赶回了娘家。李隆基很快就后悔，遣宦官张韬光给贵妃送去御膳，杨贵妃哭着对张韬光说："妾忤圣颜，罪当万死。衣服之外，皆圣恩所赐，无可遗留，然发肤是父母所有。"[1] 然后剪下一缕头发让使者带给玄宗。玄宗立马派高力士去接杨贵妃回宫，宠待益深。

唐人郑处诲还记载了一个小故事，说在杨玉环晋为贵妃之后，岭南贡上一只白鹦鹉，能模仿人语，玄宗和杨贵妃十分喜欢，称它为"雪衣女"，宫中左右则称它为"雪衣娘"。玄宗与贵妃出行，还会把鹦鹉放在步辇的木杆上，让它伴驾。玄宗令词臣教以诗篇，数遍之后这只白鹦鹉就能吟诵出来。玄宗每与杨贵妃下棋，如果局面对玄宗不利，侍从的宦官就叫声"雪衣娘"，这只鹦鹉便飞入棋盘，张翼拍翅，"以乱其行列，或啄嫔御及诸王手，使不能争道"。有一天这只鹦鹉飞到贵妃的镜台上，说自己昨晚梦到被鸷鸟攻击，可能命不久矣，玄宗就让杨贵妃教鹦鹉念《多心经》[2]。这几则故事很有佛教的味道，尤其贵妃教雪衣女诵经很有"鹦鹉闻法"这一经典佛教故事的影子。周昉还据此绘有《杨妃架雪衣女乱双陆图》，可惜今已不存。

开元晚期，杨家的崛起势不可挡。韩、虢、秦三夫人每年仅脂粉钱就有千贯；杨氏家族建造的府邸非常奢华，见到有比自家更华丽的，就拆了重造，土木之工，日夜不停。杨贵妃的恩宠就更不用说了，她每次骑马都由高力士亲自服侍。宫中供杨贵妃院内所用织锦刺

---

① 《旧唐书》卷 51《杨贵妃传》，第 2180 页。

② （唐）郑处诲撰，田廷柱点校：《明皇杂录》，第 58 页。

绣的工人就有七百人，雕刻熔造的又有好几百人。扬、益、岭表等地刺史必求良工，造作奇器异服，靠巴结杨贵妃获得升迁。玄宗每年十月幸华清宫，杨国忠姊妹五家和随从人员，每家为一队，穿一样颜色的衣服，五家合队"照映如百花之焕发"，掉落的簪子、宝石、珠翠在路上闪闪发光，她们经过的街道都香气不绝。当时有民间歌谣曰："生男勿喜女勿悲，君今看女作门楣。"杨贵妃喜欢吃新鲜荔枝，玄宗每年都要让岭南快马加鞭送到京城，"比至长安，色味不变"[①]。

当时国力比较强盛，不止杨氏家族挥金如土，玄宗也渐渐变得豪奢起来，诸贵戚互相攀比送给玄宗的"进食"，他命宦官姚思艺为检校进食使，水陆珍馐数千盘，一盘要费中等之家十家之产。中书舍人窦华退朝碰见公主进食，负责献食的人数百，非常拥挤，窦华差点被挤死。

杨氏家族飞扬跋扈，如虢国夫人比较粗犷豪放，不讲原则。有一天她突然带着工匠来到原来的宰相韦嗣立家里，把人家的房子改造一番变成自己的住处，只给韦嗣立家留了空地十亩。

杨氏五宅出来夜游，与广平公主的一队人马在西市门发生碰撞，杨氏的下人挥鞭打到公主的衣服，使公主坠马，驸马程昌裔去扶公主，也被打了几鞭。公主哭着去向玄宗告状，玄宗仅仅下令杖杀了执鞭的下人，一天后又免掉了驸马程昌裔的官，没有动任何一个杨家人。

杨贵妃的远房堂兄杨钊（杨国忠）在政坛逐渐崭露头角。杨钊不学无术而且没有品行，连家族的人都讨厌他。他曾在蜀地当兵，做到新都尉，任满后穷得没有钱回乡，当地富豪鲜于仲通经常资助他。杨玄琰卒于蜀地，杨钊常往来其家，一来二去竟与虢国夫人私通。鲜于仲通喜欢读书，有才智，剑南节度使章仇兼琼曾对鲜于仲通说："今

---

① 《资治通鉴》卷 215《唐纪三十一》，第 6872 页。

吾独为上所厚，苟无内援，必为李林甫所危。闻杨妃新得幸，人未敢附之。子能为我至长安与其家相结，吾无患矣。"仲通说："仲通蜀人，未尝游上国，恐败公事。今为公更求得一人。"^①遂将杨钊推荐给章仇兼琼。章仇兼琼见杨钊仪表堂堂，言辞敏捷，大喜，立即引荐他任采访支使，委以心腹，往来日渐亲密。章仇兼琼之后派杨钊献春绨（春天做好的丝织品）于京师。临行前章仇兼琼嘱咐杨钊去郫县取"一日之粮"，杨钊到了郫县一看，竟是价值一万缗钱的礼物。杨钊昼夜兼行赶到长安，把从蜀中带的大量礼物分给了杨贵妃诸姐妹，说："此章仇公所赠也。"^②当时虢国夫人新寡，杨钊就住在她家，礼物中有大半都分给了她。于是杨家人不断在玄宗面前说章仇兼琼好话，还说杨钊很会玩樗蒲（一种赌博游戏），并把他引荐给玄宗。杨钊得以随供奉官进出皇宫，被任命为金吾兵曹参军。杨钊在宫廷宴会上专掌樗蒲的计分簿，计算准确，玄宗觉得他很精明能干，夸他："好度支郎。"^③杨家人屡次在玄宗面前夸他，又将杨钊引荐给王鉷。王鉷因为每年都会搜刮大量财物送入宫中供玄宗挥霍，是当时的"大红人"。杨钊在他的关照下被任命为判官，正式加入名利场中的角逐。

杨钊是武则天宠幸的二张兄弟中张易之的外甥，得势之后，杨钊奏请玄宗为张易之兄弟平反。玄宗听从了他的话，下制书说张易之兄弟迎中宗于房陵有功，复其官爵，并赐其一子官职。当时"卯金刀"之谶流传得很广，深为统治者忌惮，杨钊于是请求换名字，玄宗赐名"国忠"。

杨国忠子杨暄参加明经科考试，因学业荒陋，考试不及格。主考的礼部侍郎达奚珣畏惧杨国忠权势，就让他的儿子昭应尉达奚抚去跟

---

① 《资治通鉴》卷215《唐纪三十一》，第6867页。

② 《资治通鉴》卷215《唐纪三十一》，第6867页。

③ 《资治通鉴》卷215《唐纪三十一》，第6869页。

杨国忠打招呼。达奚抚在杨国忠上朝前拦下了他的马，杨国忠觉得他的儿子肯定会中举，脸上露出喜色。达奚抚说："大人白相公，郎君所试，不中程式，然亦未敢落也。"杨国忠怒曰："我子何患不富贵，乃令鼠辈相卖！"策马不顾而去。达奚抚十分惊惶，写信告诉父亲："彼恃挟贵势，令人惨嗟，安可复与论曲直！"[1]达奚珣于是将杨暄排在前几名。等到杨暄升任户部侍郎，达奚珣才从礼部迁吏部；尽管如此，杨暄还对别人说，自己升官太慢，达奚珣升官特别快。

杨贵妃和李隆基的爱情，不仅为我们现代人关注，也是唐朝人津津乐道的话题。有很多唐诗传世，比如杜牧《过华清宫》诗云：

> 长安回望绣成堆，山顶千门次第开。
>
> 一骑红尘妃子笑，无人知是荔枝来。

最有名的当然还是白居易的《长恨歌》，歌颂爱情的伟大：

> 汉皇重色思倾国，御宇多年求不得。
>
> 杨家有女初长成，养在深闺人未识。
>
> 天生丽质难自弃，一朝选在君王侧。
>
> 回眸一笑百媚生，六宫粉黛无颜色。
>
> ……
>
> 渔阳鼙鼓动地来，惊破霓裳羽衣曲。
>
> ……
>
> 在天愿作比翼鸟，在地愿为连理枝。
>
> 天长地久有时尽，此恨绵绵无绝期。

---

[1]《资治通鉴》卷216《唐纪三十二》，第6920页。

刘禹锡的《马嵬行》稍微带点讽刺：

绿野扶风道，黄尘马嵬驿。
路边杨贵人，坟高三四尺。
乃问里中儿，皆言幸蜀时。
军家诛戚族，天子舍妖姬。

马嵬坡的时候，玄宗选择了江山，放弃了杨贵妃。李商隐《马嵬二首》其二曰："此日六军同驻马，当时七夕笑牵牛。如何四纪为天子，不及卢家有莫愁。"讽刺玄宗做了四十多年的天子，却连自己的老婆都保护不了；杨贵妃最后死于非命，还不如嫁入卢家的莫愁（乐府诗中的典故，出身贫寒的莫愁嫁入了富裕的卢家，生活美满）活得安心自在。就像陈凯歌的电影《妖猫传》讲的那样，杨贵妃最后牺牲了自己。玄宗到处讲自己如何忠于爱情，如何爱杨贵妃，但实际上他更爱的是权力。

二、奸臣的背面

李林甫一向被打着"口蜜腹剑"的奸臣标签，尤其是《新唐书》，把他列入《奸臣传》（《旧唐书》和《新唐书》记载颇不同，《新唐书》有很多文学性描述）。但不能否认的是，李林甫执政的十多年是唐朝最为鼎盛的时期，《旧唐书》也不得不承认，"其时频岁丰稔，京师米斛不满二百，天下乂安，虽行万里不持兵刃"[1]。《唐六典》也由李林甫主持修撰，他对唐朝的制度建设贡献很大。那么，李林甫到底是能臣还是奸臣？怎么评价他在唐朝历史中的地位呢？

首先不能否认的是，李林甫担任宰相时间非常长——从 734 年到 752 年——有十八年之久。

734 年—736 年，斗倒张九龄。

736 年—742 年，和牛仙客一起执政。

742 年—746 年，牛仙客去世，李适之为左相，李林甫最终斗倒李适之。

747 年，击败玄宗的宠臣杨慎矜。

750 年，逐渐败于杨国忠。

李林甫终其一生都是大权在握，他肯定不是一个无能之辈。

李林甫能够执政那么长时间，除了他个人能力的原因之外，玄宗

---

[1] 《旧唐书》卷 9《玄宗本纪下》，第 213 页。

的放任起到了重要作用。玄宗时代的每个时段，都有一个或者两个强有力的宰相负责中央政府的政务运作。开元前期，这一权力在姚崇和张说之间轮替。最初是姚崇排挤张说独揽大权；姚崇死后，张说长期把持朝政。这种模式一直延续到李林甫和杨国忠执政时期。玄宗本人在强力宰相执政的同时，更多地依靠从集贤院和翰林院等机构选拔出来的资历较浅的官员，以及作为他权力延伸的宦官，绕过正常行政手续将自己的意图付诸实施。但是显然，在位后期，玄宗愈发转向精神层面的追求，比如宗教，使重要的权力落在"内阁首相"的手上。

李林甫是宗室子弟，是唐高祖李渊堂叔的儿子长平王李叔良的曾孙，舅舅是楚国公姜皎。李林甫在东宫谋了个差事，玄宗即位后，升官做了东宫的太子中允。姜皎很喜欢李林甫这个外甥，当时的宰相源乾曜跟姜皎家有亲戚关系（源乾曜的侄孙是姜皎的妹夫），李林甫托源乾曜之子传话，表达了自己想改任司门郎中的诉求。源乾曜说："郎官须有素行才望高者，哥奴岂是郎官耶？"[1] 哥奴是李林甫的小名。此话乍一看会让人认为源乾曜拒绝了李林甫的请求，实际上他还是帮了忙。没过几天，李林甫就被授任谕德（东宫官），累迁国子司业，国子司业比郎官地位还要高。

官方史书中强调李林甫文采不好，说他虽然少年得志，"舆马被服，颇极鲜华"，但没有学问，"仅能秉笔"，当时谁有文采他就嫉妒谁。李林甫主持官吏选举工作时，候选人严迥的判语中有用"杕（dì）杜"二字，李林甫不认识"杕"字，就问吏部侍郎韦陟："此云'杖杜'，何也？"[2] 姜皎的儿子，也就是李林甫的表弟太常少卿姜度喜得一子，李林甫亲自写信道贺："闻有弄獐之庆。"[3]（此处应为"弄

---

[1] 《旧唐书》卷 106《李林甫传》，第 3235 页。

[2] 《旧唐书》卷 106《李林甫传》，第 3240 页。

[3] 《旧唐书》卷 106《李林甫传》，第 3240 页。

璋"，璋为一种玉器，古人生下男孩会送给他璋，希望儿子将来有玉一样的品德。獐是一种没有角的鹿。）客人看到后都捂着嘴偷偷笑话他。

开元十四年（726），李林甫得到了宇文融的赏识。宇文融以财政方面的能力见长，他不喜欢其他夸夸其谈的文士，倒是对李林甫另眼相看，援引他任御史中丞。李林甫从教育部门转任实权部门的领导，后来又担任刑部侍郎（司法）、吏部侍郎（组织人事），在各个部门得到了历练，资历逐渐完整。按照《旧唐书》的说法，他的第三位贵人是他的情人——大名鼎鼎的武三思的女儿、宰相裴光庭之妻武氏。据说此女"诡谲有材略"[1]，裴光庭去世之后上下运作，要让自己的情夫李林甫接任宰相位置。她请高力士（高力士入宫前在武三思家做仆人，武氏跟他有主仆关系）向玄宗推荐李林甫，高力士没敢说。玄宗让在任的宰相萧嵩推荐宰相人选，萧嵩选择了韩休。任命还没正式公布，高力士立刻把这个人事变动告知武氏，武氏立刻让李林甫去告诉韩休，韩休因此对李林甫非常感激。韩休上台后跟萧嵩对着干，在玄宗面前高度赞扬李林甫，说他有宰相之才，再加上李林甫因之前废太子一事获得了惠妃这一助力，玄宗很快把李林甫提拔为黄门侍郎，作为韩休的副手。

过了几年，韩休下台，裴耀卿、张九龄、李林甫三人组成新的宰相班子，其中李林甫资历最浅，但他很快就扳倒了两位前辈。《旧唐书》说李林甫"面柔而有狡计"[2]。但从韩休推荐李林甫这件事情上，我们可以看到历史与人性的复杂。韩休在官方史书中是公认的耿直忠臣形象。他天天给玄宗提意见，让玄宗苦恼得都瘦了。就是这样的韩休，大家公认的清官韩休，推荐李林甫作为自己的接班人。以韩休的

---

① 《旧唐书》卷106《李林甫传》，第3235页。

② 《旧唐书》卷106《李林甫传》，第3236页。

其实李林甫很可能并不是我们认为的那样毫无可取之处，他可是执掌大唐盛世近二十年的重要干部。李林甫后来又以宰相兼任户部尚书、兵部尚书，六部都有他的工作经历。开元二十四年（736），李林甫和牛仙客担任宰相，李林甫以中书令兼任吏部尚书，牛仙客以侍中兼任兵部尚书。那一年，有佞媚者上书称"有乌鹊巢于大理狱户，天下几致刑措"①，玄宗认为这是宰相们的功劳，于是封李林甫为晋国公，牛仙客为豳国公。

李林甫虽然一路高升，但是在皇位继承人选问题上受到挫折。李林甫等人支持的寿王根基太过强大，其背后站着荣宠盛极一时的武惠妃，养父还是睿宗的嫡长子宁王李宪。继承人与后宫、宰相关系亲密是玄宗不能忍受的，于是他坚决拒绝了李林甫立寿王的建议，选择忠王作为新任太子。李林甫担心太子上台会遭到清算，终其一生都想扳倒太子。安史之乱爆发后，李林甫已死，太子也就是肃宗即位。肃宗在唐军收复长安之前就下令，等收复长安就要把李林甫的坟墓毁掉，挫骨扬灰，最后被大臣劝阻。李林甫和太子的矛盾是玄宗中后期政局的一条主线。玄宗利用李林甫压制太子，又用太子牵制李林甫，自己则高高在上，永享太平。这个平衡游戏一直进行了二十多年，作为天平另一端的李林甫也因此屡屡躲过危机。

天宝元年（742），唐朝改革官制，改侍中为左相，中书令为右相，天下诸州改为郡，刺史改为太守。牛仙客于这一年去世，刑部尚书兼御史大夫李适之任左相兼兵部尚书，李林甫为右相兼吏部尚书，加尚书左仆射。玄宗似乎隐隐有换掉李林甫的计划，加尚书左仆射应是为其退居二线做准备，但李林甫击败了李适之。

李适之也是宗室子弟，他是唐太宗第一任太子李承乾的孙子。李适之在中宗朝担任左卫郎将，玄宗即位后逐渐升为通州刺史，因治理

---

① 《旧唐书》卷 106《李林甫传》，第 3237 页。

有方，按察使韩朝宗把他的政绩汇报到朝廷。李适之后来又担任过秦州都督、陕州刺史、河南尹，"其政不苛细，为下所便"。他治理河南水灾，取得成功，"刻石著功，诏永王璘书，皇太子瑛署额"[1]，并由此进入中央担任御史大夫，后来又主政幽州，担任幽州节度使，最终代替去世的牛仙客担任左相，和李林甫搭班子。

李适之很有能力，"喜宾客，饮酒至斗余不乱。夜宴娱，昼决事，案无留辞"[2]，但是为人轻率，不像李林甫那么阴贼，两人同朝议论时政时，李适之多失大体，逐渐失去玄宗欢心。比如华山采金事件，李林甫告诉李适之："华山有金矿，采之可以富国，主上未之知也。"李适之赶紧报告玄宗。玄宗问李林甫，李林甫说："臣久知之，但华山陛下本命，王气所在，凿之非宜，故不敢言。"[3]玄宗听后以为李适之考虑不周，更加亲近李林甫，还对李适之说："以后奏事应先和李林甫商量，不要再这么轻佻了。"此后李适之不敢对政事妄加议论，渐渐失去玄宗的关注，他与境遇相似的韦坚同病相怜，日益亲密，这又引起了李林甫的注意。

韦坚本是玄宗的宠臣，他娶了姜皎的女儿，还是太子妃的哥哥，身份尊贵。韦坚见宇文融、杨慎矜等人靠搜刮民脂民膏进奉玄宗而换取高位，便借口转运江淮租庸，在沿途设置官员督察，以此增加国库的粮食，每年获利上万，玄宗因此赏识他。韦坚又在渭水边上另开一道漕渠，又在长安城东面的广运潭上搞了一个水上集市，很得玄宗欢心。李适之集团除了韦坚，还有主政西北的陇右节度使兼河西节度使皇甫惟明。天宝五载（746），皇甫惟明击败吐蕃，回京献捷，"见李

---

① 《旧唐书》卷131《李适之传》，第4503页。

② 《旧唐书》卷131《李适之传》，第4503页。

③ 《旧唐书》卷131《李适之传》，第4504页。

林甫专权，意颇不平"①，于是在玄宗接见他时趁机劝说皇帝罢免李林甫。李林甫对李适之集团多有防备，便让御史中丞杨慎矜暗中侦察他们的动向。有一天晚上，太子在出游时见了韦坚，之后韦坚又和皇甫惟明在景龙观道士之室会面。杨慎矜立刻向玄宗告发，和李林甫一起诬陷韦坚与皇甫惟明结谋共立太子。这一下触动了玄宗敏感的神经，虽然没有证据，但玄宗仍"疑坚与惟明有谋而不显其罪"②，把韦坚、皇甫惟明都贬官，让太子跟太子妃韦氏离婚。

李林甫乘胜追击，与李适之相亲的裴宽、韩朝宗等也都受到牵连。李适之内心恐惧，主动请求辞去宰相职务，改授太子少保。李适之的儿子李霅摆酒席宴请宾客，大家畏惧李林甫，终日无一人前往。不久韦坚被赐死，韦坚外甥嗣薛王被贬为夷陵郡别驾，女婿巴陵太守卢幼临长流合浦郡。太子少保李适之则被贬为宜春太守，到任不久就饮药自杀。

李林甫妒忌文学之士，表面上与之为善，暗地里阴谋构陷，世人评价"口有蜜，腹有剑"③。张说的儿子张垍颇有文采，玄宗很喜欢他，不仅将公主嫁给他，还特许夫妻二人住在宫中。张垍担任兵部侍郎，是李适之的副手。李林甫指控兵部在选官的时候贪污受贿，把兵部小吏六十多人抓去京兆府审问，问了好几天也问不出结果，京兆尹萧炅便派法曹吉温去审理。吉温让兵部的小吏待在外面，先去后厅拖来两个重囚严刑逼供，"号呼之声，所不忍闻"，兵部小吏见识到吉温的残忍，马上就撒谎招供，违心认罪。张垍因此被打压。

又比如兵部侍郎卢绚号称"风标清粹"。玄宗在勤政楼大摆筵席，结束后卢绚骑马而去，玄宗赞叹他有风度和涵养。第二天李林甫就对

---

① 《资治通鉴》卷 215《唐纪三十一》，第 6870 页。

② 《资治通鉴》卷 215《唐纪三十一》，第 6870—6871 页。

③ 《资治通鉴》卷 215《唐纪三十一》，第 6853 页。

卢绚的儿子说："你父亲素有名望，皇上想将交州、广州交给你父亲管理，如果觉得路途遥远，不如主动请辞吧。"卢绚很害怕，就听从李林甫的建议，主动奏请降职出任太子詹事。李林甫做了亏心事，担心违背众望引起不满，又任命卢绚出任华州刺史。卢绚于是没了实权，政治前途被断送。

接下来倒霉的是严挺之。有一天玄宗问李林甫："严挺之今安在？是人亦可用。"严挺之时任绛州刺史，不在长安。李林甫退朝后立刻找来严挺之的弟弟，跟他说："皇上很看重你的哥哥，不如趁此机会上奏，借口身患风疾，需要就医，将你哥哥接回京城。"严挺之听从了李林甫的话，不料李林甫转头就上奏玄宗："严挺之年老又患病，应该授予散官，便于他治病休养。"于是严挺之也被排除在权力中心之外。

户部尚书裴宽也为玄宗所看重，李林甫担心他会被任命为宰相。当时刑部尚书裴敦复讨伐海贼还朝，请裴宽在皇帝面前多说几句好话，夸大一下军功，裴宽接受了请托。李林甫知道后又从中作梗，告诉裴敦复，裴宽只是稍微提了一下他的战功。裴敦复很不高兴，说裴宽曾因为亲戚托他办过事。李林甫又撺掇道："你快上奏皇上，别落在别人后面。"裴敦复花了五百两黄金贿赂杨贵妃的姐姐，让她将此事透露给玄宗。不久裴宽就被贬为睢阳太守。李林甫又找机会跟玄宗说南方不稳定，玄宗遂任命裴敦复充岭南五府经略等使。裴敦复不想去，后又因长时间不到任被贬为淄川太守。

在李林甫看来，自己最大的隐患是皇太子，所以在打击皇甫惟明害得太子离婚后，又想办法陷害太子。李林甫令济阳别驾魏林去告发陇右、河西节度使王忠嗣。魏林跟玄宗说，王忠嗣与太子一起在宫中长大，情意相得，欲拥兵以佐太子。玄宗并不相信："我儿子在宫中怎么与外人联络呢？这是胡说八道。"但玄宗确实对王忠嗣产生了猜忌，王忠嗣后来被贬为汉阳太守。

天宝五载（746），随着李适之倒台，李林甫提拔门下侍郎、崇玄馆大学士陈希烈做宰相。陈希烈不敢跟李林甫作对，凡政事一决于李林甫，陈希烈只需附和就行。宰相一般午后六刻才结束办公，李林甫说当今天下太平无事，巳时（上午十点多）就已经下班回家，军国机务都要到李林甫家里商量，陈希烈只是在李林甫处理好送回的文件上签个名字而已。

户部侍郎兼御史中丞杨慎矜逐渐得到玄宗赏识，让李林甫很有危机感，他便推荐王鉷为御史中丞，托以心腹。王鉷是王方翼之孙，高宗王皇后的家族子弟。杨慎矜与王鉷的父亲王晋是表兄弟，王鉷入御史台还是倚仗杨慎矜的推引。因此在王鉷升御史中丞后，杨慎矜还是直呼其名，这让王鉷心里不快。王鉷的母亲出身不好，杨慎矜把这事宣扬了出去，王鉷内心更加怨恨。杨慎矜丝毫未察觉到王鉷内心的怨愤，待他还是跟以前一样，因为自己好数术，私下里常跟王鉷谈论谶书。杨慎矜与术士史敬忠交好，史敬忠言天下将乱，劝杨慎矜于临汝山中买栋房子作为避乱之所。李林甫知道杨、王二人不对付，暗中引诱王鉷陷害杨慎矜。王鉷让手下四处散播谣言称："慎矜隋炀帝孙，与凶人往来，家有谶书，谋复祖业。"[1]玄宗大怒，将杨慎矜下狱，不久杨慎矜及兄少府少监杨慎馀、洛阳令杨慎名均被赐自尽，此事共连坐数十人。

随着杨国忠的崛起，年老体衰的李林甫自天宝九载（750）以后逐渐失势。杨国忠一开始进入朝廷时，李林甫觉得他没什么才干，并未多做防备；等到杨国忠做到御史中丞，权倾朝野时，李林甫开始心生厌恶。一开始李林甫让陈希烈当宰相，陈希烈唯李林甫马首是瞻，等到李林甫老了，陈希烈开始与他为敌，李林甫感到非常恐惧。

---

[1] 《资治通鉴》卷215《唐纪三十一》，第6881页。

当时杨国忠兼领剑南节度使，南蛮寇边，李林甫请求派杨国忠去镇守，玄宗依奏，特为杨国忠作了首诗送行，句末暗示让他入相。又曰："卿止到蜀郡处置军事，屈指待卿。"[1]李林甫心中很不高兴。当时他已经病重，却依然抱病跟随玄宗去华清宫，几天后病情加重，巫师说一见到皇帝他的病就会减轻，玄宗想要去看他，左右皆阻止。玄宗就让人把李林甫抬到院子里，登上楼远远地看着，拿着红巾朝李林甫挥舞，李林甫病得爬不起来，就派人代替他拜谢。第二天，杨国忠从蜀地归来，拜见李林甫，跪在他床下，李林甫一边流眼泪一边托付后事。

天宝十一载（752）十一月，尚书左仆射兼右相、晋国公李林甫薨于行在所。次年，杨国忠诬告李林甫谋反，玄宗削去李林甫在身官爵，牵连五十人被流贬，天下人却认为他是被冤枉的。李林甫虽口蜜腹剑，却并非无恶不作的无能鼠辈。

说到底，玄宗是李林甫背后的影舞者，李林甫只不过是玄宗的白手套。安史之乱爆发后，玄宗逃入四川，与给事中裴士淹有过一段对话。当时肃宗在凤翔，每次任命宰相还是要报告玄宗。有一次，玄宗听说房琯当了宰相，说："他没有平叛的才能。如果姚崇还在，这些叛贼都不够他灭的。"又评价宋璟说："他不过是靠立正直人设换取名声罢了。"就这样一连评价了十余人，都很精准。谈到李林甫时，玄宗说："这人妒贤嫉能，无人能比。"裴士淹趁机说："陛下要是真知道，为什么还要让他当这么久的宰相？"玄宗默然无言。

不管这段对话是否确有其事，玄宗对李林甫的评价还是非常精准的。李林甫贪权，只要是威胁到他宰相位置的人，都会被针对。《旧唐书》的评价也很准确："每事过慎，条理众务，增修纲纪，中外迁除，皆有恒度。而耽宠固权，已自封植，朝望稍著，必阴计中

---

[1] 《旧唐书》卷106《李林甫传》，第 3240 页。

伤之。"① 尽管执着于自己的权势地位，李林甫对待工作还是非常负责的，做事非常谨慎，处理国家大事井井有条，加强制度建设，干部任用都有章有法。他起家于政治斗争，最后失败于政治斗争。他死的时候安史之乱还未发生，唐朝国势仍在上升。安史之乱爆发后，已经死去好几年的李林甫却被拖出来承担安史之乱的主要责任。

---

① 《旧唐书》卷 106《李林甫传》，第 3238 页。

三、中央政府的内讧

安禄山的叛乱，杨国忠要负很大的责任。在某种意义上说，安禄山是被杨国忠逼反的。或者说，杨国忠非常乐见安禄山造反，他以为，只要安禄山造反就证明了自己是正确的，而且能以此铲除政治对手，他根本没有想到安禄山造反会成功。不但杨国忠这么认为，其实当时唐朝大多数朝臣都认为安禄山造反不会成功。

当时王鉷既是首都的长官（京兆尹），又是财政大臣（户部侍郎），还手握监察大权（御史大夫），身兼二十多项职务，可以说唐朝最重要的权力都集中在他手上。王鉷的住宅旁边就是他的办公室，每天上报的文件堆积如山，很多人来找他签字都要排队等好几天。玄宗非常赏识王鉷，经常派宦官去给他送各种赏赐，甚至连李林甫都点怕他。李林甫有个儿子叫李岫，担任将作监（主要负责皇家宫殿、宗庙等建筑的施工），王鉷的儿子王准担任卫尉少卿（负责掌管仪仗帐幕及兵器管理制造），两人都在宫内为皇帝服务。王准经常欺负李岫，李岫总是让着他。

李岫一直很担心父亲的权势太过会遭人嫉恨，曾趁着与李林甫游览自家后园的时候，指着正在做工的仆役对李林甫说："你当了这么久的宰相，怨仇满天下，如果哪天祸到临头，恐怕下场都不如这些仆役！"李林甫听后很不高兴："事已至此，还能怎么办！"

王准非常跋扈，甚至敢欺负驸马。玄宗的永穆公主嫁给了王同皎之子王繇，王准经常欺负他，曾经和自己的一帮跟班在路上遇到王繇，王繇恭恭敬敬地伏身下拜，王准之徒却戏弄他，拿弹弓去打他的帽子，把他的玉制发簪都打碎了。王繇请王准吃饭，让公主亲自下厨，为他准备吃食。王准走后，有人对王繇说："此无能鼠辈只是仗着他父亲的权势，你却让公主为他准备餐饭，这让皇上知道了多不好呀！"王繇无奈地说："皇上为此事发怒，我暂无性命之忧；而王七郎却是死生所系，实在是不敢得罪他啊。"与小辈的态度相反，王鉷位高权重，做人却非常谨慎，对李林甫非常尊重。李林甫虽然嫉恨王鉷的权势，但也能跟他共事。在权力分野上来说，毫无疑问，王鉷是李林甫的同盟。

王鉷弟弟叫王銲，任户部郎中，为人"凶险不法"[1]。他还问江湖术士任海川："我有王者之相否？"任海川听到这话后怕被牵连，立刻就跑了。王鉷听说了弟弟的事情很紧张，动用自己的权力将任海川灭口。后来这件事不知怎么被安定公主的儿子韦会知道了，他也是王繇的同母异父兄弟，有些口无遮拦，私下和人议论此事，王鉷知道后就让长安尉贾季邻（由王鉷引荐）找借口把韦会关进监狱勒死了。

王銲的好朋友邢縡密谋发动兵变，计划率龙武万骑（北衙禁军之一）杀掉李林甫、陈希烈与杨国忠，事发前两日被人告发。玄宗在朝堂上把诉状直接交给王鉷，让他全权处理。王鉷和邢縡都很喜欢下棋，两人因王銲结为好友。王鉷很了解他们，料定自家弟弟此刻定藏在邢縡家里，就先派人把王銲召回，等天色欲晚再去抓捕邢縡。捕吏贾季邻、薛荣先等人在义宁坊（位于长安城西，近开远门）化度寺门口遇到了王銲，王銲担心邢縡被逼急了会把王家牵扯进来，便嘱咐贾季邻不要轻信邢縡说的话。邢縡的家在金城坊（位于皇城西，西邻义宁坊），薛荣先埋伏在邢家门口，邢縡按捺不住，带着几十个人拿着刀枪剑戟突围。王鉷与杨国忠带兵随后赶到，贾季邻将王銲的担忧转

---

① 《资治通鉴》卷 216《唐纪三十二》，第 6911 页。

述给王鉷，王鉷说："我弟弟怎么可能和他们密谋呢！"邢縡一党见机高呼："你们千万不要伤到王大夫的人。"杨国忠的随从一听有内应，就觉得王鉷与对方伙同谋反，和杨国忠说："叛军有暗号，不要与他们交手。"杨国忠就带着自己的人走了。邢縡一众一路打一路跑，在皇城的西南角碰到了高力士和他率领的四百飞龙禁军，邢縡被击杀，一众党羽全部被抓。

事后杨国忠向玄宗汇报："王鉷一定参与了谋反。"玄宗不相信自己这么信任的人会造反，认为王銲因为是庶子，嫉妒哥哥的荣华富贵故意陷害王鉷，加上李林甫也为王鉷辩解，就只想追究邢縡，连王銲也特赦不问罪，但是希望王鉷能主动上表为弟弟请罪。玄宗让杨国忠去劝说，杨国忠委婉地暗示王鉷："皇上很眷顾大夫你，你现在只要狠狠心，为郎中（王銲）请罪就能保住全家，何况皇上未必会治郎中死罪，您也一定能保全自身，何必要以命相搏呢！"王鉷低头不语，很久才开口说："我的父亲生前很宠爱这个弟弟，之前经常嘱托我照顾他，从道义上说，我不想因为保全自己而抛弃他。"王鉷虽然呈上文书却没有承认错误，玄宗非常生气。左相陈希烈以前都是听李林甫的，这时突然倒戈一击，在朝堂上说王鉷大逆当诛，王鉷气坏了，傲慢地怼了回去。下朝后，王鉷赶紧写好文书，让人进呈请罪表，可惜守门的官员不接受，不久，玄宗就下令，命陈希烈继续调查此案。王鉷又拿着请罪表去找宰相，李林甫叹息道："大夫已经迟了啊！"整个局势逆转过来。陈希烈与杨国忠共同审理，唤来王銲，询问王鉷是否知情。王銲还没来得及回答，一旁待命的侍御史裴冕突然出声："足下作为臣子不忠，作为弟弟不义。圣上因为大夫（王鉷）才命足下任户部郎中，又加五品，恩深义重，大夫怎么会知道邢縡谋反！"杨国忠吓了一跳，提醒王銲不要隐瞒也不要牵连无辜。王銲承认哥哥确实不知情，不久任海川、韦会等人的事全被扒出来，王銲在朝堂上被杖责至死，王鉷被玄宗赐死，于家中自杀。

早在天宝六载（747），四镇节度使（河西、陇右、朔方、河东）王忠嗣就因李林甫的诬陷率先出局，哥舒翰和李光弼作为他的部下多少都受到了一定的影响。同年，权臣户部侍郎兼御史中丞杨慎矜亦被李林甫诬陷至死。天宝十一载（752），王鉷倒台，李林甫失去了最重要的支持者，同年李林甫失势去世，中央政府一时陷入混乱。短暂的权力真空的受益者正是杨国忠，而新建起来的权力结构并不稳固，也给安禄山发动叛乱提供了良好的契机。

天宝九载（750）时，安禄山就希望能接替李林甫当宰相，朝廷里的大臣，比如户部郎中吉温见玄宗宠幸安禄山，就支持他当宰相。吉温与安禄山约为兄弟，向他表示希望能联手取代李林甫的位置："李林甫虽然现在对你很好，但是肯定不会让你当宰相；我虽然在他手下办事，却一直得不到提拔。如果你能向皇上推荐我，我就上奏说你能担当大任，我们一起将李林甫逐出朝，你当宰相就是板上钉钉的事情了。"安禄山听了他的话特别高兴，在皇帝面前也经常说吉温的好话。安禄山做了河东节度使后，就上奏请求让吉温做节度副使，代理他行河东镇一切政事。

安禄山当时与王鉷平级，他一开始对李林甫非常傲慢，后来见王鉷对李林甫恭敬异常，也改变了态度，对李林甫也愈发恭敬。李林甫很会揣摩人心，总能猜到安禄山心中所想，这让安禄山对他又敬又怕，即使在大冬天见面聊天也会被吓得汗流浃背。李林甫对安禄山非常友好，见他汗水打湿了衣衫，就解下自己的衣袍给他披上，就这样逐渐取得了安禄山的信任，安禄山对李林甫言无不尽，还亲切地称呼他为"十郎"。安禄山回到范阳后，他的心腹刘骆谷留在长安，向他传递情报。刘骆谷每次从长安回来时，安禄山都要问他："十郎说了什么？"如果李林甫赞扬了他，就十分高兴；如果李林甫批评他："告诉安大夫，必须好好反省！"安禄山就说："哎呀，我要死了！"与之相对，安禄山有些瞧不起杨国忠。杨国忠还是御史中丞时，安禄

图 50　章怀太子墓出土仪卫图壁画。

山已经做到了御史大夫，等于杨国忠是安禄山的下级。因此每当安禄山入朝的时候，杨国忠都会拍他的马屁。就算当时杨国忠荣宠正盛，在安禄山上台阶时，他都会去搀扶安禄山。

天宝二年（742），安禄山第一次入朝奏对，一直待到第二年三月才回范阳。在此期间，安禄山靠两件事获得了玄宗的信任。

第一件事，安禄山引鸟治虫害。

> 是时，安禄山奏云："去年七月，部内生紫方虫食禾苗，臣焚香告天曰：'臣若不行正道，事主不忠，食臣心；若不欺正道，事主竭诚，其虫请便消化，启告必应。'时有群鸟食其虫，其鸟赤头而青色。伏请宣付史馆。"[1]

---

① （唐）姚汝能撰，曾贻芬点校：《安禄山事迹》卷上，第 75 页。

某年幽州因紫方虫（即子方虫）而粮食歉收，安禄山一番祈祷后，竟然飞来很多鸟把虫子吃掉了。安禄山上书建议史官把这件事撰写成文，收入国史，借此标榜自己的忠心。

第二件事，安禄山举报科举舞弊案。

> 又其时选人张奭者，御史中丞倚之子也，不辨菽麦，假手为判，中甲科。时有下第者，为蓟令，以事白禄山。禄山恩宠渐盛，得见无时，具奏之。玄宗乃大集登科人，御花萼楼，亲试升第者。奭手持试纸，竟日不下一字，时谓之曳白。玄宗大怒，出吏部侍郎宋遥为武当太守，倚淮阳太守，敕"庭闱之间，不能训子，选调之际，仍以托人"。士子皆为戏笑焉。[1]

当时参加吏部铨选考试的人中有个叫张奭的，是个官二代，他爹是御史中丞张倚。张奭不学无术但考中前几名。有个人在考试中成绩不佳，成了蓟县县令，恰好在安禄山治下，就跟安禄山说张奭作弊，考试不公平。安禄山立刻向玄宗举报吏部考试舞弊。玄宗下令将考中的人召集到花萼楼，想要亲自考校一下。结果张奭拿着笔对着纸，半天写不出来一个字。玄宗大怒，把主考官吏部侍郎宋遥和张奭的父亲张倚全都贬官。当时人都认为安禄山是非常公正的人。

玄宗年龄越来越大，他希望倚仗安禄山平衡朝内的挑战力量，保住自己的权威。安禄山看似一个不懂政治的莽夫，又是胡人，不具备染指皇权的资格。玄宗命皇太子见安禄山，安禄山见太子而不拜，左右曰："何为不拜？"安禄山曰："臣蕃人，不识朝仪，不知太子是何官？"玄宗曰："是储君。朕百岁之后，传位于太子。"安禄山曰：

---

[1] （唐）姚汝能撰，曾贻芬点校：《安禄山事迹》卷上，第 75 页。

"臣愚，比者只知陛下，不知太子，臣今当万死。"①安禄山说，在我心里，只有皇帝，不知太子。玄宗认为安禄山非常淳朴真诚。

为了拉拢安禄山，在玄宗的安排下，杨贵妃认下安禄山为干儿子。当时杨贵妃宠冠六宫，安禄山如果能做杨贵妃的干儿子，对双方都有利。安禄山见玄宗与杨贵妃的时候，总是先拜杨贵妃，再拜玄宗。玄宗问他原因，安禄山回答道："蕃人先母后父耳。"安禄山本来住在道政坊，玄宗觉得宅子太小，在亲仁坊选了一大片地，出御库的钱给他重新建了一座宅子。等到安禄山造反后，这处宅子被改造成回元观。756 年又改建为钟楼，取《春秋》"有钟鼓曰伐"之义，声扬其罪，以示遣责。天宝十载（751），正月甲辰（二十日），也就是安禄山的生日这天，玄宗和杨贵妃赏赐了他很多珍贵的器物、衣服以及丰盛的酒菜，为他庆生。过了三天，杨贵妃又把安禄山叫到宫里，用锦绣作襁褓将安禄山包裹住，让宫女用彩轿将他抬起来。玄宗听见欢笑声很好奇，左右的人说这是贵妃正在为干儿子安禄山举行"洗三"礼。玄宗前去围观，十分高兴。在这之后，安禄山的身份就变了，他不仅可以自由出入宫中，有时还能与杨贵妃同桌而食，甚至一夜不出宫门。后来的文学作品以此附会出杨贵妃跟安禄山有奸情，其实这不过是唐代的风俗。仪式过后，玄宗是非常开心的，还重赏了安禄山，大概是认为安禄山以后会更加以自己为中心。

安禄山的个人形象，文献记载有点矛盾。说他晚年非常胖，腹垂过膝，有三百五十斤，换算一下可能有现在的二百斤重。每次见到他，玄宗就戏弄地说："朕适见卿腹几垂至地。"②但是安禄山这么胖，玄宗每次让他跳胡旋舞，"其疾如风"③，跳舞却很灵活。

---

① （唐）姚汝能撰，曾贻芬点校：《安禄山事迹》卷上，第 76 页。

② （唐）姚汝能撰，曾贻芬点校：《安禄山事迹》卷上，第 77 页。

③ （唐）姚汝能撰，曾贻芬点校：《安禄山事迹》卷上，第 77 页。

天宝十三载（754），杨国忠当了宰相，处处针对安禄山，进言称安禄山必反，信誓旦旦地表示就算是玄宗召他入朝，他也不会来。玄宗不信，立刻派人召见安禄山，安禄山便再次入朝长安。安禄山在华清宫对玄宗卖惨："我是一名胡人，陛下多次提拔，我才到了今天这个位置，这已经是超出一般的恩宠了。杨国忠一定是嫉妒我，想要谋害我，我恐怕活不长了！"[①]安禄山回范阳时，玄宗亲自到望春亭送别，还把自己的袍子脱下来赐他。玄宗本已打算任命安禄山为宰相，甚至命太常卿、翰林学士张垍草拟好了诏书。杨国忠反对，认为"禄山不识文字，命之为相，恐四夷轻中国"[②]。此事便不了了之。玄宗命高力士将安禄山送至长乐坡。高力士归，因为安禄山又一次没当上宰相，玄宗问："禄山喜乎？"高力士说："恨不得宰相，颇快快。"杨国忠说："此张垍所泄也。"[③]玄宗大怒，贬张垍为泸溪郡司马。

安禄山回到范阳，因为被杨国忠处处排挤，忧不自安，开始有称兵造反的意图。杨国忠不断搜集证据，在玄宗面前告状："臣画得一计，可镇其难，伏望以禄山带左仆射平章事，追赴朝廷，以贾循为范阳节度使，吕知海为平卢节度使，杨光翙为河东节度使。"[④]他计划任命安禄山为左仆射平章事，借机将他召回京中看管。本来这道诏书都已经拟好了，结果杨国忠又反悔。玄宗派宦官辅璆琳去范阳看看安禄山的情况，安禄山送了辅璆琳很多礼物，辅璆琳回去之后跟玄宗说，安禄山对您忠心一片，没有异样。最后的机会就这样错过了。

安禄山在长安是有办事处的。杨国忠令门客塞昂、何盈到处搜集安禄山谋反的证据，命京兆尹李岘围捕安禄山的宅子，抓了李起、安

---

① （唐）姚汝能撰，曾贻芬点校：《安禄山事迹》卷中，第 90 页。

② （唐）姚汝能撰，曾贻芬点校：《安禄山事迹》卷中，第 91 页。

③ （唐）姚汝能撰，曾贻芬点校：《安禄山事迹》卷中，第 91 页。

④ （唐）姚汝能撰，曾贻芬点校：《安禄山事迹》卷中，第 92 页。

岱、李方来，又令侍御史郑昂将这些人治罪谋杀了。安禄山在长安的人员，比如手下大将刘骆谷留在京师，在长安观测各种动向，给安禄山汇报情况。此外，《梁暅墓志》显示，梁暅在长安任右武卫兵曹参军，也是安禄山在长安的耳目。天宝十载（751），梁暅去世。墓志说他是因为孝顺悲伤过度死的。但是从其遗骨鉴定的情况看，他身上留有未曾愈合的刀痕，显然死于刀剑。梁暅在长安广交朋友，"长安秀异者，无不交之；豪华者，无不结之；游侠者，无不惮之；风尘者，无不附之"①。他是不是被杨国忠所杀，可能永远没有答案了。

天宝十四载（755）正月，安禄山的心腹吉温在杨国忠的打压下先是被贬官，后被杖死于狱中。安禄山大怒，让他的谋士严庄写了一封抗议信交给玄宗，为吉温声冤，痛斥杨国忠二十余条罪状。玄宗并没把这件事放在心上，还是想和和稀泥，希望将相两存之。但是他没有想到的是两人彼此已经视同水火。另一边，杨国忠也没闲着，拼命拉拢哥舒翰共同对付安禄山，但是同年哥舒翰突然中风。也是在这一年的十二月，安禄山终于按捺不住，在"最恰当的时刻"发动了叛乱。

---

① 倪润安、张占民：《唐梁暅夫妇墓志释读》，西安碑林博物馆编《碑林集刊》第21辑，西安：三秦出版社，2015年，第15页。

多说一点

历史人物的立体性

历史是两部分组成的，一是真实发生的事，一是事情发生后后代的不断重叙。人物形象往往会在重叙中得到重塑——新形象一般是重塑者所期望看到的理想人物，与其真实的历史形象有一定距离。有时候抛开后人添加的"装饰"，回到历史现场重新审视一番，会更有助于我们做出更客观、全面地评价。比如李林甫给人的印象是一个口蜜腹剑、擅于党争的奸臣小人——好像一直致力于将同事拉下马。然而人都是多面的，李林甫擅长权斗并不意味着他没有任何才干。实际上他是玄宗朝在位时间最长的宰相，能掌权十八年之久绝非空会媚上的无能之辈。

在李林甫掌权时期，唐朝的对外战争不断取胜，甚至彻底攻灭突厥；对内进行一系列行政、法制和财政改革；治安良好，死刑犯最少时一年才五十八人。财政方面，李林甫推行"长行旨"，为各地制定了财政收支的原则性规定，提高了国家财政的稳定性。法制上，李林甫主持之下，大规模修订法律条文，历时三年，完成了《开元新格》十卷，又组织人撰写了《格式律令事类》四十卷和《唐六典》。军事上，他继续改革府兵制，推行节度使制度，降低中央政府财政负担。以胡族将领担任节度使，互相制约。但这样一套设计，也给安禄山造反奠定了制度基础——节度使权力太大，自主性过高，与中央关系疏离后，容易导致内战。而在他死后不过三四年，安禄山就造反了，这可能也是李林甫"罪名"的来源之一。

唐朝皇帝年号表（武后—玄宗）

		武周 *武周朝采用周历，以冬十一月为正月。	
则天顺圣皇后 武曌	690—705（16年）	证圣（694—695）*延载二年正月初一辛巳（694年11月23日）改元证圣	延载二年正月武则天加号"慈氏越古金轮圣神皇帝"，改元证圣。
		天册万岁（695—696）*证圣元年九月甲寅（695年10月22日）改元天册万岁	证圣元年九月，武则天合祭天地于南郊，加号"天册金轮大圣皇帝"，改元天册万岁。
		万岁登封（696）*天册万岁二年腊月甲申（696年1月20日）改元万岁登封	万岁二年腊月，武则天封嵩山为神岳，改元万岁登封。
		万岁通天（696—697）*万岁登封元年三月丁巳（696年4月22日）改元万岁通天	万岁登封元年三月，新的明堂建成，号通天宫，改元万岁通天。
		神功（697）*万岁通天二年九月壬寅（697年9月29日）改元神功	万岁通天二年四月九鼎铸成，六月平定契丹之乱，九月行大享礼于明堂，改元神功。
		圣历（698—700）*圣历元年正月甲子朔（697年12月20日）改元圣历	圣历元年正月甲子朔，冬至，于明堂祭祖，改元圣历。
		久视（700）*圣历三年五月癸丑（700年5月27日）改元久视	武则天命僧人胡超合制作长生药，圣历三年五月药成，武则天服下后身体逐渐康复，改元久视。
		大足（701）*久视二年正月丁丑（是年始恢复夏历，以春一月为正月，701年2月15日）改元大足	久视二年正月，成州报告出现佛的足迹，改元大足。
		长安（701—705）*大足元年十月辛酉（701年11月26日）改元长安	大足元年十月，武则天从洛阳回到长安，改元长安。
		神龙（705）*长安五年正月甲辰（705年2月21日），皇太子监国，大赦，改元神龙	

李唐复辟（705—907）			
唐中宗 李显 （复辟）	705—710 （5 年）	神龙（705—707） ＊长安五年正月丙午（705 年 2 月 23 日），中宗即帝位，不复改元，始变武周年号为李唐年号	
		景龙（707—710） ＊神龙三年九月庚子（707 年 10 月 5 日）改元景龙	
唐殇帝 李重茂 （韦后 专政）	710	唐隆（710） ＊景龙四年六月壬午（710 年 7 月 3 日）中宗崩；甲申（710 年 7 月 5 日）改元唐隆	景龙四年六月中宗崩，韦后临朝摄政，改元唐隆，该年号仅使用一个月。
唐睿宗 李旦 （复辟）	710—712 （2 年）	景云（710—711） ＊景龙四年七月己巳（710 年 8 月 19 日）改元景云	景龙四年六月，李隆基等发动政变，诛韦后一党，拥李旦复位。七月，改元景云。
		太极（712）	
		延和（712） ＊太极元年五月己巳（712 年 6 月 11 日）改元延和	
唐玄宗 李隆基 （禅位）	712—756 （44 年）	先天（712—713） ＊太极元年八月甲辰（712 年 9 月 12 日），改元先天	
		开元（713—741） ＊先天二年十二月庚寅（713 年 12 月 22 日），改元开元	先天二年十一月，玄宗加号"开元神武皇帝"，十二月改元开元。
		天宝（742—756） ＊天宝三载始改"年"为"载"	

唐时均田制与租庸调简表

纳税单位	受田与税收制度		收税时间
一位丁男：年龄在二十二至五十九岁的男性。	均田	口分田（种植粟米、水稻、小麦等）：八十亩。此外每户年老、重病、残疾的男性各给四十亩，已婚妇女（包括寡妇）各给三十亩。政府规定不可荒芜，且禁止买卖。只有移居地广人稀处的居民，以及想要换取住宅、邸店、碾硙的居民，在向政府申牒呈报后才可以买卖。	每年十月一日开始，于十二月完成。由里长核对数据，县令办理受田、退田手续。县令还需要负责核查居民的相貌、年龄和身体情况。
		永业田（桑田）：二十亩。政府规定可传给后代；无钱下葬、移居外乡这两种情况下可私卖永业田。	
		其他情况： 1. 户主另外可得口分田、永业田各二十亩。 2. 皇帝所赐之田为永业田，自亲王至五品官员受田面积依照官职等级递减。	
	租	即田租，粟米两斛。	据各州丰收时间早晚及远近而定，多从十一月始收税，两月内收完；江南诸州一般自四月始。不产粟米的地方上缴稻麦，一旦成熟当即上缴。
	庸	即力役。一年服役二十天，闰年为二十二天。不服役则缴纳代役金：折绢六丈或折布七丈五尺；闰年折绢六丈六尺或折布八丈二尺五寸。	
	调	盛产桑蚕之地：绢或絁（shī，粗制丝织品）两丈，另加绵三两。盛产棉麻之地：布两丈五尺，另加麻三斤。	每年八月上旬开始，三十日内收完。
户等：按资产数量将居民划分为九等。	户税	即财产税，按照户等高低收取。税率每年不等。三年一大税，其余为小税，大税税额为小税税额的两倍以上。	每年夏秋征收两次。
	地税	旧称为义仓税，荒年救灾用。粟米两升。	

注1：唐时丁男年龄限制、租庸调征收时间多有调整，本表仅据一般情况概述。
注2：据《唐会要·定赃估》，玄宗开元十六年规定一匹绢为五百五十文。

玄宗朝宰相一览表 *

人物	任职时长	任免情况	备注
先天元年—开元元年（712—713）			
陆象先	一年七个月	因庇护原太平公主门下官员而被降职。	先天二年（713）七月，玄宗二十九岁，诛杀太平公主，清洗太平公主党羽。
魏知古	一年十个月	知人善用，曾举荐陈希烈等。后因遭姚崇谗害而被降职。	
开元元年—开元四年（713—716）			
郭元振	五个月	玄宗在骊山举行军演，郭元振因军容不整被流放。	郭元振、刘幽求、张说均为先天政变功臣。
刘幽求	五个月	因遭姚崇谗害而被调离中央。	
张说	六个月	与姚崇不和，曾阻止玄宗任姚崇为相，后被姚崇诬陷而被调离中央。	
姚崇	三年两个月	掌权。因为下属私受贿赂而主动请求罢相，并推荐宋璟接任。	
卢怀慎	三年	自认不如姚崇，处处推让，被称为"伴食宰相"。	
开元四年—开元八年（716—720）			
源乾曜	三个月	与姚崇一同免官，改任京兆尹。	
宋璟	三年两个月	两人相辅相成，后因恶钱事件同时罢相。	
苏颋	三年两个月		
开元八年 开元十七年（720 729）			
源乾曜	九年六个月（总九年九个月）	因张说、张嘉贞等先后掌权，对于政事均无所参议，后因封禅事件与张说发生冲突被夺取实权，后因年老退休。	
张说	四年八个月（总五年两个月）	掌权期间独断专权，与张九龄交好，后遭崔隐甫、宇文融等人弹劾，被强制退休。	
张嘉贞	三年两个月	与张说不和，因受宠臣王守一牵连而被调离中央。	
王晙	九个月	因击退吐蕃又平叛突厥而拜相，一直坐镇朔方军，后因被诬告谋反而降职。	
李元纮	三年三个月	两人不和且多有纷争，引起玄宗不满，被同时调离中央。	
杜暹	两年十个月		

---

* 本表仅记录玄宗先天元年至至德元载期间任职的宰相及其时长、罢免情况和相关背景；据宰相任免时间大致划分为七个时段。

人物	任职时长	任免情况	备注
开元十七年—开元二十一年（729—733）			
萧嵩	五年两个月	陆象先的连襟，早年受姚崇和陆象先提携，与信安王李祎成功抵御吐蕃进攻而拜相，因李林甫举报贿赂一事而被调离中央。	萧嵩、宇文融、裴光庭都是世家贵族出身。传统观点认为，宇文融的财政改革和裴光庭的吏治改革是玄宗朝走下坡路的根源。
宇文融	四个月	因结交朋党、独断专行树敌较多，但有识人之才，举荐了裴耀卿等。后因于政治斗争中败于信安王李祎被调离中央。	
裴光庭	三年十个月	忌惮宇文融权势，病逝于任上。	
韩休	十个月	裴光庭去世后，虽受萧嵩举荐拜相，却与之不和，两人常于玄宗面前争执而同时降职。	
开元二十一年—开元二十四年（733—736）			
裴耀卿	三年	与张九龄交好，后被牵连进张九龄结党营私一案，而被罢相夺取实权。	此时唐朝经济繁荣，人口和赋税稳步增长，边境也较为稳定，玄宗逐渐对朝政失去兴趣，恣行宴乐。这为李林甫专政提供了条件。
张九龄	三年	因废太子一事开始失去玄宗信任；与李林甫不和，被其诬陷结交朋党而被罢相夺取实权。	
李林甫	三年	排挤构陷所有对他权力有威胁的人，提拔牛仙客等人。	
开元二十四年—天宝十一载（736—752）			
李林甫	十五年七个月（总十八年七个月）	掌权。于任上病逝。	天宝元年（736），玄宗时年五十八；天宝四载（745），正式册立杨贵妃。
牛仙客	五年九个月	事事依附李林甫。于任上病逝。	
李适之	三年九个月	与李林甫不和，后被其陷害罢相。	
陈希烈	七年	前期依附李林甫，空有相位却无实权；杨国忠欲借王鉷一案构陷李林甫，陈希烈从旁作证，并参与清算李林甫。	
天宝十一载—至德元载（752—756）			
杨国忠	三年八个月	掌权。于马嵬坡被杀。	天宝十四载（755），安史之乱爆发。至德元载（756），肃宗登基，尊时年七十二的玄宗为太上皇。
陈希烈	一年五个月（总八年五个月）	遭杨国忠忌恨，主动辞官。因安史之乱中投降叛军，被肃宗赐死于家中。	
韦见素	两年八个月	陈希烈辞官后被杨国忠提拔为宰相，安史之乱中随玄宗入蜀。因前期依附杨国忠，被肃宗罢相夺取实权。	

图录索引

参考文献

一、古籍

01. 《安禄山事迹》，姚汝能撰，曾贻芬点校，北京：中华书局，2006 年。

02. 《北户录》，（唐）段公路纂，（唐）崔龟图注，《丛书集成初编》本第 3021 册，上海：商务印书馆，1936 年。

03. 《泊宅编》，（宋）方勺撰，许沛藻、杨立扬点校，北京：中华书局，1983 年。

04. 《册府元龟》，（北宋）王钦若等编、周勋初等校订，南京：凤凰出版社，2006 年。

05. 《长安志》，宋敏求撰、毕沅校正，台北：成文出版社有限公司，1970 年，影印民国二十年铅印本。

06. 《朝野佥载》，（唐）张鷟撰，《隋唐嘉话 朝野佥载》合订本，北京：中华书局，1979 年。

07. 《大慈恩寺三藏法师传》，（唐）慧立原本，彦悰撰定，《大正藏》第 50 册。

08. 《大唐新语》，（唐）刘肃撰，许德楠、李鼎霞点校，北京：中华书局，1984 年。

09. 《大周新译大方广佛华严经序》，天册金轮圣神皇帝制，《大正藏》第 10 册，第 1 页上—中。

10. 《东京梦华录笺注》，（宋）孟元老撰，伊永文笺注，北京：中华书局，2007 年。

11. 《敦煌宝藏》第 47 册，黄永武主编，台北：新文丰出版公司，1982 年。

12. 《敦煌社会经济文献真迹释录》第 1 辑，唐耕耦，陆宏基编，北京：书目文献出版社，1986 年。

13. 《敦煌天文历法文献辑校》，邓文宽辑校，南京：江苏古籍出版社，1996 年。

14. 《法言义疏》，杨雄撰、汪荣宝著、陈仲夫点校，北京：中华书局，1987 年。

15. 《法苑珠林》，（唐）道世撰，《大正藏》第 53 册。

16. 《封氏闻见记校注》，（唐）封演撰，赵贞信校注，北京：中华书局，2005 年。

17. 《佛说宝雨经》，（武周）菩提流志译，《大正藏》第 16 册。

18. 《佛祖统纪》，（宋）志磐撰，《大正藏》第 46 册。

19. 《广异记》，（唐）戴孚撰，《冥报记 广异记》，北京：中华书局，1992 年。

20. 《羯鼓录（外二种）》，（唐）南卓撰，上海：上海古籍出版社，1988 年。

21. 《景龙文馆记》，（唐）武平一撰，陶敏辑校，北京：中华书局，2015 年。

22. 《旧唐书》，（五代）刘昫等撰，北京：中华书局，1975 年。

23. 《开元释教录》，（唐）智升撰，《大正藏》第 55 册。

24. 《开元占经》，瞿昙悉达撰，常秉义点校，北京：中央编译出版社，2006 年。

25. 《李清照集校注》，（宋）李清照著，王仲闻校注，北京：中华书局，2020 年。

26. 《陆游全集校注》，（宋）陆游著，钱仲联、马亚中主编，杭州：浙江古籍出版社，2016 年。

27. 《明皇杂录》，（唐）郑处诲撰，田廷柱点校，北京：中华书局，1994 年。

28. 《南海寄归内法传校注》，（唐）义净撰，王邦维校注，北京：中华书局，1995 年；又《大正藏》第 54 册。

29. 《全唐诗》，（清）彭定求等编，北京：中华书局，1960 年。

30. 《全唐文》，（清）董诰等编，北京：中华书局，1983 年影印版。

31. 《全唐文补遗》第四辑，西安：三秦出版社，1997 年。

32. 《全唐文补遗》第五辑，西安：三秦出版社，1998 年。

33. 《全唐文补遗》第七辑，西安：三秦出版社，2000 年。

34. 《全唐文补遗》第八辑，西安：三秦出版社，2005 年。

35. 《容斋随笔》，洪迈撰，孔凡礼点校，北京：中华书局，2005 年。

36. 《入唐求法巡礼行记校注》，（日）圆仁著，白化文等校注，北京：中华书局，2019 年。

37. 《沈佺期宋之问集校注》，陶敏，易淑琼校注，北京：中华书局，2001 年。

38. 《十三经注疏·周礼注疏》，北京：中华书局影印本，2009 年。

39. 《史纲评要》卷 20《唐纪》，李贽评纂，北京：中华书局，1974 年。

40. 《松窗杂录》，（唐）李浚撰，罗宁点校，北京：中华书局，1991 年。

41. 《宋本册府元龟》，（北宋）王钦若等编，北京，中华书局影印本，1988 年。

42. 《宋高僧传》，（宋）赞宁撰，《大正藏》第 50 册。

43. 《宋会要辑稿》，（清）徐松辑，北京：中华书局，1957 年。

44. 《隋书》，（唐）魏征等撰，北京：中华书局，1973 年。

45. 《太平广记》，（宋）李昉撰，北京：中华书局，1961 年。

46. 《太平经合校》，王明校注，北京：中华书局，1960 年。

47. 《太平御览》，（宋）李昉等编，北京：中华书局影印本，1966 年。

48. 《唐大荐福寺故寺主翻经大德法藏和尚传》，（唐）崔致远撰，《大正藏》第 50 册。

49. 《唐大诏令集》，（宋）宋敏求编，北京：商务印书馆，1959 年。

50. 《唐会要》，（北宋）王溥撰，北京：中华书局，1955 年。

51. 《唐开元占经》，（唐）瞿昙悉达撰，影印本，北京：中国书店，1989 年。

52. 《唐六典》，（唐）李林甫等撰，陈仲夫点校，北京：中华书局，1992 年。

53. 《唐语林校证》，王谠撰、周勋初校证，北京：中华书局，1987 年。

54. 《唐律疏议》，（唐）长孙无忌等编，刘俊文点校，北京：中华书局，1983 年。

55. 《通典》，（唐）杜佑撰，北京：中华书局，1988 年。

56. 《纬书集成》，安居香山、中村璋八辑，石家庄：河北人民出版社，1994 年。

57. 《文献通考》，（元）马端临撰，北京：中华书局，1986 年。

58. 《新唐书》，北京：中华书局，1975 年。

59. 《夷坚志》，（宋）洪迈撰，何卓点校，北京：中华书局，2006 年。

60. 《艺文类聚》，唐欧阳询撰，汪绍楹校，上海：上海古籍出版社，1982 年。

61. 《酉阳杂俎》，（唐）段成式撰，方南生点校，，北京：中华书局，1981 年。

62. 《增订唐两京城坊考》（修订版），徐松撰、李健超增订，西安：三秦出版社，
    2006 年。

63. 《资治通鉴》，（宋）司马光撰，（元）胡三省注，北京：中华书局，1992 年。

64. 《法国国家图书馆藏敦煌西域文献》(1)，法国国家图书馆、上海古籍出版社编，
    上海：上海古籍出版社，1995 年。

二、近人论著

01. 陈磊《论马嵬事变》，《社会科学》2007 年第 2 期，第 168—178 页。

02. 陈灵海《唐代改元小考》，《浙江学刊》2012 年第 3 期，第 61—70 页。

03. 陈璐《肃宗继位在民间的反响》，《中国典籍与文化》2003 年第 1 期，第 23 页。

04. 陈寅恪《记唐代之李武韦杨婚姻集团》，《历史研究》1954 年第 1 期，第 33—
    51 页。

05. 陈寅恪《唐代政治史述论稿》上篇《统治阶级之氏族及其升降》，上海：上海古
    籍出版社，1982 年。

06. 陈寅恪《武曌与佛教》，《中央研究院历史语言研究所集刊》第 5 本，1935 年，
    第 137—147 页，收入《金明馆丛稿二编》，上海：上海古籍出版社，1980 年，
    第 137—155 页。

07. 陈寅恪《隋唐制度渊源略论稿（外一种)》，石家庄：河北教育出版社，2002 年。

08. 戴伟华《义净诗二首探微》，《华南师范大学学报（社会科学版)》2003 年第 3
    期，第 40—45 页。

09. 冻国栋《墓志所见唐安史乱间的"伪号"行用及吏民心态——附说"伪号"的模
    仿问题》，《魏晋南北朝隋唐史资料》，2003 年，第 176—186 页。

10. 韩昇《武则天的家世与生年新探》，《厦门大学学报》2002 年第 2 期。

11. 贾二强《唐永王李璘起兵事发微》,《陕西师大学报（哲学社会科学版)》1991年2月,第83—88页。

12. 雷闻《道教徒马元贞与武周革命》,《中国史研究》2004年第1期,第73—80页。

13. 李建超《增订唐两京城坊考》,徐松撰,李建超增订,西安：三秦出版社,1996年。

14. 李明、耿庆刚《〈唐昭容上官氏墓志〉笺释——兼谈唐昭容上官氏墓相关问题》,《考古与文物》2013年第6期,第86—87页。

15. 李中华、张忠智《肃宗朝政局纷争与李杜的悲剧命运》,《武汉大学学报（人文科学版)》2003年第3期,第327—334页。

16. 林世田《武则天称帝与图谶祥瑞——以S.6502〈大云经疏〉为中心》,《敦煌学辑刊》2002年第2期,第64—72页。

17. 林世田《〈大云经疏〉初步研究》,《文献》2002年第4期,第47—59页。

18. 林悟殊《摩尼教及其东渐》,北京：中华书局,1987年。

19. 卢向前《武则天"畏猫说"与隋室"猫鬼之狱"》,《中国史研究》2006年第1期,第81—94页。

20. 仇鹿鸣《五星会聚与安史起兵的政治宣传——新发现燕〈严复墓志〉考释》,《复旦学报》2011年第2期,第114—123页。

21. 任士英《唐代玄宗肃宗之际的中枢政局》,北京：社会科学文献出版社,2003年。

22. 荣新江：《胡人对武周政权之态度——吐鲁番出土〈武周康居士写经功德记碑〉校考》,收入氏著《中古中国与外来文明》,北京：三联书店,2001年,第204—221页。

23. 荣新江《中古中国与粟特文明》,北京：三联书店,2014年。

24. 孙英刚《长安与荆州之间：唐中宗与佛教》,荣新江主编《唐代宗教信仰与社会》,上海：上海辞书出版社,2003年,第125—150页。

25. 孙英刚《南北朝隋唐时代的金刀之谶与弥勒信仰》,《史林》2011年第3期,第56—68页。

26. 孙英刚《无年号与改正朔：安史之乱中肃宗重塑正统的努力——兼论历法与中古政治之关系》,《人文杂志》2013年第2期,第65—76页。

27. 汤用彤《从一切道经说到武则天》,载《汤用彤学术论文集》。

28. 汤用彤《隋唐佛教史稿》,武汉：武汉大学出版社,2008年。

29. 唐雯《新出葛福顺墓志疏证——兼论景云、先天年间的禁军争夺》,《中华文史论丛》2014年第4期。

30. 王国维《大云经疏跋》，载罗福苌编《沙州文录补》，1924 年，叶 5b—6b，收入《观堂集林》卷二一及王重民编《敦煌古籍叙录》，北京：中华书局 1958 年，第 269—270 页。

31. 汪篯《唐玄宗时期吏治与文学之争——玄宗朝政治史发微之二》，唐长孺等编《汪篯隋唐史论稿》，北京：中国社科出版社，1981 年。

32. 于志刚《新见〈唐王同皎墓志〉考释》，载杜文玉主编：《唐史论丛》第 28 辑，西安：三秦出版社，2019 年。

33. 郑炳林、张全民：《〈大唐国公礼葬故祐墓志铭〉考释和太宗令诸王之藩问题研究》，《敦煌学辑刊》2007 年第 2 期。